요즘 병원,
요즘 경영

요즘 병원, 요즘 경영

김도유 — 이은지 — 박준용 — 류호진

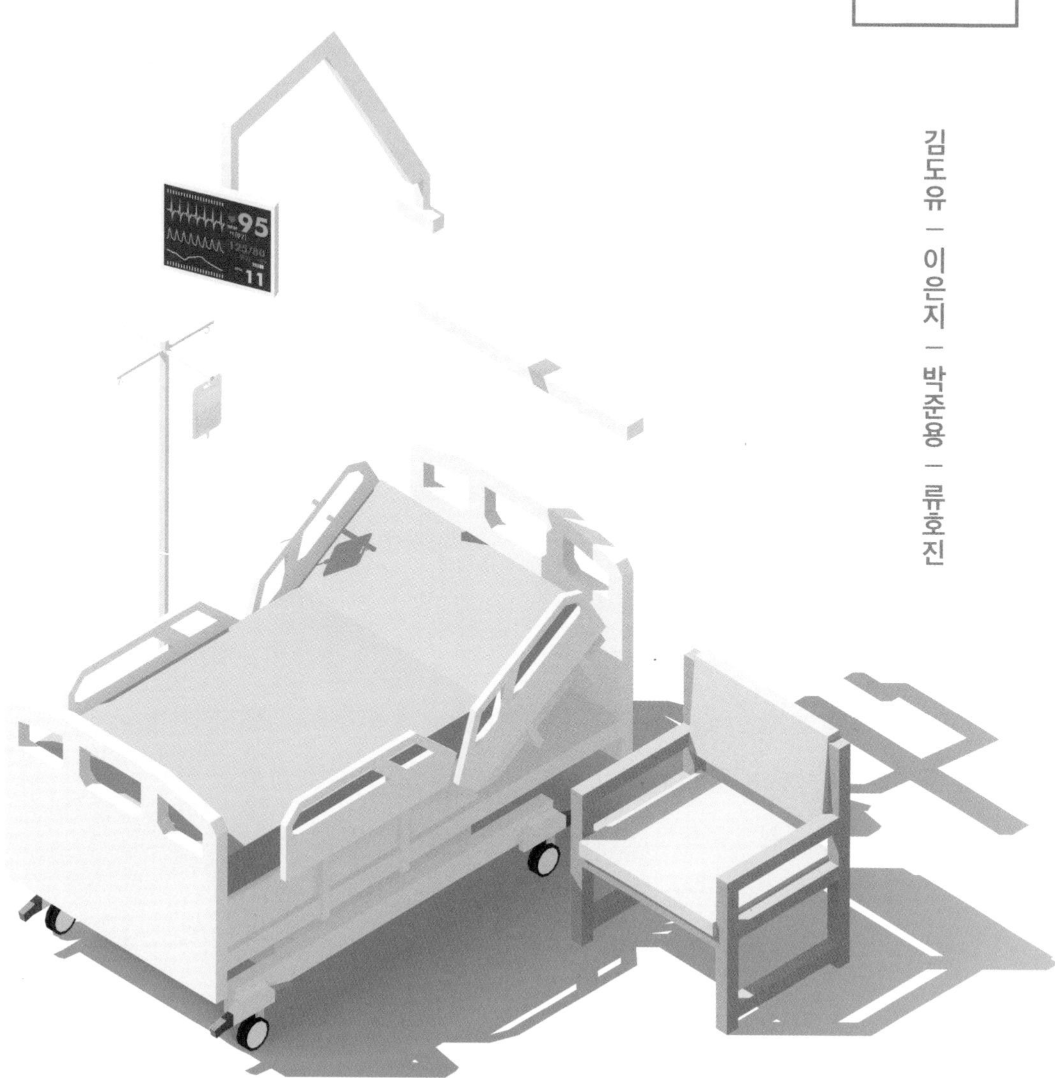

렛츠북

RECOMMEND **추천사**

서울아산병원 관리 부원장 ········ 임종진

병원이나 기업을 운영하려면 경영의 3요소인 사람(Man), 자본(Money), 물자(Material)와 시장(Market)의 이해가 필요하다. 이것 중 가장 중요한 사람을 관리하는 것을 인사관리(노무 경영)라 하며, 종업원을 채용하고 근로계약을 맺고 급여를 지급하고 문제 발생할 경우 합리적인 방법으로 해결하는 것이다. 돈을 관리하는 것, 진료 후 이익을 보았는지 손해를 보았는지 계산하는 방법을 다루는 분야가 회계 및 세무관리다. 특히 세금경영은 그 내용이 실무적으로 복잡하고 다양하다. 물자는 재료와 시설, 기계장치 등을 운영하는 것을 말하며, 이러한 사람, 물자가 있더라도 시장에 대한 분석 및 이해가 필요하고 이것을 관리하는 것이 마케팅관리다.

병원을 운영하다 보면 새로 임명된 보직자들이 경영 노하우를 자문 요청하는 경우가 종종 있다. 실무적으로는 경영의 학문적 연구나 고찰보다는 구체적이면서 실증적 자료들이 더 필요한 경우가 많은데, 이를 체계적으로 알려주는 책이 없었다. 『요즘 병원, 요즘 경영』이 이러한 갈증을 해결해줄 것으로 생각한다.

이 책은 데이터 경영, 세무 경영, 노무 경영 세 파트로 각 구성이 실무적으로 필요한 구체적인 방법 및 해결책을 안내해준다. 특히 막연하게 생각될 수 있는 마케팅 분야에서 데이터에 기반한 데이터 경영은 우리가 나아갈 방향을 명확하게 알 수 있도록 잘 설명하고 있다. 세무 경영 파트에서는 부가가치세, 직원들의 세금, 증여세 등 세부적 세무 실무 내용과 함께 각종 서식을 포함하여 세금신고 등 구체적인 도움을 준다. 노무 경영 파트에서 좋은 인재를 선별하는 방법, 근로계약서 작성, 4대보험 신고, 급여 및 휴가관리, 퇴직관리 등 인사 실무 내용이 상세하게 다룬다.

병원 운영 중에 발생할 수 있는 여러 가지 이슈들에 대해 체계적으로 정리한 『요즘 병원, 요즘 경영』은 경영진들의 고민거리들을 속 시원하게 해결해주는 지침서로서의 가치가 매우 클 것으로 생각되어 적극 추천드리는 바이다.

한양대학교 경영대학 경영학부 교수 ······ 서창진

데이터 축적과 분석이 중요한 이유는 의사결정 시 합리적인 판단을 할 수 있는 근거 기반이 되기 때문이다. 『요즘 병원, 요즘 경영』에서는 이 데이터 기반의 병원 경영과 의사결정의 중요성을 쉽게 설명하고 있다. 필요한 데이터가 무엇이고 이를 어떻게 수집, 분석해서 어디에 활용할 수 있는지에 대해 막막함을 느끼고 있을 병원 경영 실무자들은 이 책의 실질적인 데이터 경영 사례를 통해 도움을 받을 수 있다. 또한, 세금 관련 이슈, 인사(노무)관리에 대한 이해는 병원 경영의 성공과 실패를 좌우하는 매우 중요한 요인이다.

이 책은 병원 경영자에게 세무와 노무관리에 대한 이해도를 높이고, 정확하고 효과적인 조치를 쉽게 취할 수 있도록 구체적인 사례 위주로 지침을 제공하고 있다. 이제 차곡히 쌓여갈 데이터 기반의 경영 노하우는 점차 데이터마이닝(DATA Mining)과 같은 최근의 데이터 분석기법 등도 활용 가능할 것이다. 이를 통해 다양한 영역에서 더욱 효율적이고 효과적인 의사결정이 가능하게 될 것이다. 시작이 반이다. 데이터 경영 시작해보자.

경희대 경영대학원 의료경영 MBA 주임교수(전) ······ 김용태

나는 의료기관에 관련된 도서를 많이 구입해 읽는 편이다. 대부분 보편적인 이야기로 우리에게 조언과 교훈을 준다. 하지만 실무자들에게 경영에 대한 맛을 느끼게 하기엔 다소 부족함이 있다. 이 책은 달랐다.

의료와 경영이 인공지능과 얼마나 가까워질지 미지수지만, 의료기관도 데이터를 수집, 분석, 방향성을 제시하는 전략이 필요한 시대다. 이 책의 필자들은 병원의 실질 데이터를 통해 병원의 방향성을 제시하는 방법을 제안하였다. 병원의 의사결정은 "감"이 아닌 "값"으로 그 시작을 이 책에서 출발하기 바란다.

더와이즈치과병원 병원장 ······ 임세웅

병원을 운영하다 보면 하루에도 수십 번씩 갈등의 순간에 부딪히게 된다. 지금 선택한 의사결정이 제대로 된 건지, 올바른 방향이 맞는지 확인하고 싶을 때가 많다. 그럴 때마다 기준이 되어주는 것이 바로 데이터다. 데이터 분석을 통해 가설을 세우고 그에 따른 전략을 설정하면 역시 결과는 잘 맞아떨어진다.

병원 경영을 하면서 나름대로 "감"이 좋은 편이라고 생각하지만, 데이터에 기반한 의사결정이 리스크 감소, 효율과 효과 증대라는 측면에서 더욱 실질적이고 적합함을 몸소 경험하였다. 많은 환자를 만나고 병원 경영을 하며 쌓은 본인만의 노하우인 "감"을 완전히 무시할 수는 없다. 하지만 "감" 뒤에 정확한 "값"이 뒷받침된다면, 더욱 현명한 병원 운영을 할 수 있을 것이다. 그런 의미에서 이 책은 병원 현장에서 효율적인 경영을 하는 데 도움이 될 것이라고 생각한다.

차례

PART. 2 세무 경영

PART. 3 노무 경영

PART. 1

데이터 경영

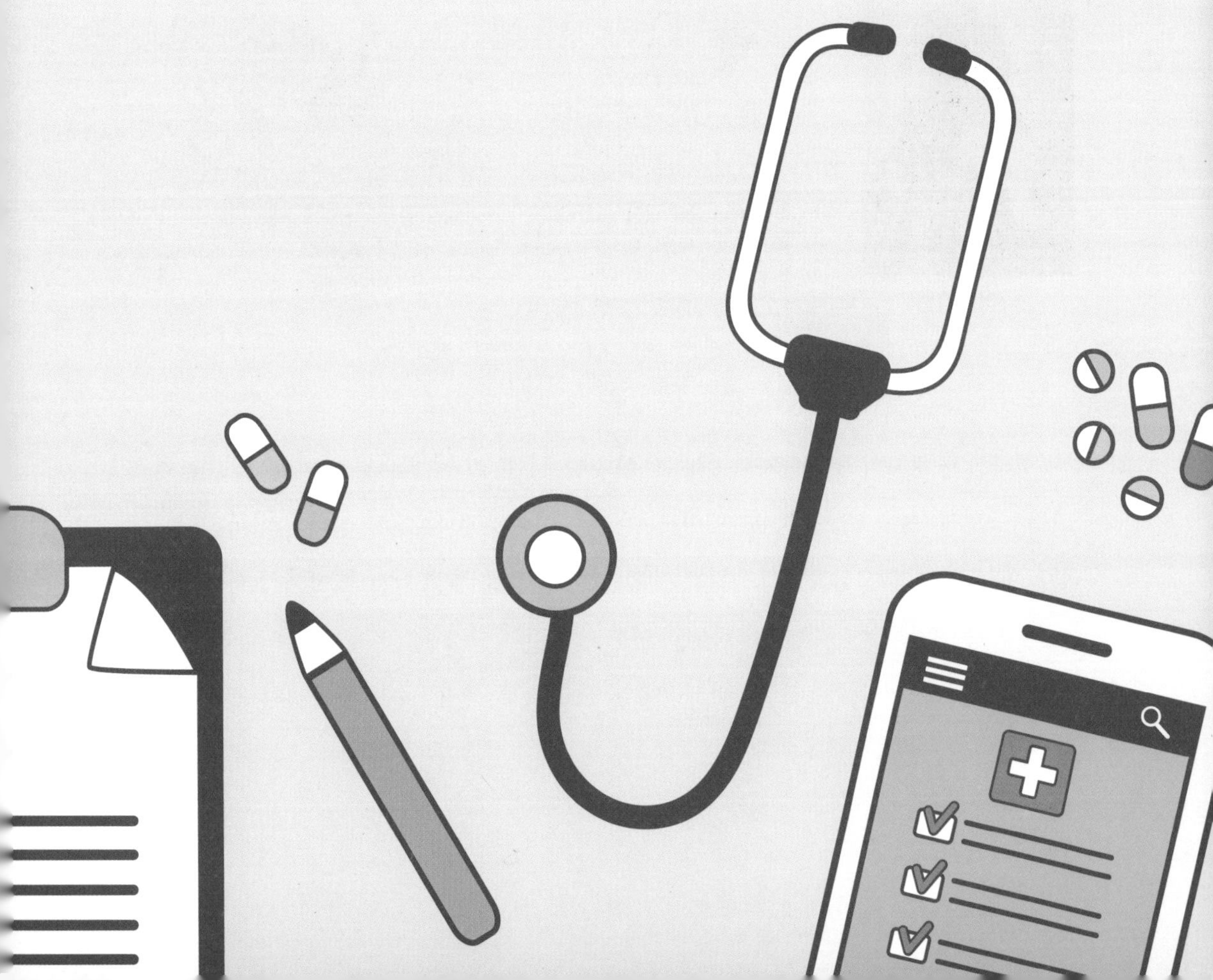

1853년 러시아와 오스만튀르크·영국·프랑스·사르데냐 연합군이 크림반도·흑해를 둘러싸고 전쟁이 발발했다. 전쟁 지역 이름을 본떠 '크림 전쟁'이라 이름 붙여진 이 전쟁은 1856년까지 이어졌다. 참전 병사의 5명 중 1명이 목숨을 잃을 정도의 높은 사망률로 국지전 중에서도 엄청난 사상자를 낸 크림전쟁. 하지만 1855년 3월 놀라운 일이 벌어졌다. 한 달에 최대 3,000명 이상을 기록했던 사상자가 절반 이하로 줄어든 것이다.

전쟁 후 부상에 의한 사망률 vs 전염병에 의한 사망률

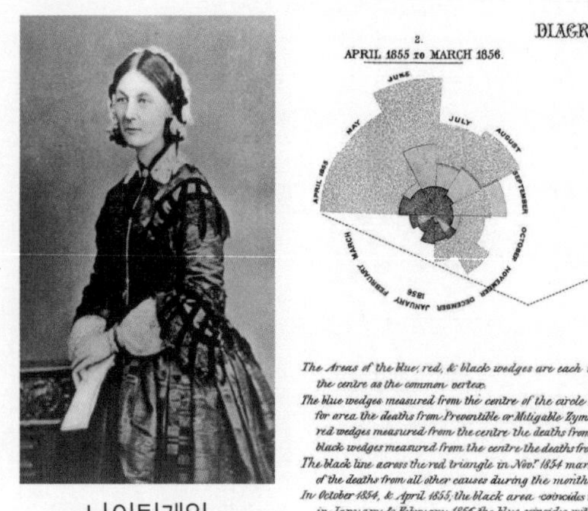

나이팅게일
(Florence Nightingale)

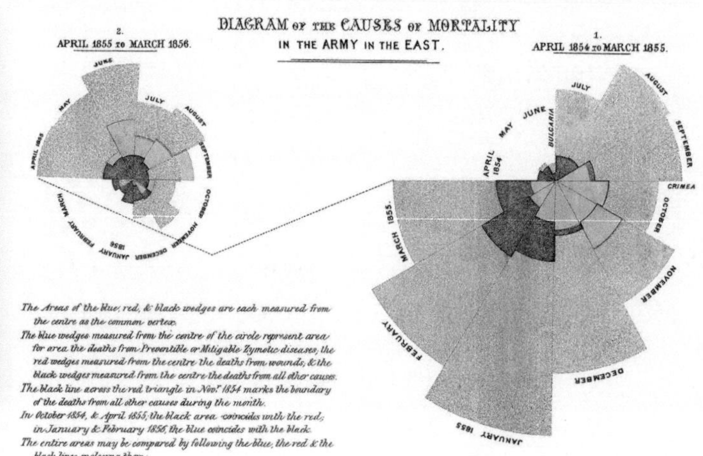

출처: 구글(Google.com) 이미지

영국의 간호사와 통계학자로 알려진 나이팅게일은 부상 병사들을 치료하던 중 입원자수, 부상자수, 사망자수, 고객 치료 내역, 시설현황 등을 매일 상세히 기록하였고 이를 토대로 통계를 집계했다. 나이팅게일은 이 차트를 통해 대다수 병사의 사망원인이 전쟁 중 부상이 아닌 위생 불량으로 인한 이질이나 장티푸스 같은 질병이라는 사실을 밝혀냈다. 그녀의 이 차트로 빅토리아 여왕과 영국군 지도부를 설득하여 위생위원

회를 출범시켰고, 그로 인해 사상자를 절반 이하로 줄였다. 나이팅게일의 잘 수집된 데이터와 설득력 있는 통계가 많은 병사의 목숨을 구한 것이다.

경영자의 가장 중요한 역할을 꼽으라면 바로 의사결정일 것이다. 모든 경영자는 매일 경영 전반에 다양한 결정을 내린다. 일반적인 의사결정 과정은 다음과 같다.

정확한 문제점의 파악 → 모든 판단 기준의 정립 → 열린 대안의 고찰 → 열린 대안의 비교 판단 → 최상의 대안 선택

얼핏 안정된 프로세스로 의사결정을 하는 듯 보이지만 많은 경영자는 보이지 않는 함정에 빠진다. 최상의 결정을 내린다고 생각하지만 대부분 '이 정도면 괜찮다' 정도의 타협적인 해결책을 받아들이는 경향이 높다.

여기에는 몇 가지 이유가 있다. 보통은 눈에 드러나는 문제점에만 주목하는 경향이 강하거나 의사결정권자의 개인적 관심도에 따라 중요한 문제점 대신 관심이 높은 문제점을 우선시할 수도 있기 때문이다. 이미 문제점 파악 단계, 최초 문제점 인식 단계부터 오류를 범하고 있는 것이다. 또 다른 이유로는 직관적 판단의 한계 휴리스틱(Heuristic)이 있다. '직관' 다른 말로는 '감'에 의한 결정을 하기 때문이다. 심리학이나 행동 경제학에서 말하는 휴리스틱은 '체험적인'이라 번역되고, 그리스어로 '발견하다'란 의미를 두고 있지만 더 쉽게 풀이한다면 '어림짐작 판단'이라 할 수 있다. 즉, 경험에 바탕을 둔 단순하고 즉흥적인 판단 추론을 뜻한다.

그렇다면 합리적인 의사결정을 위한 방안은 무엇일까?

바로 '데이터'다. 성공적인 데이터 경영을 위해서는 수집과 분석의 단계가 아주 중요하게 작용한다. 잘 수집된 데이터는 상황을 편견 없이 이해하고 사업을 더 나은 방향

으로 이끌어갈 힘을 부여한다. 그리고 치밀한 분석은 잠재돼있는 문제들과 핵심을 간파하는 통찰력을 선사한다. 이를 위해서는 과거 분석에서만 그쳐서는 안 된다.

미국 정보 기술 연구 및 자문회사 가트너(Gartner)는 데이터 분석 단계를 묘사(Descriptive) 분석, 진단(Diagnostic) 분석, 예측(Predictive) 분석, 처방(Prescriptive) 분석과 같이 4단계로 정의했다.

가트너의 분석가치에스컬레이터

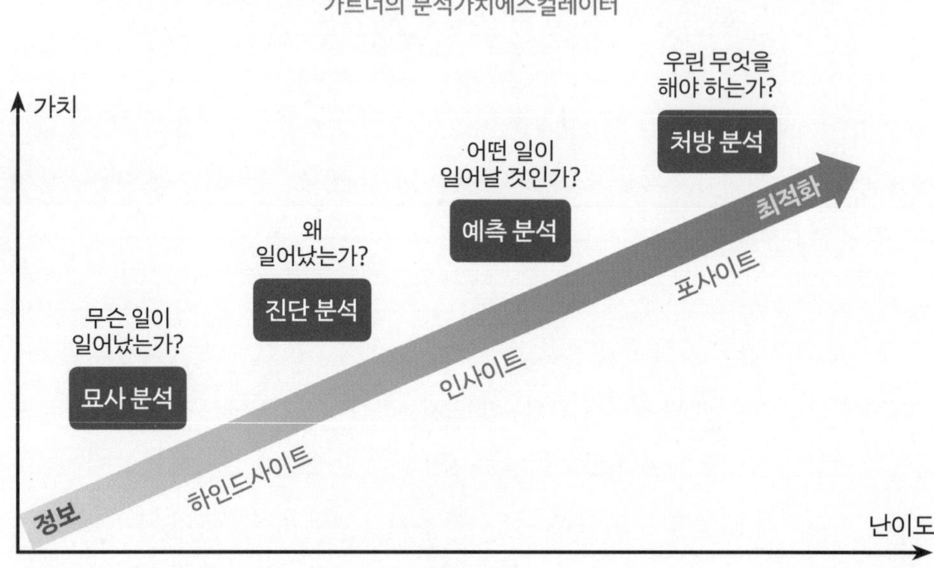

묘사 분석은 분석의 가장 기본적인 지표가 된다. 과거에 어떤 일이 일어났고, 현재엔 무슨 일이 일어나는지를 확인하는 단계다. 진단 분석은 묘사 분석에서 찾아낸 원인을 이해하는 과정, 즉 데이터 기반으로 이 일이 왜 발생했는지 이유를 확인하는 단계다. 일의 발생 이유를 확인했다면, 데이터를 통해 미래의 고객 행동과 무슨 일이 일어날 것인지를 예측하는 단계를 지나 앞선 예측 분석을 바탕으로 우리가 무엇을 해야 하는지 경영을 최적화하는 처방 분석의 과정을 거치게 되는 것이다.

이는 병원을 찾은 고객의 병을 진단하기 위한 과정과도 흡사하다. 과거 생활습관을 파악해 왜 이 병이 생겼는지를 알고, 원인을 제거하여 병을 치료한 후에, 다시는 그 병이 생기지 않고 건강을 유지하기 위한 건강한 생활습관을 만드는 것처럼 말이다.

단언컨대, 데이터는 단순히 드러나는 숫자 뒤에 숨은 패턴과

경향을 드러내는 가장 강력한 수단이다.

단, 제대로 수집하고 분석한다면!

CHAPTER. 1

데이터 수집

고객이 지나간 흔적이 모두 데이터다

목적은
우리가 나아갈 방향을 알려준다

여느 때와 다름없던 어느 날, 필자는 퇴근 후 무작정 마트에 들어갔다. 저녁에 뭐가 먹고 싶은지, 마트에서 뭘 사고 싶은지 아무런 계획 없이 코너를 돌았다. 그러다 멈춰 선 면 코너. 까르보나라를 좋아하는 필자는 스파게티 면을 보자마자 갑자기 태어나서 처음으로 크림파스타를 만들어보자는 마음을 먹게 되었다. 평소에 먹었던 까르보나라에 뭐가 들어있더라? 머릿속에 떠올리며 생각나는 재료들을 집어 카트에 담았다. 집에 와서 대망의 파스타 요리를 시작한다. 그러고 보니 양송이버섯을 안 샀다. 그래도 상관은 없을 것 같다. 한 번도 해본 적 없는 요리지만 왠지 어려울 것 같지는 않았다. 인터넷으로 대략 레시피를 찾아봤지만, 사실 좀 내 마음대로 하고 싶다. 크림소스를 만들고 거기에 삶은 면을 넣어 레시피가 알려준 시간을 훌쩍 넘을 때까지 계속 저었다. 크림이 꾸덕한 파스타를 좋아하는데, 소스에 면을 넣고 오래 볶아주면 면에 소스가 배어들고 더 꾸덕해질 것 같은 마음에. 그렇게 열심히 휘젓는데 갑자기 소스에서 투명한 기름이 생기더니 크림과 기름이 분리되기 시작한다. 불을 끄고 기름을 걷어 내보지만 계속해서 생겨난다. 결국 기름은 일부 남겨둔 채 먹기로 했다.

플레이팅을 하려는 순간, 집에 파스타볼이 없다는 사실을 깨닫는다. 예쁘게 먹는 욕심은 버리고 파스타가 전부 들어갈 만한 냉면 대접에 파스타를 담았다. '그래도 맛이 나쁘지 않아!' 하고 먹고 있는데 속이 좀 느끼하다. 피클도 콜라도 없다. 결국, 인생 첫 파스타 요리는 시작부터 마무리까지 실수투성이였던 실패작으로 남았다.

자, 요리를 한 번이라도 해본 사람이라면, 아니 꼭 요리하지 않는 사람이라 해도 이 과정에서 어떤 점이 잘못되었는지를 알 수 있을 것이다.

① 재료를 보고 요리를 결정하고 무작정 장을 봤다.

→ 장을 보기 전에 어떤 요리를 할 것인지 먼저 생각해야 한다.

② 생각나는 대로 재료를 담았다.

→ 해당 요리의 레시피를 찾아보고 그에 맞는 재료를 구입해야 한다.

③ 레시피를 무시하고 요리했다가 소스와 기름이 분리되었다.

→ 레시피에서 안내하는 절차에 맞게 요리해야 한다.

④ 냉면 용기에 파스타를 담았다.

→ 미리 파스타볼이 준비되었더라면 더 보기 좋은 식사가 될 것이다.

⑤ 피클과 콜라도 잊었다.

→ 곁들일 음식이나 음료가 있다면 더 맛있게 먹었을 것이다.

데이터를 병원 경영에 적용하기까지의 과정은 요리와도 같다. 먼저 데이터(재료)를 수집하기 이전에 어떤 정보(음식)를 보고 싶은지 생각해야 한다. 그러면 그 정보를 얻기 위해 수집할 데이터들이 나열될 것이다. 이 데이터들은 내가 보고자 하는 것에 따라 CRM이나 청구 프로그램에 담기기도 하고 직접 만든 엑셀 장부(조리도구)에 담기기도 한다. 엑셀 장부에 담기더라도 원하는 결과에 따라 분석 방법(레시피)이 달라진다. 분석이 끝나고 나면 내가 기다리던 수치가 나온다. 이 수치를 그냥 표에 담아 끝내는 것이 아니라 보기 좋은 그래프(플레이팅)로 옮겨서 표현한다. 메인 그래프 뒤에는 이 결과값을 뒷받침하거나 보조해줄 정보(곁들일 음식들)들을 추가로 덧붙이면, 내가 추출한 지표는 충분한 정당성을 가지고 의사결정에 도움을 줄 수 있다.

요리 과정 & 의사결정을 위한 데이터 수집과 분석의 과정

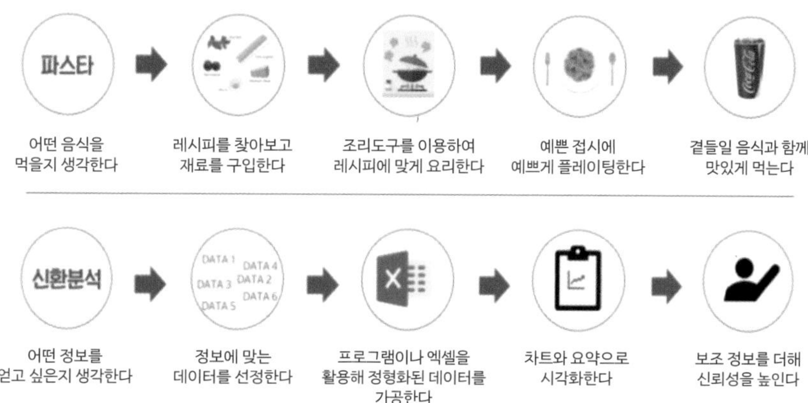
파스타
어떤 음식을 먹을지 생각한다
레시피를 찾아보고 재료를 구입한다
조리도구를 이용하여 레시피에 맞게 요리한다
예쁜 접시에 예쁘게 플레이팅한다
곁들일 음식과 함께 맛있게 먹는다
신환분석
어떤 정보를 얻고 싶은지 생각한다
DATA 1
DATA 4
DATA 3
DATA 2
DATA 6
DATA 5
정보에 맞는 데이터를 선정한다
프로그램이나 엑셀을 활용해 정형화된 데이터를 가공한다
차트와 요약으로 시각화한다
보조 정보를 더해 신뢰성을 높인다

우리 병원에 맞는 데이터 수집 프로세스

병원 현장에서는 다양한 부서에서 다양한 데이터들을 매일 어딘가에 입력하고 있다. 진료 상담에 대한 데이터를 예시로 들어보겠다. 고객이 내원하여 진료 상담을 받고 가면 상담 프로그램이나 엑셀에 상담내역을 기록한다. 상담통계를 내기 위해서, 추후 리콜관리를 하기 위해서, 월별 상담내역을 보고하기 위해서 등 다양한 목적으로 기록한다. 그렇다면 특별한 목적 없이 하루의 상담내역을 입력한다고 가정해보자. 어떤 내용이 들어가면 좋을까?

[데이터 입력]
상담날짜 / 고객 이름 / 상담내용 / 상담금액 / 동의여부 등

이 정도의 내용만 입력해도 하루 상담을 되짚어볼 수 있다. 이 데이터들을 통해 어느 정도의 지표를 추출할 수 있을까?

[볼 수 있는 통계 지표]
상담건수 / 상담동의율(건당) / 상담동의율(금액당) / 상담 총비용 등

이 데이터가 쌓이면 상담현황이나 월별 상담의 추세, 평균 수치 등을 알 수는 있지만, 이를 통해 데이터 경영을 한다고 말하기에는 아쉬움이 남는다. 조금 더 풍부한 지표들이 있다면 의사결정에 큰 도움이 되므로, 이를 위해서는 데이터 수집이 잘 이루어져야 한다. 제대로 된 데이터 수집을 위해서 알아야 할 프로세스는 다음과 같다.

1단계. 목적을 먼저 생각하기

데이터를 통해 병원 경영을 하고 싶다면, 가장 먼저 해야 할 일은 무엇일까? 그 첫 번째 단계는 '나무가 아닌 숲을 보는 것'이다. 여기서 숲은 '목적'을 생각하는 것을 말한다. '무엇을 보고 싶은지?' 그리고 '그 무엇이 왜 보고 싶은지?'를 살펴야 한다. 병원 내에서 활용되는 운영 지표는 수십 가지, 수백 가지가 넘지만, 어떤 지표가 확실하고 좋다고 하는 정답은 없다. 내가 보고자 하는 목적에 따라 지표의 쓸모가 달라진다.

데이터 분석을 하는 이유는 갑자기 매출이나 고객수가 줄었다거나 직원의 퇴사가 급격히 증가하는 등의 이슈가 발생했을 때 제대로 된 원인을 파악하여 개선하기 위해서일 수도 있고, 병원이 더 발전하기 위해 고객과 직원들에게 어떤 가치를 제공해줄 것인지를 고민하기 위해서일 수도 있다. 분석 전에 반드시 하고자 하는 목적이 명확하게 준비되어 있어야 결손 없는 데이터를 수집할 수 있고, 이후 다양한 지표들을 통해 데이터를 분석하여 원하는 결과를 얻을 수 있는 의사결정을 할 수 있다.

목적의 예시)

- 상담동의율을 올리고 싶다.
- 마케팅 성과를 평가하여 효율적이고 효과적인 홍보를 진행하고 싶다.

- 고객들의 불만을 줄이고 만족 높은 경험을 할 수 있도록 시스템을 만들고 싶다.
- 직원들이 장기근속할 수 있는 환경을 만들고 싶다.
- 갑자기 매출이 하향세인데 다시 끌어올리고 싶다.
- 새어나가는 지출을 막고 재무관리를 제대로 하고 싶다.

2단계. 문제를 해결하기 위해 알아야 할 정보 생각하기

1단계에서 문제의 '숲'을 보고 목적을 찾았다면, 그 문제를 해결하기 위한 '나무'를 보고 문제의 원인과 해결 방법을 찾아내야 한다. 만약 '상담동의율을 올리고 싶다'는 목적을 설정했다고 하자. 회의 시간에 '자, 이제부터 우리 상담동의율을 높일 수 있도록 노력합시다!'라고 말했다고 동의율이 갑자기 올라갈까? 상담을 담당하는 직원들이 교육을 듣거나 뭔가 다른 변화가 있는 게 아니라면 동의율은 제자리걸음일 수밖에 없다. 상담동의율을 올리겠다는 문제점을 해결하기 위해서 먼저 상담에 관련한 각종 요소를 점검해봐야 한다.

상담의 주체는 의사, 상담실장 그리고 고객이다. 상담의 종류는 각 병원의 진료과목에 따라 다양한 카테고리로 나뉠 수 있다. 고객의 유형을 여러 가지로 구분할 수 있다. 우리 병원을 내원하게 된 경로, 내원하는 지역, 연령대, 성별, 성향, 상담 관심도, 재정적 상황 등이 있다. 외부 마케팅을 하는 병원이라면 마케팅 경로도 온라인과 오프라인, 그 안에서도 채널별로 구분될 것이다. 상담동의 여부는 현장에서 전체동의, 부분동의, 미동의가 있으며, 현장에서는 미동의했지만 추후 리콜로 인한 동의전환과 매출이 일어날 수도 있다. 상담과 관련된 비용은 초기 진단 비용, 할인 후 제안 비용, 최종 결정 비용으로 나눈다.

상담과 관련된 데이터를 체계별로 확장해서 생각해보면 이렇게 많은 요소가 나온다. 이 데이터들을 잘 조합하여 어떤 정보를 찾아낼 수 있는지 다음 표에서 설명하겠다.

단순 정보	다중 정보
• 상담동의율은 얼마나 되는가? • 어떤 진료과목 상담 비중이 높은가? • 어떤 내원경로로 가장 많이 내원하는가? • 어떤 지역에서 많이 내원하는가? • 어떤 원장님이 상담을 가장 많이 보는가? • 고객의 관심도는 얼마나 되는가? • 월말에 미진행 고객 리콜은 시행되고 있는가?	• 어떤 내원경로에서 오는 고객들의 치료 진단 금액이 가장 높은가? • 어떤 내원경로에서 오는 고객들이 치료 동의율이 가장 높은가? • 어떤 지역에서 오는 고객들의 치료 진단 금액이 가장 높은가? • 어떤 지역에서 오는 고객들이 치료 동의율이 가장 높은가? • 상담자별 동의율 및 동의 금액 • 상담자별 리콜 시행률, 동의전환율 및 재동의 금액 • 리콜 후 고객의 관심도가 어떻게 바뀌었는가? • 소개 고객과 소개 횟수, 소개 매출

위 표에서 표현한 단순 정보는 하나의 데이터에 대한 결과값을 보는 것이며, 다중 정보는 두 개 이상 데이터의 상관관계를 보는 것이다. 앞서 예시로 들었던 단순한 데이터 입력 내용과 비교해보자. 전자에서 추출할 수 있는 지표는 상담건수/상담동의율(건당)/상담동의율(금액당)/상담 총비용 등에 국한되었지만, 후자에서 제시한 표를 살펴보면 상담동의율에 영향을 주는 요소, 상담 이후의 액션에 대한 성과, 직원의 성과 평가까지도 알 수 있다. 이 정보들을 통해 고객관리 프로세스 구축, 내부 상담 직원 교육, 성과에 따른 인센티브 지급, 마케팅 평가 및 진행 등의 다양한 실행 계획을 설정할 수 있다. '상담'이라는 똑같은 행위는 이루어졌지만, '데이터'를 어떻게 구축하느냐에 따라 '의사결정'에 도움을 줄 수 있는 지표의 양과 질은 선명하게 차이가 날 것이다.

3단계. 수집할 데이터 추출하기

목적 달성을 위해 필요한 정보들을 생각했다면, 이 정보들을 얻기 위해 어떤 데이터를 수집할 것인가를 결정해야 한다. 2단계가 충분히 이루어졌다면, 3단계 데이터 추출 과정은 아주 쉽다. 방금 2단계에서 생각해봤던 문장에서 키워드만을 뽑으면 된다.

단순 정보	다중 정보
• **상담동의율**은 얼마나 되는가? • 어떤 **진료과목** 상담 비중이 높은가? • 어떤 **내원경로**로 가장 많이 내원하는가? • 어떤 **지역**에서 많이 내원하는가? • 어떤 **원장님**이 상담을 가장 많이 보는가? • 고객의 **관심도**는 얼마나 되는가? • 월말에 **미진행 고객 리콜**은 시행되고 있는가?	• 어떤 **내원경로**에서 오는 고객들의 치료 **진단 금액**이 가장 높은가? • 어떤 **내원경로**에서 오는 고객들이 **치료 동의율**이 가장 높은가? • 어떤 **지역**에서 오는 고객들의 **치료 진단 금액**이 가장 높은가? • 어떤 **지역**에서 오는 고객들이 **치료 동의율**이 가장 높은가? • **상담자별 동의율** 및 **동의 금액** • **상담자별 리콜 시행율, 동의전환율** 및 **재동의 금액** • **리콜** 후 고객의 **관심도**가 어떻게 **바뀌었는가**? • **소개 고객**과 **소개 횟수, 소개 매출**

이렇게 추출된 키워드를 뽑아서 중복된 항목을 제거하면 다음과 같이 정리할 수 있다. 그리고 이 키워드들이 곧 우리가 앞으로 상담 시 수집해야 할 데이터 항목이 된다.

[수집할 데이터 항목]
상담동의 여부 / 진료과목 / 내원경로 / 지역 / 상담 의사 / 상담자 / 관심도 / 진행 여부 / 진단 금액 / 동의 금액 / 리콜 여부 / 재동의 여부 / 재동의 금액 / 리콜 후 관심도 / 소개

4단계. 정형화된 데이터의 꾸준한 입력

이제부터는 정해진 대로 데이터를 입력하기만 하면 된다. 이미 다 정해놓은 것을 입력만 하면 되니 쉬워 보일 수 있지만, 이 단계가 가장 깐깐하고 어려운 단계다. 상담했다고 해서 그 내역을 일기 쓰듯이 마음이 내키는 대로 작성하면 안 된다. 정확한 통계 분석을 위해서는 무조건 정해진 약속대로 입력해야 한다. 'Garbage in, garbage out(쓰레기를 넣으면 쓰레기가 나온다)'이라는 말이 있다. 의미 없는 데이터를 넣으면 정확도가 떨어진 의미 없는 결과가 나온다. 다음은 신규 고객의 내원 일지다. 다음을 보고 무엇이 잘못되었는지 생각해보자.

잘못된 데이터 입력의 예

성명	내원경로	지역	진료과목
고객1	소개로 오심	서울	이가 깨져서 오심
고객2	인터넷	성동구	충치검진 원해요
고객3	인터넷 보고 오심	부산	임플란트상담
고객4	○○님 소개	건대	임플란트
고객5	집이 가까워서	성수동	충치치료

고객의 지역과 내원경로, 진료과목은 신규 고객 접수 시 필수 수집 자료다. 정확한 진료 안내를 위해 원하는 진료과목을 조사해야 하고, 소개로 오는 경우 소개자에게 고마움을 표시해야 하며, 지역에 따라 지방에서 내원하는 경우 내원 횟수를 줄여주기 위해 노력하는 모습을 보여야 한다. 고객 맞춤 진료를 하겠다는 의미에서 봤을 때는 데이터 수집에 아무런 문제가 없다.

하지만 이 데이터들을 통계 분석하기에는 문제가 많다. 일단 데이터 입력 체계가 통일되어 있지 않다 보니, 통계 자체를 돌릴 수가 없다. 소개의 수와 비율이 얼마나 되는지 궁금해서 통계를 돌려보고 싶어도 '소개로 오심', '○○님 소개'처럼 각기 다르게 입력이 되었기 때문에 일일이 단어를 통일하는 수작업을 하지 않고서야 분석은 불가능하다. 따라서 데이터를 입력할 때 가장 중요한 것은 정형화된 데이터를 규정하고 그대로 입력하는 것이다. 엑셀에 기입할 경우 '데이터 유효성 검사'라는 기능을 통해 데이터 목록을 만들어주면, 수기 입력이 아닌 선택을 통해 통일된 데이터 입력이 가능하다.

올바른 데이터 입력의 예(엑셀의 데이터 유효성 검사 기능으로 목록을 만들어 선택한 예시)

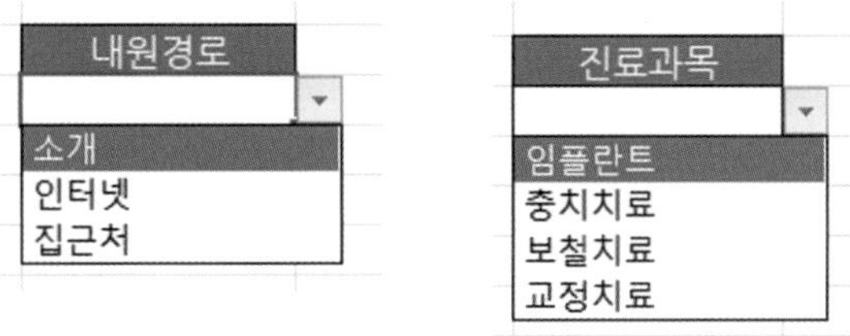

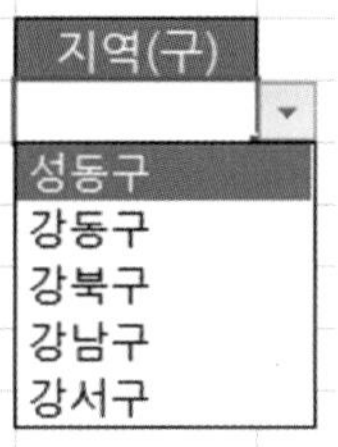

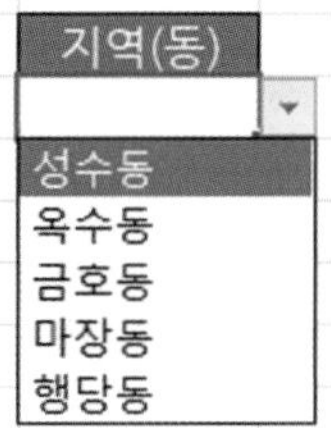

입력할 데이터를 정형화했다면, 그다음으로 중요한 것은 바로 꾸준하게 입력하는 것이다. 아무리 데이터 세팅이 잘 되어 있다고 하더라도 중간에 흐름이 끊기면 결과값의 정확도가 떨어지게 된다. 누락 없이 모든 고객의 상담 데이터가 입력될 수 있도록 담당자, 시간의 확보와 더불어 입력 루틴을 잘 설계하는 것이 중요하다.

> 과거에는 '누가 석유를 차지할 것인가'를 놓고 전쟁이 벌어졌다면 앞으로는 '누가 **양질의 데이터를 확보**하고 정밀하게 **분석**할 수 있는 고차원적인 데이터 지능을 개발할 수 있는가'의 문제가 전 산업 분야에 걸쳐 이어질 것으로 보인다.

김난도 외, 『트렌드코리아』, 2019, 329p

단순히 데이터를 입력하는 행위를 했다고 데이터 경영이라고 말할 수 없다. 아무리 목적을 잘 설정하고 경영 분석을 위해 대단한 분석가가 앉아서 기다리고 있다 하더라도 '양질'의 데이터가 '꾸준히' 입력되지 않으면 무의미하다. 이때 경영진에서 주의할 점이 있다. 고객과 관련된 데이터 입력은 대부분 현장 직원에 의해 이루어지는 경우가 많다. 현장 직원이 데이터 입력에 대한 중요성을 인지하지 못할 경우 입력은 그저 번거

롭고 부담스러운 추가적인 업무로만 느껴질 수 있으며, 본인의 책임감이 없다면 데이터의 누락 및 손실도 분명히 발생할 수 있다. 따라서 이 데이터들이 왜 잘 수집되어야 하는지, 데이터가 모여서 어떤 분석과 의사결정을 할 수 있는지, 그것이 우리 병원에 어떤 도움을 줄 수 있는지 등 데이터 수집의 의미를 직원과 함께 공유하는 문화도 필요하다고 여겨진다.

고객 접점에서 데이터를 도출하라

수많은 기업이 '고객경험관리' 등의 슬로건을 내세워 본인들만의 차별화된 진료 및 서비스를 제공하고 있다고 말하지만, 필자는 진정한 경험관리란 '고객이 특정한 행동을 하기 전 고객의 행동을 예측하고 먼저 행동을 취하는 것'이라고 생각한다. 아마 이 글을 읽고 몇몇 분들은 두 가지 생각을 떠올리지 않을까 싶다.

첫째, '내가 지금 경력이 몇 년인데! 이젠 고객이 문 열고 들어오는 순간 성향을 파악하지', '우리 병원엔 김 실장이 있으니 고객 맞춤 서비스야 문제없어'라고 말이다. 물론 틀린 생각은 아닐 수 있다. 하지만 고객은 그 직원 혼자만 응대하는 것이 아니다. 현재 일선에 있는 많은 직원이 '경험 많고, 센스 있고, 응대를 잘하는 베테랑'이라 하더라도 그 직원들이 퇴사하게 된다면? 경력자를 선발한다 하더라도 병원마다 지리적 특성, 진료 특성, 구성원, 시스템 등이 모두 다르므로 그에 반응하는 고객의 행동도 다를 수밖에 없다. 새로운 환경에서의 고객 응대는 제아무리 고객 응대를 기가 막히게 잘한다는 베테랑 직원이라도 서투를 수밖에 없다. 둘째, '내가 예언가도 아니고 어떻게 고객의 행동을 예측한다는 말인가?'. 이 책을 읽기 전에 충분히 할 수 있는 생각이다. 하지만 '데이터'를 활용한 분석이 선행된다면 예측할 수 있다. 외국의 한 대형마트 사례를 통해 설명해보겠다.

본격적인 글을 시작하기에 앞서 이 책에서 다룰 '데이터' 그리고 '데이터 분석'에 대해 제대로 정의 내리고 넘어가고자 한다. 흔히 데이터 분석이라 하면 '빅 데이터'를 떠올리며 넷플릭스나 아마존과 같은 IT 기업이나 온라인 마켓 등에나 해당하는 일이라고 생각하는 사람들이 많다. 하지만 데이터가 그렇게 어려운 이야기는 아니다.

오늘 고객이 몇 명이 왔고 그중에 구환과 신환의 비율을 뽑아보는 것도 데이터 분석이다. 이번 달 총매출 중에 A진료과의 매출과 B진료과 매출의 비중과 월별 추이를 살펴보는 것도 아주 중요한 데이터 분석이다. 접근하기 좀 더 쉬운 '통계'라는 용어로 많은 병·의원은 실제로 이미 데이터 분석을 하고 있다는 것이다.

디지털, 언택트 등의 시대로 바뀌면서 데이터는 화두가 되고 있고, 데이터를 다루는 서적도 많아지고 있다. 데이터 관련 서적이나 칼럼을 살펴보면 빠짐없이 등장하는 사례가 있다. 바로 2012년『뉴욕타임즈 매거진』을 통해 알려진 사례다.

한 중년 남자가 자신의 딸에게 발송된 우편물을 들고 해당 대형마트에 찾아가 소리를 질렀다. 우편물의 내용은 육아용품 할인쿠폰이었고, 그 남자의 딸은 이제 겨우 고등학생이었다. 그는 고등학생인 딸에게 말도 안 되는 쿠폰을 보내 임신을 부추기는 거냐며 언성을 높였다. 마트에서도 쿠폰이 잘못 발행된 것 같다고 정중하게 사과했다. 그러던 며칠 후 그는 딸이 정말로 임신했다는 사실을 알게 되었다. 아버지도 몰랐던 딸의 임신, 마트는 어떻게 알고 육아용품 할인쿠폰을 보내준 것일까? 여고생 딸은 마트에서 임산부들이 바르는 무향의 화장품과 영양제를 구입한 적이 있었는데, 그 소비패턴이 임산부들과 비슷했고 이것이 마트의 알고리즘에 결부되었다. 마트 측은 이 알고리즘에 기반한 예측 분석을 통해 소비자(여고생 딸)가 앞으로 더 육아 관련 상품을 구매할 수 있다고 판단했고 할인 쿠폰을 집으로 배송하게 된 것이다. 이 마트가 여고생에게 쿠폰을 발행하기까지 어떤 과정이 있었을지 예측해보자.

회원가입 시 이름, 연락처, 주소뿐만 아니라 성별, 나이 등에 대해 상세히 조사한다.

↓

고객이 기록한 인구통계학적 정보(성별, 나이, 지역, 임신 여부 등)와 쇼핑 내역 등을 데이터베이스로 저장한다.

↓

고객 인구통계학적 정보와 구매 이력을 매칭시키고 분석한다.

↓

특정 품목에 대한 구매율에 따라 해당 고객의 인구통계학적 특성을 예측하는 알고리즘을 만든다.

↓

예측된 고객의 특성에 따른 쇼핑 정보나 쿠폰 등을 매칭하여 발송한다.

그렇다면 이 사례를 통해 인사이트를 도출하고 병원이라는 환경에 대입해보면 어떤 프로세스로 재구성할 수 있을까?

초진 접수 시 설문지 작성, 상담 시 상담 일지 작성을 놓치지 않고 기록한다.

↓

고객의 인구통계학적 특성뿐만 아니라 상담 및 진료 시 접하게 되는 고객의 진료적 특성, 행동적 특성, 심리적 특성 등을 엑셀이나 프로그램상에 모두 기록한다.

↓

고객의 특성과 행동에 따른 상관관계를 매칭하여 분석한다.

↓

방문하는 고객들의 대표적인 유형을 분류하고, 유형에 따른 상담 멘트, 가격 제안 기준, 보증서 발급, 문자 발송, 리콜 주기 등의 행동수칙을 마련한다.

↓

고객 방문 및 상담 시 고객의 유형을 파악하고 준비해놓은 행동수칙에 맞게 응대한다.

여기서 마지막 단계인 '유형별 행동수칙에 맞게 응대한다'는 것이 곧 '고객 맞춤 경험관리'를 제공하는 것이다. 그렇다면 이를 제공하기 위한 고객 정보 수집에는 어떤 항목들이 있을까?

1) 인구학적 특성
성별, 연령대 등

2) 지리적 특성
거주지역, 집 근처에서 왔는지, 회사 근처에서 왔는지 등

3) 직업적 특성
직업군, 활동 지역 및 출장 여부, 활동 시간대, 진료 가능 시간대, 통화 가능 시간대 등

4) 행동적 특성
내원경로, 결정 동기, 의사결정권 여부(본인 혹은 보호자), 질환에 대한 정보수준, 방문 전 타원 상담 여부 등

5) 심리적 특성
진료에 대한 관심도, 민감도(통증 및 대기시간에 대한 민감도 등), 만족도, 컴플레인 등

이 모든 정보는 오로지 고객을 통해서 얻을 수 있다. 고객이 직접 기록하기도 하고 말로 표현하기도 한다. 대놓고 말하기도 하고 은연중에 흘리기도 한다. 개중에는 꼭 고객이 기록하고 표현하지 않고, 직원이 응대 시 눈치껏 파악해서 얻을 수 있는 정보도 있다. 유도적인 질문과 스몰토킹 등을 통해 심리적 특성을 파악하여 맞춤 상담과 서비스를 제공할 수 있다. 해피콜을 위해 통화 가능한 시간대를 물어보는 과정에서 직업을 알기도 하며, 고객의 컴플레인이나 소소한 요청사항 등을 통해 고객이 원하는 것을 파악할 수 있다.

이렇게 습득한 정보들이 고객맞춤 응대에 활용된다면 너무나도 훌륭한 서비스를 제공하고 있다고 할 수 있다. 더 나아가 이 정보들이 데이터로 모인다면 더 훌륭한 데

이터 경영을 할 수 있을 것이다.

고객이 우리 병원에 들어온 순간부터, 아니 들어오기 전 우리 병원을 처음 만난 온라인 공간에서부터 진료 후 귀가하기까지 고객이 지나간 모든 과정에서 데이터를 추출할 수 있다. 그리고 그 고객이 남긴 흔적, 고객이 보내는 다양한 시그널이 모두 데이터가 된다. 친절한 응대에서만 끝날 것이 아니라 데이터를 놓치지 말고 기록해보자. 잘 수집한 데이터는 고객이 더 만족할 수 있는 서비스를 제공하기 위한 액션 플랜을 수립하는 데 중요한 역할을 한다. 이뿐만이 아니다. 데이터는 우리 병원의 경영 전략, 서비스 전략, 마케팅 전략, 직원 교육, 관리 시스템 구축 등의 중요한 의사결정을 하는 데 결정적인 도움을 준다.

고객 데이터 수집의 예

	종류	상세	수집 방법	수집 담당
고객의 특성	인구학적 특성 지리적 특성 직업적 특성 행동적 특성 심리적 특성	성별, 연령대, 거주지, 직업, 내원경로, 질환에 대한 정보수준, 관심도, 민감도 등	설문지, 고객과의 대화 등	현장 직원
진료	진료 정보	상담, 예약, 수납 등	마케팅 분석 보고, CRM 전화통계, 초진 설문지, 상담 설문지, 상담 일지, 수납, 예약장부 등	현장 직원 및 경영 지원팀

그렇다면 병원에서는 어떤 데이터를, 어떤 방법으로 수집할 수 있을까? 다음 그림을 통해 고객이 우리 병원을 경험하는 각 접점을 살펴보겠다. 각 접점과 접점별 추출할 수 있는 데이터를 살펴보겠다. 고객의 행동 변화, 진료 행위를 생각해보면 접점별로 다음과 같이 다양한 데이터와 지표를 뽑아낼 수 있다.

고객 접점별 추출 가능한 데이터의 예

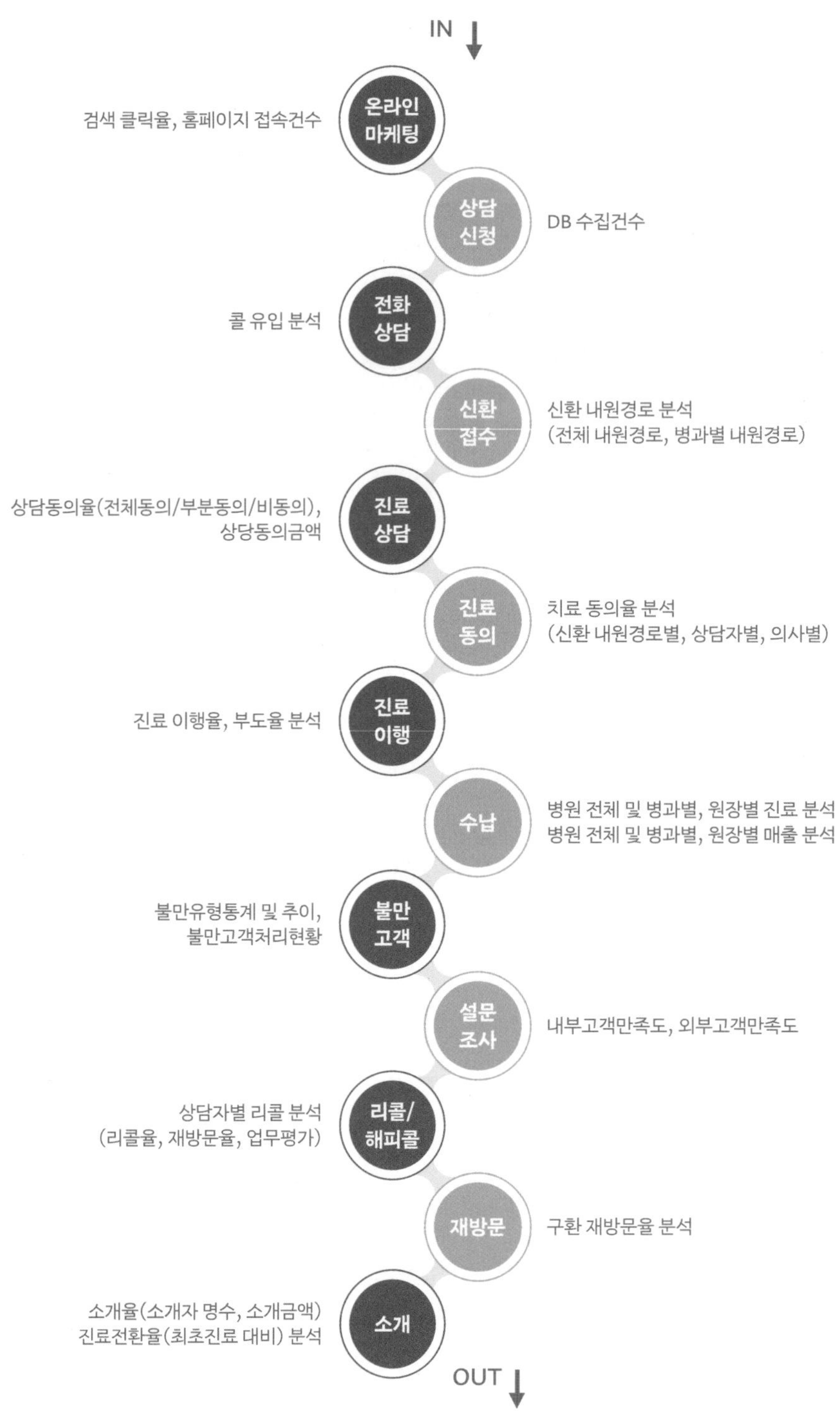
IN
온라인 마케팅
검색 클릭율, 홈페이지 접속건수
상담 신청
DB 수집건수
전화 상담
콜 유입 분석
신환 접수
신환 내원경로 분석
(전체 내원경로, 병과별 내원경로)
진료 상담
상담동의율(전체동의/부분동의/비동의),
상당동의금액
진료 동의
치료 동의율 분석
(신환 내원경로별, 상담자별, 의사별)
진료 이행
진료 이행율, 부도율 분석
수납
병원 전체 및 병과별, 원장별 진료 분석
병원 전체 및 병과별, 원장별 매출 분석
불만 고객
불만유형통계 및 추이,
불만고객처리현황
설문 조사
내부고객만족도, 외부고객만족도
리콜/ 해피콜
상담자별 리콜 분석
(리콜율, 재방문율, 업무평가)
재방문
구환 재방문율 분석
소개
소개율(소개자 명수, 소개금액)
진료전환율(최초진료 대비) 분석
OUT

이처럼 고객이 지나간 동선 안에 남긴 모든 흔적에서 우리가 수집할 데이터들이 무수히 존재한다. 하지만 이것이 데이터라고 인지하지 못한 채 그냥 지나쳐버리는 경우가 많다.

생각해보자. '우리 병원의 현장에서는 어떤 데이터를 얻을 수 있는가?', '충분한 데이터를 수집할 수 있는 곳에서 수집을 놓치고 있지는 않은가?' 혹시라도 데이터 수집이 잘 이루어지지 않고 있다면 너무 아쉬워할 필요는 없다. 데이터에 대한 개념을 이해하지 못한 상태라면 아무리 많은 데이터가 주변에 존재해도 어차피 제대로 활용하지 못했을 것이다. 데이터를 수집에는 '목적(Why)'이 분명해야 한다. 목적이 없는 데이터 수집은 '일을 위한 일'이 될 수밖에 없다. 이 책을 읽고 난 다음이라면 적어도 명확한 목적을 수립하고 '접점별로 어떤 데이터를 수집해야 할까?'라는 가이드 정도는 마련할 수 있을 것이라 생각한다.

초진설문지의 중요성

얼마 전 정부 바우처 지원사업 수요기업 모집이라는 포스터를 본 적 있다. 중소기업, 소상공인, 1인 창조기업 등을 대상으로 상권데이터, 고객데이터, 메뉴판매 데이터 등 각종 통계데이터를 국가 바우처 사업을 통해 제공한다는 내용이었다. 이처럼 데이터 활용은 우리 주변에, 그리고 여러 산업 전반에 걸쳐 그 필요성과 중요성이 대두되고 있다.

넷플릭스는 데이터 활용의 성공적인 사례로 손꼽히는 기업이다. 이 기업은 넷플릭스라는 플랫폼에 모인 유저들의 데이터를 기반으로 그들의 취향과 기술을 융합해 아마존 소프트웨어와 더불어 세계에서 가장 뛰어난 추천 알고리즘 '시네매치'를 탄생시켰다. 넷플릭스가 한국에 첫 서비스를 시작한 것은 2016년이었으나 초반엔 별로 뚜렷한 성과를 보이지 못했다. 아마 이 시기는 넷플릭스의 숨 고르기 시간, 즉 데이터를 수집하기 위한 시간이었을 것이다. 시간이 지난 지금은 어떤가. 이들은 2022년 1분기 기준 전 세계 2억2160만 명 그리고 한국에서만도 380만 명 이상의 가입자들에게서 모은 데이터들을 기반으로 한국뿐 아니라 해외에서 인기 있는 콘텐츠들을 다양하게 선보이고 있다.

데이터를 기반으로 의사결정을 하고 그에 따른 효과를 확인하려면 단순히 많은 양의 데이터뿐만이 아닌 유의미한 모수들이 모여지기까지의 시간이 필요하다. 넷플릭스는 점점 더 늘어나는 유저수만큼 더 많은 데이터가 쌓일 것이다. 그리고 이들이 제공하는 서비스는 유저들의 취향을 더욱 디테일하게 파악하고 훨씬 정교해질 것이다.

모든 기업은 고객을 개별적으로 이해하고 그것을 바탕으로 경쟁 업체보다 고객 관계에 있어 경쟁우위를 선점하려는 목표가 있다. 병원도 예외일 수 없다. 그런 이유에서일까? 언젠가부터 병원들은 처음 방문하는 고객을 대상으로 기존의 주민등록번호와 주소, 이름만을 기재하던 방식에서 벗어나 다소 다양한 항목의 설문지 작성을 요구하고 있다. '내원경로, 내원을 결정한 계기, 이전 상담 및 치료 이력' 등 고객 정보의 수집 범위가 훨씬 넓어진 것이다. 하지만 아직도 몇몇 병원에서는 다른 병원들이 하니까 본인들도 설문지를 받긴 하는데 왜 이런 다양한 고객의 데이터를 수집해야 하는지, 수집된 고객의 데이터를 어떻게 활용할 것인지 의문을 가진다. 오늘도 고객이 남긴 유의미한 데이터들을 그냥 놓쳐버리면서 말이다.

초진설문지로 고객 데이터를 수집하는 가장 큰 이유는 마케팅 활동을 포함한 다양한 경영 전략 실행을 위해 확인하고 분석해야 할 기본적인 조사를 하기 위함이다. 고객들이 우리 병원을 무엇 때문에 방문했는지(What), 어떻게 방문했는지(How), 그리고 왜 우리 병원으로 방문을 결정했는지(Why)를 알 수 있고 다양한 추론을 해볼 수 있다.

초진설문지 어떤 내용을 담을까?

대다수 병원에서 수집하고 있는 초진설문지 항목을 살펴보면 기초 식별자료, 내원경로, 진료를 위한 질문, 분류를 위한 자료(인구통계학적 질문) 등으로 구성된 경우가 많다. 현재 운영하고 있는 혹은 재직하고 있는 병원의 초진설문지 질문 항목 중 고객 접수를 위한 전자 차트에 기입하는 내용은 어디까지며, 이외 정보들은 어떻게 활용하고 있는지 확인해보자. 대다수 병원은 초진설문지를 취지와 목적에 맞게 활용하지 못하는 경우가 많다. 그렇다면, 우리 병원의 초진설문지를 어떻게 효율적으로 설계할 수 있는지 구체적으로 알아보도록 하자. 본 책에서는 초진설문지가 단순히 진료 목적으로 활용되는 것 이외의 마케팅 활용 요소에 초점을 두고 이야기하고자 한다. 그것이 병원을 찾는 고객을 대상으로 하는 정보수집의 목적과 취지를 좀 더 분명하게 설명할 수 있기 때문이다.

첫째, 초진설문지 항목 설계 시 우선 우리 병원에 필요한 정보가 무엇인지 정의하는 것이 중요하다. 일단 수집해놓고 생각하겠다는 것은 조사항목의 설계부터 고객의 작성까지 모든 과정을 무의미하게 만들 가능성이 크다. '무엇을 알고 싶은지', '어떻게 활용할 것인지'와 같은 수집과 활용의 목적을 명확히 하고 핵심적인 질문으로 구성된 조사항목은 더 정확하고 다양한 정보수집을 가능하게 한다. 만약 병원을 방문하는 고객이 어떤 경로를 통해 내원하게 됐는지 알아보는 데이터 수집은 현재 병원에서 진행하고 있는 마케팅이 제대로 성과를 내고 있는지를 측정할 수 있게 해주고 추후 좀 더 구체적인 마케팅 전략을 수립하는 데 참고하기 위함이다. 이런 목적이 분명하다면 당연히 고객들의 '내원경로'에 대한 정보를 얻어야 한다.

둘째, 질문의 형태를 결정한다. 질문에 대한 응답은 자유 응답형으로 구성할 것인가? 다지 선다형의 형태로 구성할 것인가? 정해야 한다. 자유 응답형은 강제성이 없어 다양한 응답을 기대할 수 있으나 응답자의 표현 차이로 상이한 해석이 가능하다는 점과 무응답률이 높다는 단점이 있어 가급적 다지 선다형을 추천한다. 단, 다지 선다형의 경우 응답자가 답할 수 있는 모든 항목을 제시해야 한다.

[1단계 단순 답변 나열]

Q. 우리 병원을 어떻게 알게 되셨습니까?

① 인터넷검색 ② SNS ③ 소개 ④ 간판 ⑤ 이벤트 광고 ⑥ 버스&지하철 광고

⑦ 기타( )

여기까지는 기본적인 설문지 구성일 것이다. 하지만 조금 더 경쟁력 있는 데이터 수집을 원한다면 조금 더 세세한 질문들을 추가해볼 수 있다.

[2단계 상세 답변 추가]

Q. 우리 병원을 어떻게 알게 되셨습니까?

① 인터넷검색(키워드광고(검색키워드:), 블로그, 지식인, 카페, 유튜브)

② SNS(페이스북, 인스타그램, 카카오 채널, 밴드) ③ 소개(소개자 성함:)

④ 간판 ⑤ 이벤트 광고(내용:) ⑥ 버스&지하철 광고 ⑦ 기타( )

2단계 정보수집까지만 해도 제법 훌륭하다 볼 수 있지만, 병원 규모에 따라 수천, 수만 건이나 되는 방대한 양의 데이터를 다뤄야 한다면 수집단계에서부터 분류체계를 일정하게 해두는 것이 좋다. 이는 데이터 활용을 위한 전제조건인 명확한 분류체계를 설정해두는 것이다. 조금 더 세부적인 분류체계는 90쪽에 데이터 계층구조에서 다루도록 하겠다.

셋째, 내부에서 수집해 관리되는 정보에 대한 목적과 이해도가 높아야 한다. 수집된 데이터들은 결국 행동이 가능한 결과로 변환될 것이다. 하지만 불량한 데이터는 결과의 활용을 방해하는 요인이 된다. 위의 2단계와 3단계의 경우처럼 세세한 질문들이 추

가될수록 1단계 형태의 질문보다 고객의 응답률은 낮아질 것이다. 하지만 명확한 수집과 활용목적이 내부에서 잘 공유된다면 고객이 작성한 설문지를 받은 직원은 체크되어 있지 않은 항목을 질문하게 될 것이고 최대한 응답률을 높여 유의미한 데이터 수집이 될 수 있도록 노력할 것이다.

넷째, extensive-approach보다 phased-approach 방식을 권장한다. 하나의 질문에는 하나의 정보만 얻도록 이중질문을 피한다. 최대한 간결하고 전문용어를 배제하여 작성자의 이해가 어렵지 않아야 질 좋은 데이터 수집이 가능하다. 예를 들어, 한 치과에서 타 병원에서의 치료 이력이 있는 고객에 대한 정보를 얻어 고객의 덴탈 IQ와 치료 기대치를 알아보고자 설문 항목을 아래와 같이 구성했다.

1. 타 병원의 치료 경험이 있으십니까?

① 예　　② 아니요

2. 질문 1에서 '예'를 선택하셨다면 타 병원 치료의 비용과 효과 모두 만족하셨습니까?

① 예　　② 아니요

2번의 항목은 잘못된 질문이다. 고객은 과거의 치료 경험에서 치료 비용은 만족했으나, 효과에 대해서는 만족하지 못했을 수도 그 반대의 경우일 수도 있기 때문이다. 이런 경우 고객은 대충 답변을 선택하게 되고 그렇게 수집된 정보는 유의미한 데이터로 역할을 하지 못한다.

다섯째, 기본 설문지의 구성요소는 제대로 갖추어야 한다. 일반적으로 설문지의 구성요소는 응답자에 대한 협조 사항, 식별자료, 지시사항(응답요령), 설문 문항, 분류를 위한 자료 등이 있다. 이 요소들이 갖춰져 있어야 응답자는 설문지에 대한 취지를 알고 정확한 방식의 응답을 할 수 있고, 병원 내부에서는 향후 정보의 분류작업과 분석이 좀 더 체계적으로 이뤄질 수 있다.

병원의 모든 사건을 데이터로 관리해라

‘올해는 꼭 다이어트에 성공해야지’, ‘이번 달부터는 돈을 아껴 써야지’

해가 바뀌고 월급을 받을 때마다 흔히 하게 되는 다짐의 말들이다. 하지만 이 다짐은 거의 실패로 끝나버릴 때가 많다. 실패 원인은 여러 가지인데, 실패하는 사람들의 공통적이고 대표적인 이유는 바로 ‘기록’을 하지 않아서다. 다이어트에 성공하고 싶은가? 성공적인 다이어트를 하려면 일단 기록해야 한다. 오늘 하루 어떤 운동을 했는지, 어떤 음식을 먹었는지 그리고 다음 날 몇 kg이나 감량 또는 증량했는지를 기록하면 전날의 운동과 식사가 나의 몸무게에 어떤 영향을 주었는지, 나의 다이어트 패턴은 어떤지 등을 파악할 수 있다. 운동이나 식사 조절을 하지 않은 날이어도 반드시 몸무게를 적어야 한다. 증량됐으면 그 수치를 보고 반성하여 열심히 하게 되고, 감량됐으면 자신감을 얻고 다이어트를 더욱 신나게 할 수 있다.

계획적인 지출을 하고 싶은가? 마찬가지로 매일매일 지출을 기록해야 한다. 이번 달은 쇼핑도 안 했는데 막상 카드값을 보니 입이 떡 벌어진다. ‘돈을 대체 어디에 썼지?’라고 생각하며 지출 내역을 들여다보면 정말 필요한 것만 산 것 같아 의아해했던 경험은 누구나 있을 것이다. 이상하다고 생각하지만 이상하지 않다. 기록을 안 했기 때문에 정확히 알지 못했던 것이다. 나는 지출할 때마다 항상 금액을 기록하는데? 나는 왜 그러지?’라고 생각한다면, 그저 기록만 했기 때문일 것이다.

나의 소비 패턴을 정확히 알고 지출을 줄이려면 제대로 된 기록과 분석이 필요하다. 단순히 날짜와 소비 품목, 금액을 '9월 2일 편의점 10,000원, 9월 3일 치킨 배달 15,000원' 식으로 나열해 기록하는 것이 아니라 생필품, 외식비 등의 카테고리로 구분하면 지출의 비중이 어디에 더 집중되어 있는지 알 수 있다. 매달 정확한 데이터가 입력된다면, 지출의 패턴을 들여다볼 수 있다. 외식비의 지출이 점점 늘어난다면 '이제 배달은 그만 시켜먹고 만들어 먹어보자'라는 계획을 잡아볼 수 있고, 외식비가 줄어드는 금액만큼 적금이나 펀드 투자를 계획할 수도 있다.

이뿐이겠는가? 차량을 이용하는 사람이라면 한 달의 운행 및 주유량 기록을 통해 연비를 확인하고, 쓸데없는 운행을 많이 하는 건 아닌지 돌아봄으로써 이동 거리, 필요성 등에 따라 대중교통과 자가를 나누어 이용하는 계획을 잡을 수도 있다.

위 사례들에서 찾아볼 수 있는 공통점은, 목표를 이루기 위해서는 반드시 기록이라는 과정이 동반되어야 한다는 것 그리고 그 기록은 단순히 기록에서 끝나는 게 아니라 분석이 뒤따라야 한다는 것이다. 이를 병원 운영에 빗대면, '매출이 잘 나와야 하는데…', '고객이 왜 이렇게 없지…'라고 고민만 할 것이 아니라 우리 병원이 지금 어떻게 돌아가고 있는지 기록을 통해 현황을 파악하는 것이 선행되어야 한다.

보통 월 결산을 할 때 매출, 고객수, 상담건수, 동의율 등의 지표만 보는 경우가 많다. 단편적인 이 수치만 가지고서는 병원의 문제점이 무엇인지, 문제점을 개선하고 병원을 성장하게 하려면 어떤 솔루션이 필요한지 등을 판단할 수 없다. 결과에 영향을 주는 요소들도 데이터로 관리하여 문제점과 원인의 인과관계를 파악하고, 미래 예측과 대비를 할 수 있어야 한다. 우리 병원에서 일어나고 있는 모든 과정을 데이터로 수치화하여 기록하고 분석하는 습관이 자리 잡는다면, 안정적이고 효율적인 경영을 할 수 있을 것이다.

그럼 지금부터 무엇을 어떻게 기록하면 좋을지 함께 이야기해보도록 하겠다. 앞서 '고객 접점에서 데이터를 도출해라'에서 언급한 바와 같이 고객이 접하는 우리 병원의 모든 접점에서는 다양한 데이터가 존재한다. 고객이 직접 접하는 접점이 아니라 하더라도, 우리 병원에서 일어나는 모든 사건 하나하나가 데이터고, 이것을 기록으로 남기는 것이 필요하다.

병·의원의 고객 서비스 청사진

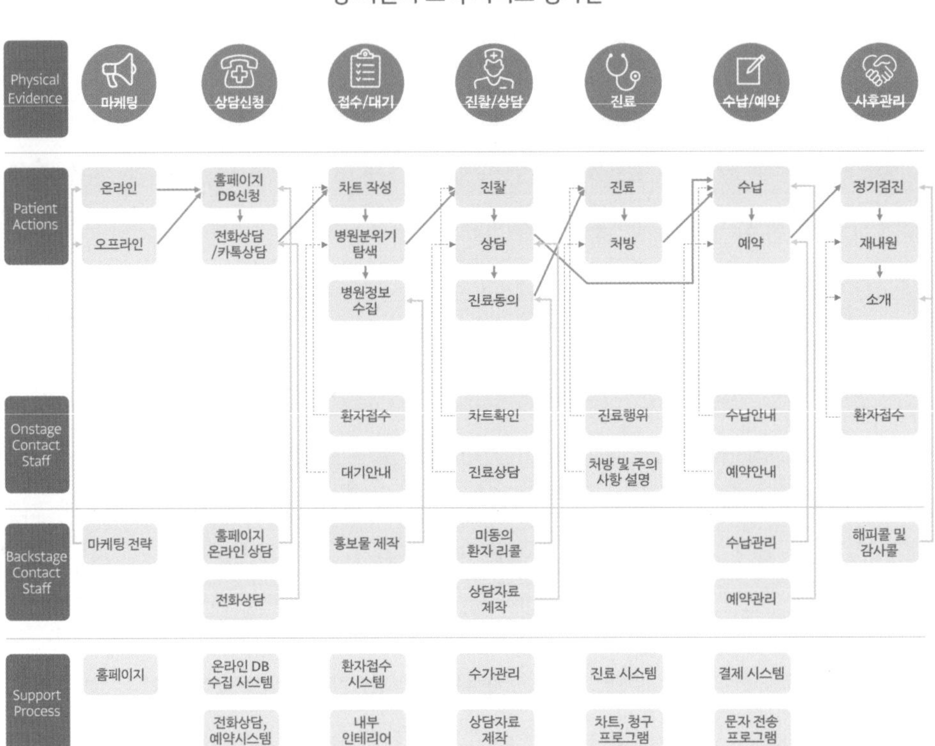

위는 병원의 서비스 청사진을 나타낸 그림이다. '서비스 청사진(Blue Print)'*이라는 단어는 다들 한 번쯤은 접해봤을 것이다. 고객이 병원을 경험하는 접점을 보여준다는

* 서비스를 생산하고 고객에게 제공하는 데 필요한 전사적인 활동과 프로세스를 그려놓은 도면. 고객 기준으로 서비스 접점인 전방과 비접점인 후방, 지원 프로세스로 구분하여 업무의 흐름과 접점별 관계를 한눈에 파악할 수 있다.

면에서 MOT 사이클과 비슷하지만, MOT 사이클은 온전히 고객의 기준에서 보여지는 접점이라면 서비스 청사진은 고객이 접하지 않는 비접점의 서비스도 한눈에 볼 수 있다. 데이터 경영을 위한 데이터 수집은 고객과 만나는 현장에서만 이루어지는 것이 아니다. 전방(고객 접점 현장)에서 수집된 데이터가 후방(경영지원)에서 활용되거나, 반대로 후방에서 수집하고 분석한 데이터를 전방에서 다양하게 활용할 수도 있다. 모든 병원은 고객과 만나는 Onstage와 후방지원 담당의 Backstage 업무로 나뉜다. 접점별로 어떤 데이터를 수집할 수 있는지는 다음 그림에서 확인할 수 있다.

고객 동선에 따른 병·의원의 데이터 수집 청사진

이 데이터 수집 청사진을 바탕으로 몇 가지 예시를 들어보겠다. 모든 병원에 동일하게 적용할 순 없겠지만, 각자의 병원에 맞추어 활용해보기를 바란다.

전화상담 데이터

대분류	분석 자료	액션
전화상담	병원을 알게 된 경로	마케팅 효율 여부 평가(노출, 클릭, 전환 등) 후 매체 재선정
	문의 과목	마케팅 효율 여부 평가 후 홈페이지 및 바이럴 콘텐츠 수정
	예약 여부	전화상담 교육 및 평가, 보상
	시간대별 전화 인입량	시간대별 직원 배치, 휴무 조절

1) 전화상담 평가 및 피드백

최근 많은 병원에서 CRM 센터를 도입하여 전화상담과 상담관리를 하는 곳이 늘어나고 있지만, 여전히 전화상담은 단순한 안내에서 끝나버리는 수동적 응대인 경우가 많다. 한 고객이 광고를 보고 우리 병원에 전화해서 전화상담 후 진료 예약을 잡고, 예약 후 실제로 내원해 진료 상담 후 결제까지의 여정을 거쳤다고 가정해보자. 일반적으로 이는 내, 외부 프로세스가 마케팅과 잘 이뤄졌다고 할 수 있다. 여기서 전화상담 후 내원하게 한 상담자의 역할은 가려지기 쉽다. 마케팅 전략 수립과 실행이 성공적이었어도 전화상담 과정의 만족도가 낮다면 고객은 우리 병원에 내원하지 않는다. 반대로 기대 없이 전화했는데 전화상담의 만족도가 높아 바로 예약을 잡고 내원하기도 한다.

전화상담은 고객들이 우리 병원을 만나는 첫 접점이자 병원의 내원 여부를 결정하는 아주 중요한 순간이다. 단순한 응대에서 끝날 것이 아니라 고객들이 어떤 문의를 주로 하는지, 전화상담이 예약으로 이어졌는지 등의 상담 내용 및 예약 여부를 데이터로 기록하고 수치화하고 전화상담 성과 측정 및 전화상담자의 역량을 파악한다면 그에 따른 보상과 피드백을 통해 성과를 더욱 올릴 수 있다. 또한, 예약률이 저조한 직원을 위한 피드백이나 상담 업무 및 스크립트를 매뉴얼화하여 교육을 진행할 수 있다.

2) 마케팅 평가 및 전략

전화상담의 상세 내용을 데이터화함으로써 마케팅 성과를 평가하고 그에 따른 전략을 세울 수 있다. 로컬 병원 중에 당뇨 전문 병원, 교정 전문 병원 등 한 가지 과목만 진료하는 병원들도 있지만, 대부분의 병원은 다양한 진료과목을 다루고 있다. 성형외과라고 하면 쌍꺼풀·앞트임·지방재배치 등의 눈성형, 코끝성형·콧볼성형 등의 코성형, 가슴 축소 및 확대 등의 가슴성형 등, 대분류 안에 중분류, 소분류로 세분화된 진료과목이 존재한다. 치과도 보철치료, 보존치료, 치주치료, 임플란트 등의 대분류로 나뉘지만 그 안에서도 심미보철, 노인보철, 크라운보철 등의 2차, 3차 분류로 나뉜다.

특정한 대표 진료과목을 중심으로 마케팅을 하기도 하지만, 다양한 진료과목의 주 타겟 고객이 활용하는 여러 매체를 활용해 광고를 진행하는 경우도 있다. 이때 전화를 준 고객이 어떤 진료과목이 궁금한지, 어떻게 우리 병원을 알고 전화했는지(광고라면 어느 매체를 봤는지) 고객에게 직접 묻고 기록하는 것이 필요하다. 그리고 이 데이터는 마케팅 채널과 광고비의 효율성을 평가하는 데 중요한 요소가 된다. 좀 더 나아가 전화상담 후 내원 고객의 상담 금액과 매출까지 연결해서 분석한다면, 광고 효율 파악을 통해 앞으로의 마케팅 전략을 수립하는 데 매우 유용한 지표가 된다.

CTI 프로그램*을 이용하는 곳이라면 입력과 데이터 추출이 수월하겠지만 그렇지 않은 곳이 더 많을 것이다. 청구 프로그램 내부의 기능을 이용해도 좋고, 별도의 엑셀 장부를 이용하여 입력하는 것도 좋다. 무엇보다 어디든 상관없이 누락되지 않게 정형화된 내용으로 데이터를 입력하는 것이 중요하다.

* CTI(Computer Telephony Integration): 컴퓨터 기반 통신 통합 시스템. 일반적으로 콜센터에서 사용하는 전용 프로그램이라고 이해하면 된다.

전화상담 데이터 입력 예시

통화시작 시간	인바운드/ 아웃바운드	상담원	알게 된 경로	상담 유형	상담 내용	예약 여부	예약일
2022.11.25. 09:45:22	인바운드	상담원A	버스광고	백내장	상세내용 기재	예약 완료	2022.11.27.
2022.11.25. 09:57:10	인바운드	상담원B	SNS광고	라식	상세내용 기재	미예약	
2022.11.25. 10:02:31	아웃바운드	상담원C		라식수술 해피콜	상세내용 기재		

전화상담 데이터 요약 예시

날짜	전체콜수 (인+아웃+기타)	인바운드			아웃바운드			예약 성공	
		신환	구환	총콜수	신환	구환	총콜수	신환 인	신환 아웃
1월 1일									
1월 2일	115	38	35	73	4	6	10	8	
1월 3일	67	23	17	40	8	0	8	11	5
1월 4일	66	22	17	39	2	2	4	10	
1월 5일	79	20	26	46	7	7	14	7	1
1월 6일	30	8	8	16	6	0	6	1	1
1월 7일	0			0					

3) 전화량에 따른 직원 배치

주 5일제에 따른 주차, 혹은 연차 사용으로 인하여 전 직원이 모두 병원에 출근하는 날을 찾아보기 어려워졌다. 직원들이 원하는 날 오프를 사용하다 보면 직원들 간에 휴무가 겹치기도 하고, 바쁜 날 한 명이 쉬는 바람에 남은 인원들이 쉴 틈 없이 일하느라 고생하기도 한다. 일과도 마찬가지다. 데스크에 있는 실장이 진료실에 들어가 일할 때도 있고, 상담하느라 긴 시간 자리를 비울 때도 있다. 이럴 때 CTI 프로그램을 쓰거나, 청구 프로그램 서버에 CID 기능으로 발신번호가 연결되어 있는 경우 요일별, 시간대별

전화 유입량을 알 수 있다. 그렇지 않은 병원이라면 엑셀로 전화상담 일지를 기록하고 거기에 통화 시간까지 구체적으로 적어두면 유용하다. 매일 통화 시간이 기록이 된다면 일주일 중에 어느 요일에 전화량이 몰리는지, 하루 중에 어느 시간대에 전화량이 몰리는지 파악할 수 있기 때문이다. 이러한 데이터 분석은 직원의 배치 관한 의사결정에도 도움을 준다.

요일별 인입 전화량 파악 예시

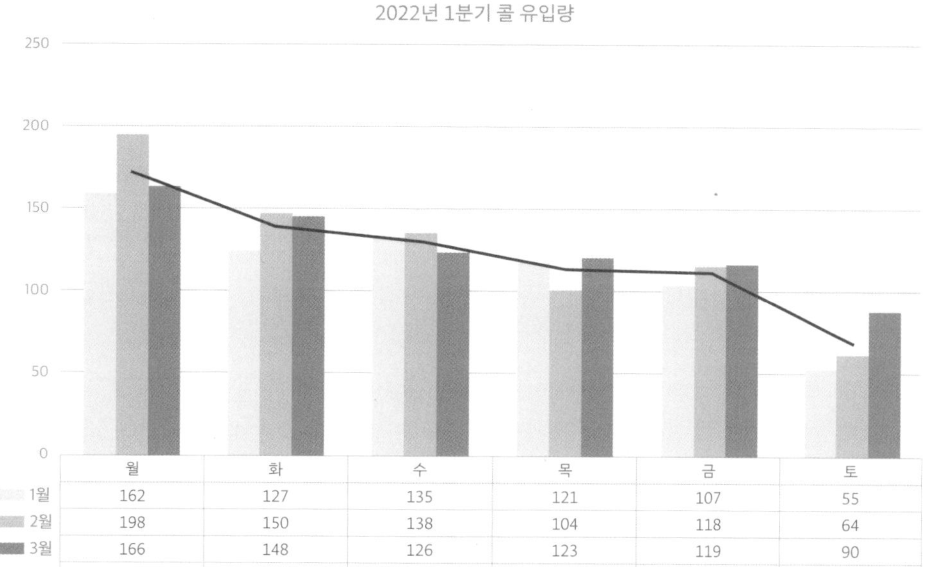

	월	화	수	목	금	토
1월	162	127	135	121	107	55
2월	198	150	138	104	118	64
3월	166	148	126	123	119	90
평균	175	142	133	116	115	70

최근 3개월간 요일별 전화 유입량을 파악하고 각 월별 수치 및 평균 수치를 확인한다. 일주일 중에 월요일이 가장 전화량이 많으며, 평균 175통에서 최대 200통 가까이 전화가 인입된다. 이 데이터로 데스크 직원의 월요일의 오프를 최소화하거나, 하루에 직원 1인이 소화할 수 있는 콜량을 체크한 후에 전화 응대 직원을 더 배치시킬 수 있다.

하루 시간대별 인입 전화량 파악 예시

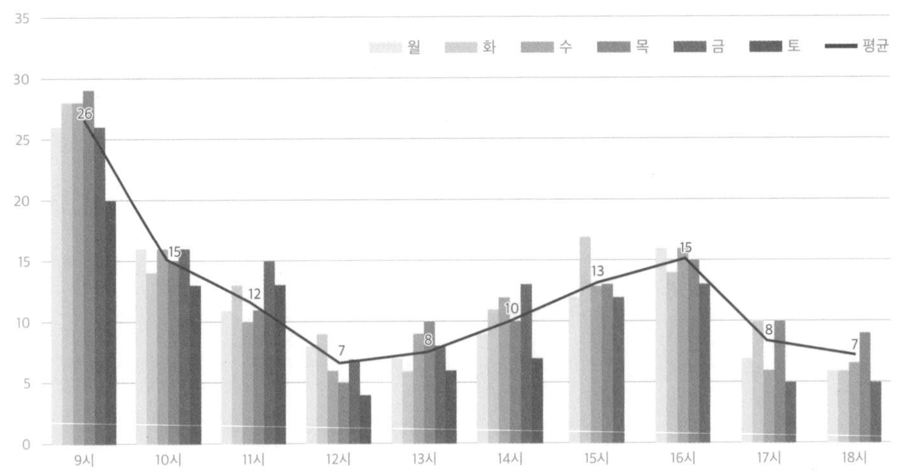

데스크는 현장 고객 응대와 전화 응대 뿐만 아니라, 리콜(해피콜)이나 문서 작업 등의 추가적인 업무가 많다. 추가 업무는 고객 응대 중에 할 수 없기 때문에, 하루 시간대별 전화량에 따라 업무를 설정하면 보다 효율적이고 생산적인 업무 진행이 이루어질 수 있다.

데스크 접수 데이터

대분류	분석 자료	액션
접수데스크	내원경로	기존고객관리, 마케팅 효율 여부 평가 후 전략 설정
	병원을 선택한 경로	마케팅 효율 여부 평가 후 전략 설정
	희망진료과목	진료상품과 진료과목별 광고 전략 재고
	시간대별 접수량	시간대별 직원 배치
	대기시간 분석	직원 배치 및 예약 시스템, 진료별 표준 시간 설정 등

1) 내원경로

고객이 만족할 요소를 찾아 맞춤 응대하고, 상담동의율을 높이며, 결국에는 병원 매출을 높일 수 있는 비밀의 키는 고객의 다양한 정보 안에 숨어 있다. 이 때문에 많은 병원들이 초진설문지와 각종 설문지를 통해 고객의 정보를 최대한 많이 획득하기 위해 노력한다. 하지만 고객은 자신의 정보를 병원에 제공하는 데 시간을 들이는 것보다 조금이라도 빨리 대기시간 없이 진료받고자 하는 마음이 더 클 것이다.

초진설문지, 예진 프로세스 등을 구성하는 데는 병원마다 고객 성향이나 분위기에 따라 다를 것으로 생각한다. 상황에 따라서는 진료에 가장 필수 정보인 인적사항만 받고 접수를 끝내야 하는 병원도 있을 것이다.

그렇다 하더라도 이것 하나만큼은 꼭 챙겼으면 한다. 바로 '내원경로'다. 이 지표는 마케팅 효율성과 내부시스템 평가의 두 가지 측면으로 나누어서 생각해볼 수 있다. 그리고 내원경로의 대표적인 분류는 '근거리/소개/마케팅'일 것이다. 마케팅에 비용을 투자하는 병원이라면 소개와 마케팅의 비율을 50:50 정도 수준으로 유지해야 한다. 기껏 비용을 투자했는데 마케팅을 통해 유입된 비율이 10~20% 정도라면 차라리 그 비용을 소개 고객 늘리기에 투자하는 편이 나을 수도 있다. 반대로 소개로 오는 고객의 비율이 10~20% 정도라면 병원 직원들의 응대, 진료 프로세스, 기존고객관리 및 소개고객관리 등 내부시스템 점검이 필요하다.

2) 마케팅 효율 평가

마케팅을 하지 않는 병원, 소개 고객이 주를 이루는 병원, 항상 고객이 붐벼서 고민인 병원이라면 굳이 내원경로를 분석하지 않아도 될 것이다. 이를 제외한 대부분의 병원은 소액이라도 마케팅에 비용을 투자하고 있다. 매달 정기적으로 지출되는 마케팅 비용은 반드시 관리가 필요하다. 예를 들어 매달 300만 원씩 투자해 키워드광고를 진행하고 있다고 가정하자. 키워드 전체 광고로 몇 명이 클릭했고 또 어떤 키워드광고 문안이 클릭률이 높았는지, 또 그로 인한 전환율은 몇 % 정도인지 체계적이고 디테일한 분석이 필요하다. 키워드 단가가 대표 키워드의 전환율 대비 실제 원내에서 매출로 이어지는 진료과목들과 비례하는지 측정해 좀 더 효율적인 광고가 진행되도록 해야 한다.

채널별 투입한 광고비 대비 진단 금액, 동의 금액, 수납 금액의 비율을 통해 마케팅 효율을 파악할 수 있다. 그러기 위해서는 반드시 초진 접수 시 내원경로를 수집하고 데이터를 입력해야 하며, 상담 시 진단 금액, 동의 금액 또한 정확히 입력되어 모든 데이터가 연결되어야 한다.

3) 희망진료과목

감기에 걸려 가까운 내과나 이비인후과를 가는 경우는 많아도 '안과니까 당연히 라식수술을 하겠지!'라는 생각으로 근처 가까운 안과를 찾아오는 사람은 거의 없다. 라식수술이라는 키워드로 인터넷에 검색을 해보거나, 주변 사람들의 추천을 받은 후 상담을 받을 병원을 결정한다.

고객이 처음 내원했을 때 꼭 수집해야 하는 데이터 중 하나는 바로 '희망진료과목'이다. 병원에 막연히 내원하는 고객은 없기 때문에 초진설문지에 희망진료과목을 기재해달라고 요청하여 데이터를 쌓으면 다음과 같은 통계를 추출할 수 있다.

파악할 수 있는 지표

내원 고객의 희망진료과목 분포는 어떻게 되는지?

내원경로&희망진료과목 통계

근거리에서 온 고객들은 주로 어떤 진료를 받기 위해 오는지?

→ 지역에 우리 병원이 어떻게 브랜딩이 되어 있는지? 긍정적인 입소문이 나 있는지?

→ 원거리/근거리/객단과의 연관성 통계

지표) 소개로 온 고객들은 주로 어떤 진료를 받기 위해 오는지?

→ 분석) 우리 병원에 만족하신 고객이 주로 어떤 진료를 소개하는지?

→ 액션) 소개가 많은 과목이라면 강점 찾아 강화

→ 액션) 소개가 없는 과목이라면 약점 찾아 개선

지표) 광고를 보고 온 고객들은 어떤 진료가 비중이 높은지?

→ 분석) 특정 진료의 핵심 경쟁력 파악, 광고 효율성 파악

→ 액션) 마케팅 전략 설정 시 참고

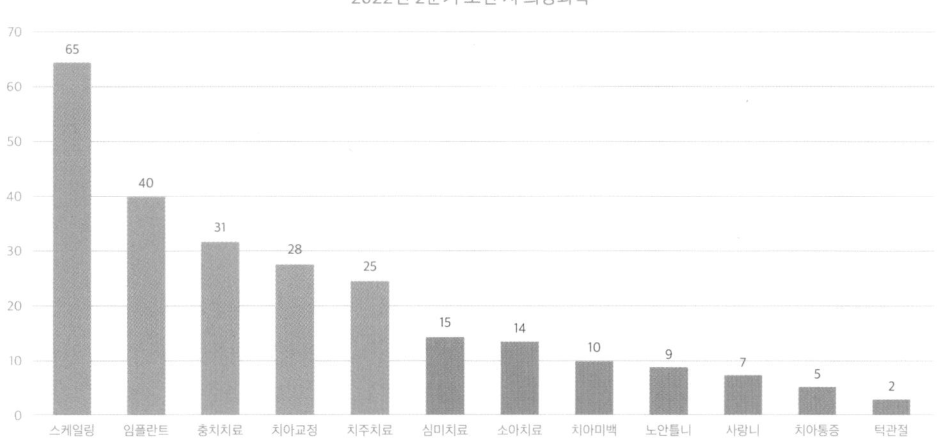

1차적으로는 매월/분기/반기/연도 기준으로 초진 시 희망과목을 파악하고, 나아가 내원경로나 연령대 등의 다양한 변수들과의 상관관계를 분석하다 보면 우리 병원의 브랜딩이 어떻게 형성되어 있는지 인식할 수 있게 되고, 앞으로의 방향 설정에도 도움이 될 수 있다.

모든 병원이 다양한 진료를 제공하고 있다. 피부과는 리프팅/색소/여드름/피부질환 등, 치과도 교정/임플란트/충치치료/치주치료 등 다양하게 나뉜다. '우린 교정만 하는 치과야' 하더라도 소아교정, 성인교정, 부분교정 등으로 상세하게 분류할 수 있다.

4) 접수량&대기시간

전자차트를 사용하는 병원이라면 고객의 예약 시간, 접수 시간, 진료 시작 시간, 진료 종료 시간, 대기시간 등을 파악할 수 있다. 이 시간 데이터들만 잘 활용해도 얻어낼 수 있는 지표가 많다. 전화량 분석과 같은 맥락으로 고객 접수량에 따른 직원 배치를 할 수 있으며, 요일별 시간대별 접수량에 따라 예약을 조절할 수 있다. 예를 들어, 신규 고객 접수가 많은 휴일 다음 날이나 하루 중 오전 첫 시간과 오후 첫 시간 등의 예약은 다른 시간대보다 예약수를 적게 잡는다거나 직원을 더 배치하여 진료의 흐름이 원활해지도록 준비하는 것이다.

대기시간은 모든 병원에서 안고 있는 과제다. 병원의 컴플레인들을 살펴보면 대기시간에 의한 컴플레인이 빠지지 않는다. 고객 대기에 민감한 병원이라 하더라도 예기치 못하게 발생하는 진료 지연, 고객 몰림, 응급 상황까지는 통제하기 어렵다. 데이터 분석만으로 대기시간을 없앨 수는 없지만, 문제를 해결해나가기 위한 첫 단추로 데이터 수집과 분석은 필수다. 어떤 요일에 대기가 빈번하게 일어나는지, 어떤 시간에 대기시간이 가장 길게 나타나는지, 의사가 많은 병원이라면 어느 의사에게서 대기시간이 길거나 잦은지 등을 파악한다. 이 분석 결과에 따라 예약 프로세스를 다시 만들거나, 의사별 담당 직원을 재배치하거나, 접수 시스템에 변화를 주는 등의 조치를 해야 한다.

저자가 근무했던 병원에서는 평소 대기실 TV에 병원 진료 안내 영상을 재생시키는데, 고객이 많이 몰리고 대기시간이 긴 시간대에는 재미있는 예능 프로그램을 틀어놨다. 그러다 보니 대기실에 앉아 있는 수많은 고객이 예능 프로그램을 보면서 동시에 웃음을 터뜨리는 일도 있었다. TV에 몰입도를 높임으로써 고객들이 대기시간을 체감하지 못하게 한 것이다. 물론 예능 프로그램 외에도 TV 화면에 대기시간에 대한 안내방송을 틀거나 안내 문구를 보이게 하는 방법을 쓸 수도 있다. 고객들이 몰리며 바빠지는 것은 누구라도 눈으로 확인할 수 있고 그때그때 대처할 수 있는 일이다. 하지만 고객 분포도를 미리 알고 시간대에 맞게 대처법을 준비해놓는다면, 직원들이 갑자기 당황하거나 분주하게 움직이는 일 없이 효율적으로 대기시간 관리를 하는 데 도움이 될 것이다.

이처럼 고객 접수와 관련된 시간적 정보를 분석한다는 것은 결국 고객의 만족도를 높이고 업무의 효율성을 높이는 것과 직결된다. 이 외에도 접점별 추출할 수 있는 데이터들은 많다. 아래 표를 참고하여 우리 병원에 맞는 데이터를 뽑아보자.

접점별 추출 데이터와 분석 자료

대분류	소분류	상세
고객	신환 분석	내원경로, 지역, 초기진료과목, 연령대 등(다양하게 조합)
	구환 이탈율/재방문율 분석	마지막 진료를 기준으로
	소개환자 분석	소개자수, 소개금액
상담	동의율 분석	상담자별, 의사별, 내원경로별, 지역별 등
	진료이행율 분석	상담동의 후 진료이행율
	리콜 분석	상담자별 리콜 분석(리콜율, 재방문율, 전환 금액)
진료	진료 분석	병원 내 주진료 분석, 의사별 분석
	진료전환율	최초 진료(희망진료과목)별 진단 금액 및 매출 금액
매출	수납과 미수	수납율, 미수율 분석
	병과별/원장별 매출 분석	매출 점유율, 매출 추이
	매출 예측	과거 매출 추이와 이번달, 올해 매출 추정치
만족	만족도 분석	접점별, 병과별 고객만족도 설문
	컴플레인 관리	컴플레인 발생 카테고리별, 병과별, 의사별 분석
	대기시간 분석	요일별, 시간대별, 의사별 대기시간 분석

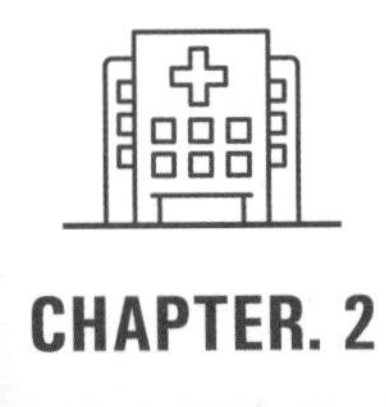

CHAPTER. 2

데이터 분석

데이터로 현실을 직시하라

데이터 분석, 맥락이 성공을 좌우한다

2000년도 중반 많은 병원의 치열한 광고 경쟁으로 인해 '라식수술' 관련 키워드광고 비용이 한껏 치솟자 한 안과에서는 광고비 대비 실제 광고를 통해 방문한 고객의 비중과 객단가 조사를 진행했다. 이를 통해 현재의 마케팅 예산과 방식의 효율성을 측정해 보고자 하였다. 물론 조사 방법은 수집된 초진설문지와 매출 보고서를 활용한 것이다.

해당 안과는 대표 키워드들의 검색 광고 1순위 유지, 일 평균 50건 이상의 전화 문의를 목표로 세워 광고를 운영 중이었다. 그 후 수집된 데이터들과 매출 데이터를 통해 광고 효율성을 측정하는 작업이 진행되었다. 기존 초진설문 방식에서는 큰 카테고리로 답변 항목이 구성되어 있어서 유입경로에 대한 고객 답변은 인터넷 검색이 다수를 차지하고 있다. 안과 측은 당연히 인터넷광고 중 가장 큰 예산을 사용하고 있는 키워드광고로 고객이 많이 유입되었을 것이라 예상했다.

하지만 이번 이슈로 좀 더 세부 답변 항목을 추가한 초진설문지를 수집하였고 측정한 결과, 실제 내원한 고객들은 키워드 검색 광고보다 지식인 답변과 블로그 포스팅을 통해 정보를 얻고 유입하는 수가 많았다. 또한, 실제 수술 등록률은 높았으나 경쟁 병원들과의 가격 경쟁 등으로 평균 객단가는 낮은 상황이어서 실제 매출의 기여도가 높지 않은 상황이었다.

그러던 중 눈에 띈 것이 바로 '노안 교정 수술'이었다. 커뮤니티 카페에 실제 해당 병원의 수술자가 올린 후기를 통해 방문한 고객이 제법 높은 비중을 차지하고 있었고, 해당 키워드는 별도의 광고를 진행하지도 않았음에도 높은 객단가와 제법 안정적인 고객수를 확보하고 있었다. 이에 노안 교정 수술의 목적으로 방문한 고객의 초진설문지를 별도로 분류해 확인한 결과 그들의 평균 연령이 40~50대이고, 이들의 자녀의 연령대는 10~20대 정도라는 추론을 하게 되었다.

자, 이제 마케팅 계획의 변화를 줘야 할 중요한 의사결정의 사안에 맞닥뜨린 것이다. '구슬이 서 말이라도 꿰어야 보배'라는 속담이 있다. 아무리 좋은 것이라도 쓸모 있게 만들어 놓아야 값어치가 있다는 뜻을 담고 있는 이 속담은 데이터에도 적용된다. 아무리 다양하고 질 좋은 데이터를 수집하더라도 분석이 제대로 되지 않는다면 무용지물이다.

사례의 안과는 광고비 대비 낮은 효율과 객단가의 문제점을 파악하였고, 새롭게 발견된 이슈에 대한 맥락적 이해를 통해 두 개의 가설을 세울 수 있었다. 하나는 라식수술 키워드보다 훨씬 저렴한 노안 교정 수술 키워드광고를 진행한다면 더 저렴한 광고비로 더 많은 고객이 유입될 수 있다는 것이다. 또 다른 하나는 엔드 유저의 평균 연령 40~50대라면 그들의 자녀 연령대는 대개 10대~20대 정도일 것이므로, 이 자녀들이 라식수술을 하려고 할 때 부모가 해당 안과를 권하게 하는 내부 홍보 방안을 통해 고객을 창출할 수 있을 것이다.

어떻게 활용할 것인가?

수집된 정보의 결과와 실제 이슈 간의 상관관계를 파악하는 것 그것이 바로 데이터 분석의 성공을 좌우하는 '맥락'이다. 사전적 의미로 맥락은 사물 따위가 서로 이어져 있는 관계나 연관을 뜻한다. 이렇듯 고객을 이해하기 위한 데이터 분석에도 하나의 이슈가 또 다른 상황들과 어떻게 연관되어 있는지를 이해하여 얼마나 의미 있는 가설을 세울 수 있느냐가 중요하다.

위의 안과는 그렇게 두 개의 가설을 기반으로 새로운 홍보 방안 기획에 돌입했다. 일단 라식에 대한 키워드 예산을 대폭 줄이고, 노안 교정 수술에 대한 키워드의 발굴과 예산 편성을 확대하였다. 그리고 노안 교정 수술에 대한 홈페이지 내용 보완 및 병원 내부에서 전화상담을 담당하는 직원들과도 새로운 상담 스크립트를 작성하고 훈련하여 노안 교정 수술에 대한 내부 역량도 강화했다. 병원 내부는 라식 수술센터와 노안 교정 수술센터의 분리로 훨씬 더 전문성을 부각했고, 효율적인 동선을 구축했다. 또한, 노안 교정 수술 고객이 자녀의 라식 수술을 같이 진행했을 때 할인 혜택을 주는 등 라식 수술에 대한 내부 홍보 역시 꾸준히 이어나갔다. 결과는 성공적이었다. 아직 도입기에 있던 노안 교정 수술 과목의 확고한 자리매김과 홍보비용은 줄이고 매출은 높이는 효과를 보게 된 것이다.

경영에는 다양한 의사결정 사안들이 생기기 마련이다. 위의 안과 경우도 그랬다. 아직 시장에 도입 중이었던 수술 과목을 주력으로 삼는다는 것 자체가 상당한 모험과 도전이었고 경영자의 결단력이 요구되었다. 하지만 절대 무모하지 않았던 것은 바로 이 결정을 뒷받침하고 당위성을 제공해준 데이터가 있기 때문이었다.

본 책에서는 학계에서 만들어진 인공신경망, 의사결정 나무 등의 복잡하고 다양한 데이터마이닝 알고리즘의 기법을 이야기하려는 것은 아니다. 위의 사례처럼 초진설문지를 통해 취합된 고객의 정보들과 실제 우리 병원 매출 데이터 등 내부 자료를 활용해 실무자들이 간단하게 분석 가능한 방법을 이야기하고자 한다.

수집된 초진설문지를 통해 마케팅 계획에 변화를 준 또 하나의 사례를 소개하겠다. 한약으로 체중 감량에 성공한 사례들을 활용해 한의원들에서 한창 비만 프로그램의 마케팅에 주력하던 시기였다. 해당 네트워크 한의원 역시 당시 많은 한의원에서 진행했던 대로 양방의 살 빼는 주사로 알려진 PPL 주사 및 카복시 시술을 경쟁 시술로 보고 마케팅을 진행하고 있었다.

그러던 중 각 지점에서 수집된 초진설문지를 통해 새로운 결과를 도출할 수 있었다. '한의원에 방문 전 비교하셨던 시술 및 방법은 무엇인가요?'라는 질문에 대해 운동 및 PT(Personal training)라는 답변이 주를 이루는 것을 확인할 수 있었다. 즉, 해당 한의원의 경쟁 시술은 일반 양방에서 진행하던 시술이 아니었고, 한약 다이어트를 고려하는 고객을 양방 시술을 고려하는 고객들과는 별도의 고객군으로 인지하기 시작한 것이다. 이를 통해 광고 문안 수정 및 홈페이지 내용 수정 등을 진행했고, 양방병원들과 경쟁하던 키워드 일부를 조정함으로써 광고비도 줄이는 효과를 볼 수 있었다. 이렇듯 데이터 분석은 경영상 의사결정에 도움이 되는 정보를 발견하기 위한 데이터 처리 및 변환과 모델링을 하는 일련의 과정이다.

다음의 예시를 통해 데이터 분석 단계를 살펴보자. 한 피부과에서 기존의 고객들이 남긴 초진설문지와 매출 데이터를 바탕으로 광고상품 기획을 하려고 한다. 데이터 분석은 이슈가 식별되고 데이터가 정보로 변환되면서 실행에 옮겨진 후 결과 측정까지 다음 네 단계로 구분할 수 있다.

분류

초진설문지를 토대로 시술 과목별 고객의 정보들을 분류해볼 것이다. 어느 연령대가 주로 어떤 시술을 받았는지, 어떤 유입경로를 통해 방문이 이뤄지고 있는지 그리고 평균 객단가 등의 분류작업을 진행할 것이다. 다음 참고양식은 데이터를 정보로 전환하는 첫 단계인 분류작업을 위한 양식으로 고객 분석을 위해 가상의 데이터를 만든 것이다.

물론, 구글 폼이나 네이버 오피스를 활용한 초진설문지 수집을 하는 병원인 경우는 자체 스프레드시트를 활용한 정보 추출이 가능하다. 아래의 양식은 종이 초진설문지를 취합 후 정보 전환과정에서 활용 가능한 양식으로 생각하면 좋을 것이다. 그리고 반드시 초진설문지는 이후 매출 데이터 분석에서 다루게 될 월별 매출 데이터 양식(객단가, 시술별 등록률 등)과 함께 살펴봐야 조금 더 디테일한 분류가 가능할 것이다.

① 초진설문지에 포함된 기본 정보들을 분류하여 기입

내원경로	연령대	시술과목	거주지역
키워드광고	20	필러	강남구
지식인	30	보톡스	강동구
배너광고	40	리프팅	강서구
버스광고	50	화이트닝	관악구
지하철역광고	60	보험진료	광진구
유튜브	70	리프팅	구로구
이벤트페이지	기타	색소침착	금천구
소개		모공	노원구
기타		기타	동대문구
			동작구
			마포구
			서대문구
			서초구
			성동구
			성동구
			성북구
			송파구
			양천구
			영등포구
			용산구
			은평구
			종로구
			중구
			중랑구
			기타

user:
목표 고객의 거주 지역 삽입

user:
해당 병원이 활용 중인 광고 채널들 삽입

② 고객에게서 취합된 설문지의 답변을 분류해둔 시트에 기입

내원경로	시술과목	거주지역	연령
지하철역광고	리프팅	노원구	50
이벤트페이지	리프팅	금천구	40
키워드광고	리프팅	서초구	40
키워드광고	리프팅	강서구	50
키워드광고	리프팅	송파구	40
키워드광고	리프팅	강남구	40
지하철역광고	리프팅	서초구	50
지하철역광고	리프팅	강남구	40
이벤트페이지	리프팅	강서구	40
이벤트페이지	리프팅	강남구	50
소개	리프팅	구로구	60
이벤트페이지	리프팅	관악구	50
키워드광고	보톡스	강동구	30
키워드광고	보톡스	강서구	30
소개	보톡스	송파구	30
배너광고	보톡스	관악구	30
유튜브	보톡스	강남구	40
유튜브	보험진료	서초구	50
유튜브	색소침착	금천구	20
키워드광고	색소침착	송파구	20
소개	필러	강남구	30
지식인	필러	서초구	40
지식인	화이트닝	강동구	30
키워드광고	화이트닝	강남구	30
배너광고	화이트닝	강동구	30
버스광고	화이트닝	강동구	20
이벤트페이지	화이트닝	강동구	30
이벤트페이지	화이트닝	서초구	20
키워드광고	화이트닝	강남구	30

③ 이후 엑셀의 요약 및 분석 도구인 '피벗테이블'을 활용하여 데이터의 비교, 패턴 및 추세를 파악

추정

분류한 초진설문지의 정보들과 실제 병원의 매출 데이터를 기반으로 추정한 가설을 세우게 된다.

[가설 1]

30대 여성이 사용하는 시술 비용의 평균 객단가가 가장 높았다. 그들을 주 타겟으로 홍보를 진행한다면 효과가 클 것이다.

[가설 2]

30대 울쎄라 시술을 하는 여성의 경우 보톡스 시술을 추가로 받는 고객이 많으니 결합상품으로 할인 혜택을 준다면 관심이 많을 것이다.

예측

가설 검증을 통해 효과를 예측하게 될 것이며, 이를 기반으로 목표를 세우게 될 것이다. 그리고 반드시 성과 측정을 위한 KPI(Key Performance Indicator)를 정해야 한다.

[목표 1]

이벤트 상품 등록률 40%

[목표 2]

전체 매출 20% 증가

검증

모든 가설은 실행 후 성과 측정을 통한 검증이 이루어져야 한다. 병원에서의 데이터 수집 목적과 활용방안은 모두 저마다의 차이가 있듯이 핵심성과지표(KPI: Key Performance Indicator) 또한 그렇다. 문제를 해결하고자 할 때 해당 이슈와 연관해 어떤 부분을 KPI로 정하고 변화 추이를 지켜봐야 할지는 각자 도출된 이슈에 따라 고민할 필요가 있다.

[목표 1 KPI]

매출 데이터(이벤트 상품 상담 대비 등록률)

[목표 2 KPI]

매출 데이터(전월 대비 매출 향상 비율)

위의 내용은 초진설문지로 취합할 수 있는 정보들을 통해 활용할 수 있는 간단한 예시를 든 것일 뿐, 병원의 데이터는 다양하게 활용될 수 있다. 업계를 막론하고 고객의 이탈은 경영자로서는 골칫거리다. 이런 이슈에 데이터를 활용한다면 어떤 고객이 이탈될 가능성이 높은지, 왜 이탈되는 것인지에 대한 이해를 높일 수 있고 정확한 타겟 고객에게 호응도 높은 홍보 방안을 마련할 수 있을 것이다.

그만큼 데이터의 역할은 무궁무진하다. 수집된 정보로 분류할 수 있는 것, 추정할 수 있는 것, 예측할 수 있는 것 그리고 그것들 각각이 가지는 연관성을 파악해 이를 토대로 의사결정을 위한 프로파일링을 할 수 있어야 한다. 궁극적으로 데이터를 정보로 활용하고, 이 정보를 실행에 옮기고, 실행을 가치로 전환하는 것이 경영자들의 도전과제다.

상담동의율에 숨어 있는 진짜 현황 들여다보기

대부분의 비급여 병원은 상담실장의 존재와 더불어 치료상담, 비용상담 등의 프로세스가 존재한다. 그리고 상담 후 고객의 동의 여부를 기록하여 상담동의율을 체크한다. 상담동의율을 뽑는 가장 일반적이고 대중적인 방식은 상담건수 대비 동의건수의 비율이다. 상담고객 100명 중 80명이 동의했다면 상담동의율을 80%로 보며, 그것이 곧 상담실장의 역량으로 평가되기도 한다. 그리고 한 달 동안의 상담동의율 집계와 보고가 끝나고 나면 그달의 상담 일지를 다시 되돌아보지 않는 경우도 있다. 상담 일지, 왜 기록하는 걸까? 위의 사례처럼 단순히 동의율을 측정하고 끝내려고 기록하는 걸까? 단순히 상담건수만으로 그달의 동의율을 평가하는 목적으로 사용하였다면, 이번 기회를 통해 상담 일지를 더 폭넓게 활용하여 의사결정에 활용할 수 있는 계기가 되길 바란다.

상담동의율, 실장의 역량 평가, 어떻게 바라볼 것인가?

한 병원에 두 명의 실장이 있다고 가정해보자. 그중에 한 명을 헤드로 올리기 위해 두 실장의 상담 역량을 평가하게 되었다. 평가 기준을 다양한 각도에서 분석한 사례다.

분석 1단계

지난달 A실장은 50건을, B실장은 30건을 상담했다.

단순히 상담건수가 많았던 A실장이 잘했다고 평가할 수 있을까?

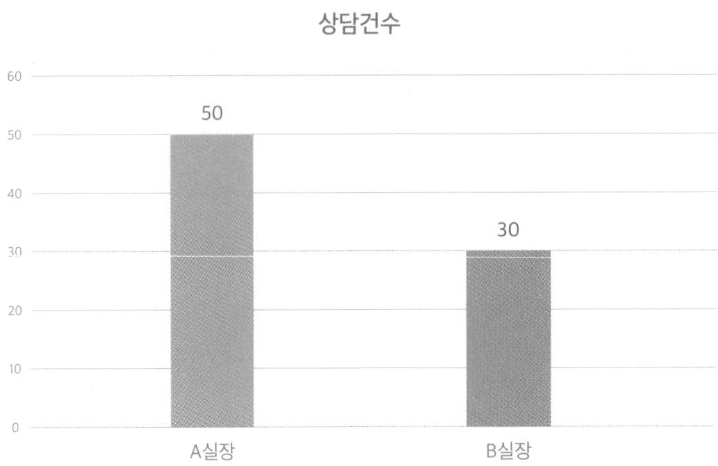

분석 2단계

상담한 건수 중에 동의한 건을 추려봤더니 A실장은 50건 중 30건의 동의가, B실장은 30건 중 20건의 동의가 일어났다. A실장은 60%, B실장은 67% 동의율을 보였다면, 동의율이 높은 B실장이 잘했다고 평가할 수 있을까?

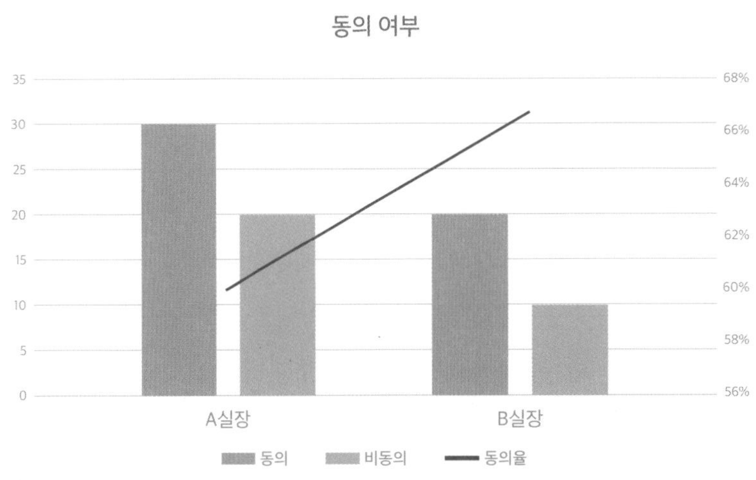

분석 3단계

A실장의 상담을 금액으로 분석해보니 총 5,000만 원의 진단 내용 중에 4,300만 원의 동의가 있어 86%의 동의율이 나왔다. B실장은 총 2,400만 원의 진단 내용 중에 1,800만 원의 동의가 있어 75%의 동의율이 나왔다. 그렇다면 동의 금액으로 뽑은 동의율이 높은 A실장이 잘했다고 평가할 수 있을까?

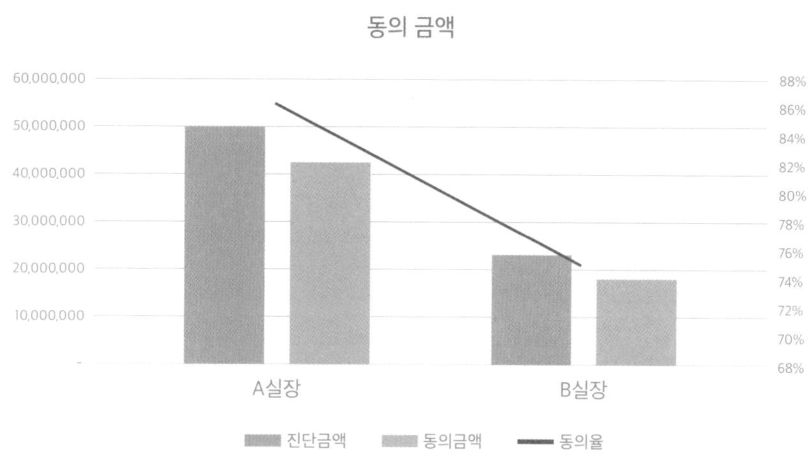

여러 분석을 통해서 두 실장의 상담 결과를 비교해보았다. 평가 방법에 따라 두 사람의 성과가 다르게 나타난다. 과연 어느 실장의 성과가 더 좋았다고 평가할 수 있겠는가? 사실 위 사례는 답을 제시하기 위해 언급한 것이 아니다. 평가의 기준은 병원의 경영 철학이나 방향성, 목적 등에 따라 달라질 수 있다. 또한, 실장의 역량을 단순히 어느 한 지표만으로 평가할 순 없다. 고객 응대 능숙 및 친절도, 직원과의 관계, 리더십, 업무처리 능력, 고객관리 등 다양한 기준들이 있기에 위 분석으로 서열을 가리는 것은 어려울 것이다.

위의 사례에서 하고 싶은 이야기는 단순하게 동의건수 혹은 단면적인 하나의 지표를 기준으로 평가나 문제를 판단하는 것보다는 다각도에서 데이터를 바라보는 습관을 들이자는 것이다. 많은 양의 상담을 했는가, 많은 매출을 일으켰는가, 현장 동의를 잘 일으키는가, 추후 리콜 동의를 잘 일으키는가 등 어떤 지표에 집중할 것인지는 각 병원에 맞게 적절히 활용해보기를 바란다.

마케팅 효율을 분석할 때도 마찬가지다. 수백만 원을 들여 광고를 집행했는데 내원한 신규 고객의 수는 몇 명 되지 않는다. 그렇다면 광고를 중단해야 할까? 단순하게 내원한 고객의 수만 보고 평가하는 것이 아니라 해당 경로로 내원한 고객이 일으킨 매출도 함께 생각을 해봐야 한다.

상담동의는 매출로 100% 이어지는가?

"이번 달 동의율 최고치 달성했어요!"

상담동의율이 최고치를 달성한 어느 달, 기뻐하던 순간도 잠시. 다음 달, 그 다음다음 달을 기다려도 매출은 오르지 않았다. 월 통계자료를 보면 내원 고객이 줄지도 않았고, 월 진료과목에서도 감소된 모습은 보이지 않는다. 매출에 주요한 영향을 미치는 변수들이 평균과 같다면, 상담동의율 상승의 효과는 언제쯤 나타나는 것일까? 상담에 동의했던 고객들은 대체 어디 간 걸까?

상담동의율이 매출에 바로 영향을 주지 않은 이유는 다양하다. 특히 상담 당일 현장에서 '동의' 의사를 표현했다고 모두 동의라고 생각한다면, 당연히 동의에 따른 실제 매출액과의 차이가 발생할 수밖에 없다. 그 이유를 살펴보자.

1) 어디까지 동의했는가?

상담 시 고객이 진행하겠다고 말하고 예약을 잡으면 동의, 그렇지 않으면 미동의로 입력한다. 하지만 고객이 선택할 수 있는 동의의 폭은 훨씬 넓다.

① 지금 모든 치료를 진행한다.

② 일단 부분만 치료를 진행한다.

③ 지금 당장은 못 하지만 나중에 진행한다.

④ 지금 당장은 못 하지만 나중에 부분만 진행한다.

⑤ 이 병원에서 진행하지 않는다.

1번은 '전체동의'로 구분하고 100% 동의로 볼 수 있다. 2번은 '부분동의'로 구분하고 당장은 100%가 아니지만, 치료 이후에도 지속적인 관리를 통해 남은 치료도 진행하게 하고 100%로 끌어올릴 수 있도록 해야 한다. 추적관리를 통해 추후 진행할 경우 동의 데이터에 반영시킨다. 3, 4번은 지속적인 리콜로 고객을 재내원을 시키고 '리콜 후 동의'로 구분한다. 마찬가지로 추적관리로 동의 데이터에 반영시킨다.

2) 동의 후 정말 치료를 진행했는가?

상담 시 전체 치료를 진행하겠다고 하여 치료 진행 동의서를 작성했지만, 이후 일어날 수 있는 변수들도 많다.

- 선납금을 내지 않은 상태에서 동의 및 예약만 하고 내원하지 않는다.
- 선납금을 냈지만, 계약을 취소하고 선납금을 환불한다.

3) 전체동의로 치료를 시작했으나 사정상 부분치료만 진행

상담 일지는 상담 당시의 동의율 체크에 끝나는 것이 아니라 고객의 예약 이행 여부와 수납 여부, 리콜 후 재내원, 부분치료 후 다른 치료 진행, 상담 시 미동의했지만 재방문 후 매출을 일으키는 경우 등 다양한 추적과 체크가 필요하다. 그래야만 진정한 우리 병원의 동의율, 동의 금액을 알 수 있게 된다.

상담동의율, 상담실장의 역할만 중요한가?

고객은 상담실장과 마주하기 전에 아주 많은 접점을 거친다. 그 접점마다 신뢰나 실망 등의 감정을 느끼고 그 감정이 누적되어 상담동의에 영향을 미치게 된다.

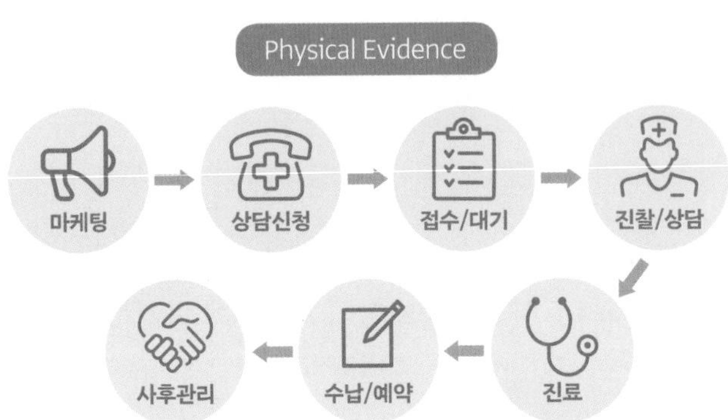

① 마케팅: 병원 브랜딩과 원장님에 대한 스타마케팅이 잘 되어 있는 경우, 고객들은 이미 원장님에 대한 신뢰를 안고 내원한다.

② 소개: 지인의 소개로 내원하는 경우 상담동의율이 높다. 온라인으로 물건을 구매할 때도 리뷰가 많을수록 신뢰가 가는 것처럼, 지인의 생생한 치료 후기가 신뢰를 높이는 데 큰 역할을 한다.

③ 전화상담: 가볍게 문의한 건데 전화상담이 너무 친절할 경우 내원을 결심하게 될 수도 있다.

④ 접수데스크: 접수데스크에서 친절하면 당연히 기분이 좋다. 이미 마케팅을 통해 신뢰를 얻었다면 그 신뢰가 증폭하는 계기가 된다.

⑤ 대기실: 대기실의 각종 병원 홍보 자료와 원장님 약력 포스터 등을 통해 병원의 정보를 수집하고 신뢰를 얻는다.

⑥ 진료실: 간호사나 치과위생사 등의 진료실 스텝들의 친절도와 대화 역시 신뢰에 중요한 역할을 한다.

⑦ 원장님 상담: 원장님을 만나기 전까지 아무런 신뢰나 만족의 요소가 없었더라도, 가장 중요한 것은 진료를 통해 내 아픔을 없애줄 의사다. 담당 원장님과의 상담이 신뢰에 가장 중요하다고 할 수 있겠다.

그 외에도 고객이 병원을 결정하는 데는 병원의 위치나 인테리어, 시설, 수가, A/S시스템 등 다양한 요소가 존재한다. 따라서 상담동의를 무조건 실장의 몫으로만 보고 평가할 수는 없다는 것이다. 상담동의에 어느 접점의 서비스가 직접적인 영향을 주었는지를 파악하고, 약한 부분은 개선하고 강한 부분은 더 강화시키기 위해서는 고객만족도 조사를 해볼 수 있다.

고객만족도 조사는 신환 내원 시, 또는 문진표 작성 시 병원을 선택한 이유를 묻는 항목이나 치료 종료 후에 이행되는 설문조사 등에서 파악할 수 있다. 한때 고객이 자필로 작성해주는 후기를 홈페이지에 업로드하는 것이 트렌드였던 시기도 있었다. 텍스트 형식의 후기보다 더 진솔하고 신뢰가 간다는 이유 때문이다. 병원의 브랜딩과 신뢰도를 높이기 위해서는 그 무엇보다도 좋은 마케팅이 될 수 있으나, 여기서 끝날 것이 아니라 고객만족도 조사를 통해 데이터 수집·분석·피드백을 진행하는 것도 중요하다는 걸 잊지 말자.

상담동의율은 병원의 비용 설정에도 중요한 영향을 준다

상담동의율은 직원 평가에만 쓰이는 게 아니라 마케팅 전략, 고객관리 전략, 내부시스템 전략 등에도 중요한 근거자료가 된다. 하지만 '상담건수'만으로 이러한 전략을 세우기는 어렵다.

외부 업체에서 마케팅을 진행하는 병원이라면 당연히 마케팅 효율(ROI: Return On Investment 투자대비수익률)을 측정해야 한다. 광고비 대비 얼마의 매출을 올렸냐를 판단하는 것이다. 이 마케팅 효율을 뽑는 데는 당연히 상담자료가 기반이 되어야 한다. 상담 일지에 내역을 기입할 때, 고객의 내원경로, 희망진료과목, 실제 상담한 과목, 진단 금액, 제안 금액, 동의 금액, 동의 여부 등을 확인한다. 이 중에서 ROI 기반 데이터는 진단 금액과 동의 금액이 될 것이고, 이후 치료 진행 여부를 판단하여 실제 달성한 매출을 입력하면 가장 정확한 값이 나온다. 치료비를 처음에 완납하는 시스템인 병원도 있지만, 장기간에 걸쳐 수납하는 병원도 있기 때문에 추후 계약 취소나 환불 등을 감안하더라도 초기 상담 시 동의 비용으로 측정해야 매달 마케팅 효율을 뽑을 수 있다. 누적된 데이터를 바탕으로 해당 마케팅에 계속 투자할 것인지, 방향을 바꿀 것인지 등의 전략을 세우게 된다.

마케팅 효율은 두 가지의 시점에서 분석할 수 있다. 첫 번째, 상담 시 상담동의에 따른 효율을 분석할 수 있다. 하지만 앞서 언급했던 바와 같이 상담할 때는 동의를 하였으나 이후 다양한 변수가 생길 수 있기 때문에 실제 수납에 대한 효율도 따져볼 필요가 있다. 따라서 두 번째 분석 시점은 수납에 따른 효율 분석이 된다. 상담 과정에서 동의했다 하더라도 추후 변심 등으로 내원 이행이 안 될 수도 있으므로 당연히 상담동의에 따른 분석과 수납에 따른 효율 분석 결과값은 다르게 나타날 수밖에 없을 것이다.

마케팅 효율을 분석하는 과정은 다음과 같다.

① 내원경로별 상담동의 금액(수납 금액)을 산출한다.
② 마케팅 채널별 투입 금액을 산출한다.
③ 마케팅 채널별 동의(수납) 금액을 마케팅 투입 금액으로 나누어 백분율로 계산한다.

다양한 채널에서 광고를 진행하는 병원이라면 아래 표에 각 수치를 입력해보자.

마케팅 효율 평가를 위해 필요한 데이터

채널	광고비	전화 문의	신환 방문	진단 금액	동의 금액	수납 금액
A채널						
B채널						

상담동의에 따른 마케팅 효율 계산

마케팅효율(ROI) = 상담동의 금액 / 마케팅 투입 금액

수납에 따른 마케팅 효율 계산

마케팅효율(ROI) = 상담동의에 대한 전체 수납 금액 / 마케팅 투입 금액

매출 데이터 분석, 표준화 메커니즘을 뛰어넘자

한국 외식산업연구원에 따르면 2018년 국내 외식산업의 매출 규모는 138조 원에 달했다. 그러나 코로나(COVID-19) 이후 2020년 말 통계는 최소 15조 원이 감소한 것으로 추정된다. 코로나 시대 4년 사이 국내 외식업 시장은 많은 진통을 겪었다. 70만 외식업 경영자들은 짧게 끝날 것 같지 않은 이 위기를 극복할 수 있는 중장기적인 해법 모색이 심도 있게 진행되어야 했다. 이에 국내 배달앱 업체인 '배달의 민족'에서는 2020년 1월부터 같은 해 10월까지의 배달의 민족 앱을 이용한 국내 소비자들의 주문 관련 '배달 통계 데이터'를 발표했다.

여러분이 외식업체 경영자이거나 현재 창업을 준비 중인 예비 사업가라면 이 데이터를 통해 어떤 고민을 해보겠는가? 아마 배달 소비자들의 니즈에 적합한 메뉴 구성부터 고민해볼 것이다. 또, 단품 판매량이 많아 객단가가 낮은 것이 고민 중인 경영자라면 객단가를 높이기 위한 세트메뉴 구성들도 관심 있게 살펴볼 것이다.

그뿐이겠는가? 주로 주문이 이뤄지는 시간대를 파악해 운영시간에 관한 고민도 해볼 것이다. 많은 기업의 상당수가 의사결정에 있어서 매출을 척도로 사용한다. 병원 역시 그렇다. 병원의 매출 데이터는 '우리 병원이 얼마나 성장했고, 애초 계획했던 목표를 달성했는지' 등 경영상태를 한눈에 볼 수 있는 가장 일반적 지표다. 어떤 진료과목과 서비스에서 주로 매출이 발생하고 있으며, 매출을 발생시키는 주요 고객층은 누구며, 매출 목표를 달성하지 못한 경우 그 목표달성을 저해하는 원인은 무엇인지 등의 분석을 통해서 경영 전반을 파악하는 것이다.

데이터 분석의 중요한 세 가지 조건을 뽑으라면 '목적, 데이터, 방법'이라 하겠다. 병원의 데이터 수집 목적과 취지에 따라 매출 데이터 양식도 각기 다른 모습을 띠게 될 것이다. 어떤 병원에서는 광고 채널별 유입의 기여도를 측정하고자 광고 채널별 신환 문의 및 등록률을 파악하고자 하는 경우도 있을 것이고, 또 어떤 병원에서는 예약대비 예약 부도율을 파악하고자 하는 경우도 있을 것이다.

분석 방법으로는 시간의 흐름에 따라 수집된 자료를 분석해 미래의 값을 예측하고 경향, 주기, 계절성 이슈 등을 파악하여 활용하는 분석 방법인 시계열 분석을 많이 활용하게 된다. 매출을 일별로 정리하는 것으로 주 단위 또는 월 단위 분석, 분기별 분석이 일반적이다. 꾸준히 잘 수집된 데이터를 기반한 시계열 분석으로 연간 매출 흐름을 볼 수 있게 되며, 이를 통해 향후 매출 추이를 예상할 수 있고, 특정 기간에 대한 예측도 가능하다.

데이터 분석 시 신경 써야 할 부분이 무엇인지 살펴보자.

1) 객단가 분석

당 월의 매출을 전체 방문 고객수로 나누어 고객 한 명당 기여매출을 계산해보는 것이다. 해당 병원 객단가의 흐름을 보면 대략 병원의 방향이 얼마나 부가가치가 있는 방향으로 나아가고 있는지를 알 수 있다.

2) 신환, 구환의 매출 비중 추이

신환과 구환의 매출 비중이 해당 월의 어느 정도를 차지하는지 파악하는 것이다. 신환 매출 비중이 월등히 높다는 것은 그만큼 치료 만족도나 내부 관리 등의 문제로 구환 매출 비중이 줄어들었다는 것이고, 신환 비중이 낮다는 것은 마케팅 활동이 효과적이지 못하다는 것을 의미한다. 그렇기에 신환과 구환의 적절한 비중을 목표로 두는 것도 중요하다.

3) 지역 매출 비중 추이

해당 월의 매출이 어느 지역에서 주로 발생했는지 지역별 매출 비중의 추이를 살펴보는 것이다. 지역 매출 비중의 추이를 보면, 우리 병원의 고객들이 주로 어떤 지역에서 방문하는지, 해당 지역고객의 증가와 감소를 파악해 지역 중심의 광고 기획 및 지역 키워드 추가 등을 고려할 때 유용한 근거 자료가 될 것이다.

4) 비보험 매출의(비중) 추이

해당 월의 매출 중 보험 및 비보험 매출 비중을 파악하면 미래를 위한 병원의 사업 방향을 알 수 있다. 사업 방향이 정해지면 신규 진료상품에 대한 사업 타당성과 전략을 세울 수 있다.

5) 새로운 이슈에 대한 매출 추이

많은 병원에서 진행하는 다양한 이벤트 상품이 있을 것이다. 진행 중인 이벤트 매출만을 따로 분석하거나, 해당 매출이 전체 매출의 어느 정도 비중을 차지하는지 추세를 살펴보는 것도 바람직하다. 막연히 매출이 올라 좋아하기보다는 오른 원인이 무엇이며, 그것을 위한 광고비 등에 대비해 어느 정도 수익이 발생했는지 ROI 파악이 중요하기 때문이다. 이처럼 매출 데이터 분석으로 병원의 경영 목표, 생산성, 효율성 등 다양한 의사결정을 위한 근거 자료로 삼을 수 있으므로 매출 데이터 분석은 반드시 우리 병원의 목표에 맞게 디테일한 분석이 시행되어야 한다.

병원도 각각의 특성에 맞는 양식으로 매일, 매월, 분기, 연도별 매출 보고서를 작성하고 이를 분석해 여러 정보들을 얻을 것이다. 하지만 단순히 몇 명의 고객이 병원을 방문했으며, 매출이 얼마나 발생했는지 파악하는 것을 넘어 매출 데이터로 다양하고 유의미한 정보를 얻을 수 있어야 한다. 하단 그림은 한 피부과의 매출 데이터 양식이다.

월별 매출 데이터 양식

구분		초진전화문의						방문고객		내원상담						매출	
날짜	요일	울쎄라	써마지	이벤트	신환 문의	예약	**예약율**	신환	구환	울쎄라	써마지	이벤트	상담	등록	**등록률**	월매출	평균 객단가
2021-08-02	(월)	15	20	12	47	22	47%	52	36	18	20	3	41	40	98%	₩ 32,800,000	₩ 820,000
2021-08-03	(화)	18	16	15	49	19	39%	20	31	5	7	8	20	20	100%	₩ 11,034,600	₩ 551,730
2021-08-04	(수)	16	20	14	50	22	44%	44	16	19	16	5	40	38	95%	₩ 46,048,900	₩ 1,211,813
주별소계		**49**	**56**	**41**	146	**63**	43%	**116**	**83**	**42**	**43**	**16**	101	**98**	97%	▲**₩ 89,883,500**	**₩ 917,179**
2021-08-09	(월)	21	18	10	49	22	45%	19	27	15	6		21	19	90%	₩ 19,025,000	₩ 1,001,316
2021-08-10	(화)	24	16	12	52	18	35%	35	27	16	8	4	28	22	79%	₩ 20,800,600	₩ 945,482
2021-08-11	(수)	27	21	17	65	20	31%	4	18	12	6		18	16	89%	₩ 22,323,450	₩ 1,395,216
주별소계		**72**	**55**	**39**	166	**60**	36%	**58**	**72**	**43**	**20**	**4**	67	**57**	85%	▼**₩ 62,149,050**	**₩ 1,090,334**
2021-08-16	(월)	11	9	9	29	19	66%	48	17	21	19	3	43	40	93%	₩ 33,200,000	₩ 830,000
2021-08-17	(화)	21	16	16	53	19	36%	19	22	5	7	8	20	19	95%	₩ 20,608,000	₩ 1,084,632
2021-08-18	(수)	19	22	19	60	23	38%	38	17	11	14	5	30	29	97%	₩ 24,600,000	₩ 848,276
주별소계		**51**	**47**	**44**	142	**61**	43%	**105**	**56**	**37**	**40**	**16**	93	**88**	95%	▬**₩ 78,408,000**	**₩ 891,000**
2021-08-23	(월)	11	20	3	34	19	56%	40	33	8	12	6	26	23	88%	₩ 35,365,220	₩ 1,537,618
2021-08-24	(화)	21	12	5	38	22	58%	26	17	11	5	6	22	20	91%	₩ 21,279,000	₩ 1,063,950
2021-08-25	(수)	5	10	0	15	18	120%	22	12	10	8	9	27	22	81%	₩ 9,067,800	₩ 412,173
주별소계		**37**	**42**	**8**	87	**59**	68%	**88**	**62**	**29**	**25**	**21**	75	**65**	87%	▼**₩ 65,712,020**	**₩ 1,010,954**
2021-08-30	(월)	11	9	5	25	12	48%	21	19	18	12	2	32	30	94%	₩ 37,965,700	₩ 1,265,523
2021-08-31	(화)	9	12	12	33	22	67%	19	22	15	14	5	34	31	91%	₩ 45,136,550	₩ 1,456,018
주별소계		**20**	**21**	**17**	58	**34**	59%	**40**	**41**	**33**	**26**	**7**	66	**61**	92%	▲**₩ 83,102,250**	**₩ 1,362,332**
8월 합 계		229	221	149	599	277	46%	407	314	184	154	64	402	369	92%	₩ 379,254,820	₩ 1,027,791
일별 평균		17	16	11	44	20	49%	30	22	13	11	5	28	26	91%	₩ 25,701,405	₩ 988,516
전월 합계		321	250	150	721	476	66%	486	437	231	183	54	468	402	86%	₩ 468,036,850	₩ 1,164,271

해당 매출 데이터는 기본적으로 시술 과목들을 초진 전화 문의와 내원 상담으로 구분해두었다. 전화상담 영역에서는 신환 문의 대비 예약률을 파악하고, 내원 상담 영역에서는 상담 대비 등록률을 파악하고자 했다. 그리고 매출 영역에서는 매출의 합 대비 객단가를 파악하고자 시트 구성을 했다. 하단 영역에서는 해당 월의 합계 대비 전월 합계를 비교할 수 있게끔 양식을 구성하였다. 위의 매출 데이터를 활용한 분석 배경은 하단의 표와 같이 정리할 수 있다.

분석 배경

진료과목별 유입수 파악으로 주력 키워드의 광고 효과성 파악	• 진료과목별 문의수 및 내원 상담수를 파악해 광고의 효과를 측정하기 위함.
1. 전화 문의 대비 예약률 파악 2. 내원 상담 대비 등록률	• 광고 효율성이 높아 전화 문의수가 많아도 내부 상담 직원의 역량이 부족하다면 예약률이 낮아지고 광고 효율성이 낮아짐. • 신환의 내원이 많아도 상담 직원의 역량이 낮다면 치료등록률이 낮아져서 매출 감소함.
활용데이터	• 광고별 KPI • 문의별 유입경로 • 매출 보고서
기대효과	• 마케팅 활동 개선 및 추가 활동에 대한 기초 데이터 마련 • 내부 직원의 역량 관찰 후 교육안 마련 • 내부 경영사항을 판단하여 사업 방향을 고려하는 기초 데이터 마련

해당 병원의 2021년 8월 매출 데이터에 따르면 전월 대비 총매출이 감소하였다. 등록률은 오히려 상승하였으나 객단가의 감소로 전체 총매출이 감소했음을 확인할 수 있다. 상세히 살펴보니 울쎄라 시술 문의가 전화 문의부터 내원 상담까지 전월 대비 문의수가 감소한 것을 확인할 수 있었고, 가장 큰 문제점으로 작용했을 것 같은 이슈가 바로 초진 전화 문의 영역에서 예약률이 전월 대비 20%나 하락했다는 사실이다.

자, 여러분이 해당 병원의 경영자라면 어떤 방법을 취하겠는가?

우선, 울쎄라 광고 효율성을 파악해야 할 것이다. 예산 및 광고 운영 시간, 소재의 퀄리티까지 살펴보며 경쟁 병원들의 광고 및 단가조사도 진행해봐야 한다. 이러한 데이터 분석을 통해 병원은 한정된 마케팅 예산 분배의 최적화를 이루어낼 수도 있을 것이다.

그리고 매출 데이터를 보면 내원 상담 시 등록률은 92%의 수치로 높은 등록률을 보이지만, 전화 문의 시 예약률은 46%로 굉장히 저조한 수치임을 확인할 수 있다. 이 경우 여러 원인이 있을 것이므로 우선은 전화상담 모니터링을 통한 정확한 문제 파악이 중요하다. 문제점 파악을 통해 전화상담 직원의 역량이 부족하다면, 표준 스크립트나 Q&A를 작성해 교육을 통한 역량향상 방안을 빠르게 모색해야 한다. 물론, 이는 하나의 예시일 뿐 광고 채널별 문의수 및 등록률 파악, 진료과목별 예약 부도율 파악 등 더욱 다양하고 디테일하게 분석도 가능할 것이다.

이렇듯 매출 데이터를 통해 우리는 또 한 번 고객을 이해하게 된다. 고객에 대해 더 많이 이해할수록 다양한 채널과 고객이 원하는 시간에 고객 맞춤 메시지를 전달하게 된다. 초진설문지와 매출 데이터의 맥락적 이해를 통해 우리는 데이터 간의 패턴과 유사성을 분석할 수 있고, 이를 통해 고객의 행동을 예측해내는 데 성공할 수 있다. 예를 들어, 고객의 과거 경험이 있는 시술을 분석하여 관심이 있을 것이라 예상되는 추가시술이나 새로운 시술을 추천할 수 있다.

또한, 진료과목별 상담등록률과 객단가를 분석해본다면 어떨까? 주로 어떤 시술이 크로스셀링(Cross-selling)이 되는지 파악해본다면 어떨까? 새로운 고객을 기존의 고객 패턴과 비교 분석하여 고객에 대한 이해와 고객에게 제공하는 가치를 극대화할 수 있다. 이미 우리 병원을 방문했으나 결제가 이뤄지지 않은 잠재 고객 중 거래가능성이 높은 고객 정보를 분류해보거나, 치료가 종료된 고객들을 대상으로 리피팅(Repeating) 기획을 구상해본다면 어떨까?

이러한 노력들로 개인화된 마케팅콘텐츠 제공이 가능하게 될 것이다. 제대로 된 수집과 분석이 이뤄진다면 빠르고 정확하게 고객에 대한 인사이트를 넓힐 수 있을 것이다. 그리고 이는 단순히 만족을 넘어 고객들에게 극적 경험을 선사할 것이다.

CHAPTER. 3

데이터 기반 의사결정

데이터는 탁월한 의사결정의
근간이 된다

의사결정은 '감'이 아닌 '값'으로

병원을 운영하다 보면 마케팅 예산 및 전략 변경, 확장 및 이전개원, 직원의 충원, 의료진 초빙 등의 특별한 이슈가 발생할 때가 있다. 이때 갑자기 고객수가 증가하거나 매출이 오르게 되면 빈번히 일어나는 판단 오류들이 있다. 실제로 영향을 미친 요소들이 제대로 분석되지 않아 그저 '감'에 의해 판단하고 그에 따른 의사결정을 하게 되는 것이다.

2018년 12월, 신환 마케팅의 필요성을 느낀 박원장은 지인의 소개로 A마케팅 업체와 미팅을 하였다. 자신감 있는 프레젠테이션에 바로 계약을 진행하였고, 놀랍게도 다음 해 2월에 고객수가 늘었으며 2018년 대비 2019년의 매출이 확 뛰어올랐다. '역시! A업체를 선택하길 잘했어!'라고 생각한 박원장은 매년 A업체에서 제안하는 대로 의사결정을 하였다.

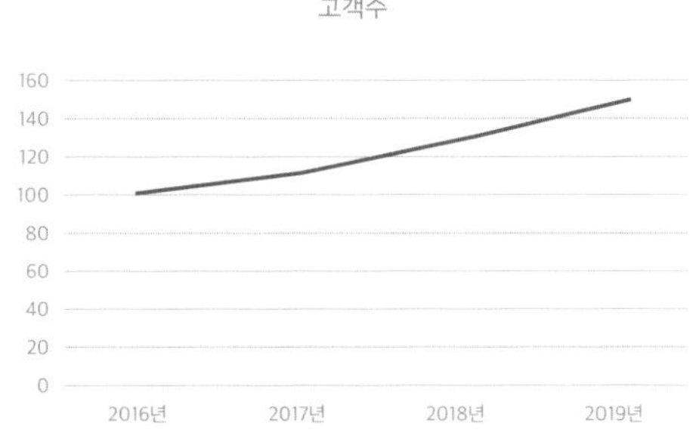

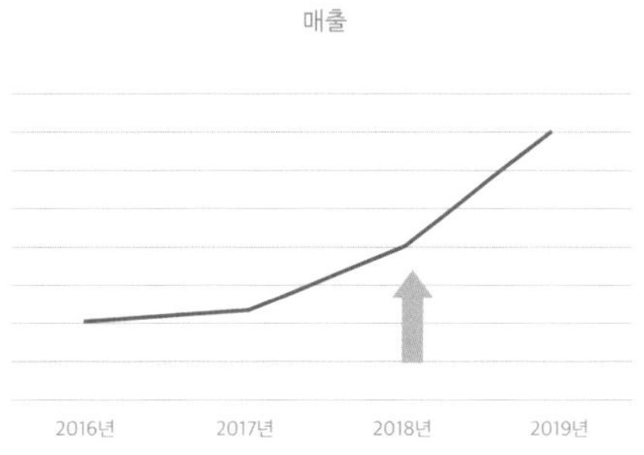

그러던 어느 날부터 서서히 신환과 매출이 줄어들었다. A업체에는 늘 하던 대로 마케팅을 하고 있고, 내부적으로도 별다른 원인을 찾지 못했다. 그러다 과거부터 잘 모아왔던(모아놓기만 했던) 데이터를 분석해보기 시작했다. 먼저 고객수의 증감을 살펴보았다. 2019년의 고객수 추이를 살펴보면 매월 꾸준히 증가하고 있었다. 그중에 신환만 별도로 추이를 뽑아보았다.

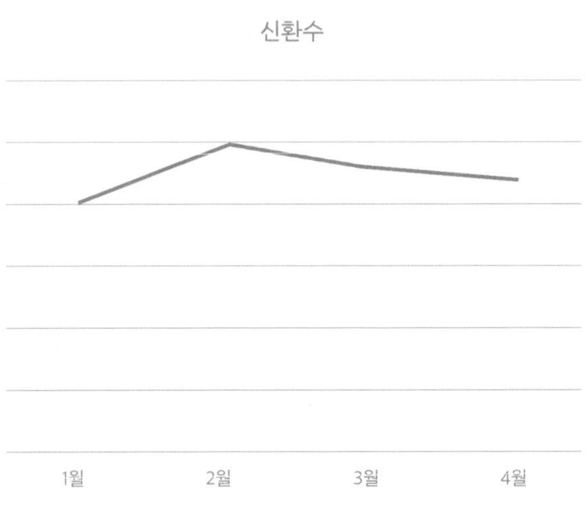

2019년 2월, 신환수가 오르는 듯하더니 그 이후로부터는 신환수가 감소하고 있다. 어떻게 된 거지? 신환의 내원경로를 분석해보았다.

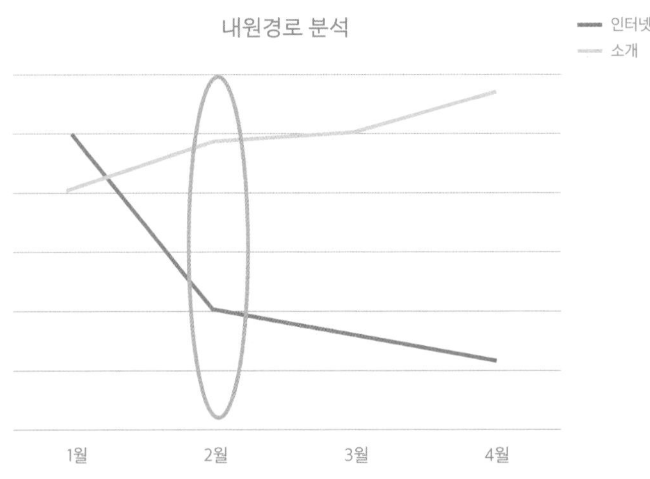

아뿔싸! 전체 고객수가 늘었던 건 마케팅으로 발생한 고객이 아니라 기존 고객의 소개로 온 소개 고객이 늘어서였다. 심지어 인터넷을 보고 온 고객수는 급격하게 줄었던 게 확인되었다. 소개 고객이 늘어난 건 좋은 일이지만, 박원장은 막심한 후회가 들었다. 마케팅 효과가 전혀 없고 오히려 마이너스 효과를 보였는데, 그걸 모르고 돈을 쏟아붓고 있었던 거였다.

신뢰를 높이는 데이터 커뮤니케이션

피부과의 중간관리자인 A실장은 병원 운영을 위해 언제나 열심히 일하는 직원이다. 병원의 이슈에 대해 다음과 같이 원장님에게 보고하고 있다.

> "요새 고객이 좀 준 것 같습니다."
> "최근 컴플레인이 부쩍 많아졌습니다."
> "매출이 자꾸 떨어지고 있는데…."
> "요즘 예약 부도 고객이 많아지는 것 같습니다."

이런 대화는 여느 병원의 실장과 원장님 사이에서 흔히 볼 수 있다. 병원 현황에 관심을 가지고 해결책을 모색하려는 좋은 자세다. 아마도 병원의 문제점을 개선하고 더욱 발전하고자 하는 시각으로 매일매일 병원의 현황을 모니터링 했을 것이다.

하지만 위 대화는 현실적인 대안을 찾기에 아쉬운 부분이 많이 남는다. '부쩍, 좀, 자꾸, ~한 것 같습니다' 등은 관리자가 병원을 바라보며 '감'으로 느끼는 현상을 '추상적'으로 표현하는 것이다. 문제를 인식하는 것까지는 좋았지만, A실장의 말만 들으면 어느 부분에 문제가 있는 것인지, 어떻게 해결책을 마련할 수 있을지 그저 막막하기만 하다. 보고 내용을 하나씩 다시 살펴보고 문제점을 찾아보자.

"요새 고객이 좀 준 것 같습니다."
- 요새는 얼만큼의 기간을 말하는 건지?
- 고객이라면 신환을 말하는 건지? 구환을 말하는 건지? 둘을 합친 전체를 말하는 건지?
- 좀이라 하면 어느 정도의 수치를 말하는 건지?
- 줄었다 하면 무엇에 비교하여 줄었다고 판단하는 건지? 지난달인지 연평균인지 작년 평균인지 작년 동월인지?

"최근 컴플레인이 부쩍 많아졌습니다."
- 최근이라면 과거의 어느 시점을 기준으로 최근인 거지?
- 어느 부서에 컴플레인이 걸린 거지? 데스크에? 진료실에? 상담실에?
- 어떤 종류의 컴플레인이 들어오는 거지? 진료 관련? 수납 관련? 대기 관련?
- 부쩍이라 하면 어느 정도를 말하는 거지?
- 어느 시기와 비교해 컴플레인이 많아졌다고 판단하는 건지? 지난달인지 연평균인지 작년 평균? 작년 동월?

"매출이 자꾸 떨어지고 있는데…."
- 전체 매출을 말하는 건지? A진료과는 매출이 더 상승했는데?
- '자꾸'의 기준은? 지난달도 그랬다는 건지?
- 매출 대비 진료일수, 내원 고객수도 비교해보았는지?

"요즘 예약 부도 고객이 많아지는 것 같습니다."
- 단순히 예약취소건수로 파악한 건지, 예약수 대비 취소 대비율로 파악한 건지?
- 예약 부도율의 적고 많음의 기준은?
- 많아지고 있는 '것 같다'라는 말은 그렇지 않을 수도 있다는 말인지?

그리고 공통으로 마지막에 물을 수 있는 것! 'So What?' 문제점의 대안에는 무엇이 있는가다. A실장의 보고에는 데이터를 근거로 한 구체적인 수치가 뒷받침될 필요가 있다. 데이터를 근거로 한 보고의 형태로 다시 문장을 바꿔보자.

① "요새 고객이 좀 준 것 같습니다."

→ 전년 평균 대비 최근 3개월의 고객수가 10%가량 감소하였는데, 그중에서도 구환수가 전월 대비 15% 감소하였습니다. 치료 중단 고객 리콜, 치료 종결 고객 해피콜

등 시행하고, 고객 응대 프로세스를 다시 한번 점검해보겠습니다.

이 진단을 내리는 데 필요한 데이터들

- 구환수(지속적인 데이터 수집 후 월별/연도별 분석)
- 신환수(지속적인 데이터 수집 후 월별/연도별 분석)
- 치료 중단 고객리스트 및 리콜 장부(리콜 결과 분석을 위해)
- 치료 종결 고객리스트 및 리콜 장부(리콜 결과 분석을 위해)

② “최근 컴플레인이 부쩍 많아졌습니다.”

→ 올해 월 평균 5건 정도의 컴플레인이 최근 3개월간 월 평균 12건으로 늘어났습니다. 그중에 데스크 컴플레인이 70%였고, 전화 연결 어려움이 80%였습니다. 현재 데스크 인원 부족으로 고객 응대와 동시에 전화 응대가 어려운 상황입니다. 1명의 충원 및 업무 프로세스의 개선이 필요합니다.

이 진단을 내리는 데 필요한 데이터들

- 컴플레인 관리 대장
- 진료과별 컴플레인 요소(대/중/소)
- 전화 인입율
- 전화 응대율
- 업무배치표

③ “매출이 자꾸 떨어지고 있는데….”

→ 작년 대비 올해 연평균 매출을 비슷하게 유지하고 있었는데, 이번 달은 20% 정도의 매출 하락이 예상됩니다. 고객수는 비슷했는데, 진료과별 객단가 분석을 해보니 진료2과에서 할인을 많이 적용하여 객단가가 올해 월 평균 대비 15% 낮게 나온 것으로 확인되었습니다.

이 진단을 내리는 데 필요한 데이터들

- 전체 매출 및 연도별 매출
- 진료과별 매출
- 진료과별 신환수 및 구환수
- 치료를 진행한 고객수

④ "요즘 예약 부도 고객이 많아지고 있는 것 같습니다."

→ 이번 달 들어 예약 당일 취소율이 평소 30%에서 40%로 늘었습니다. 진료 3과에서 예약 부도율이 많았고, 대부분 재예약을 하지 않았습니다. 치료 진행 중 취소율 대비 신규 치료의 취소율이 30:70으로 높았습니다. 진료 3과의 신규 고객상담내역을 점검해 봐야겠습니다.

이 진단을 내리는 데 필요한 데이터들

- 예약 취소 관리 대장
- 진료과(담당 의사)별 진행 고객/신규 고객
- 예약 취소 사유
- 재예약 여부

설득력을 높이는 데이터 스토리텔링

앞서 안내한 데이터 커뮤니케이션으로 신뢰를 높였다면, 데이터 가치와 설득력을 높이기 위한 데이터 스토리텔링을 소개하도록 하겠다.

멋진 보고서 한 장 만들었다고 무조건 잘했다고 할 수만은 없다. 데이터는 내 의견이 아닌 객관적 사실(Fact)를 보여주는 자료다. 하지만 그 정보가 제대로 전달되려면 자료에 다시 내 의견을 덧붙여야 한다. 그래야만 그 데이터가 내 의견을 뒷받침해주는 든든한 근거자료로 활용될 수 있다. 그리고 그 의견은 "스토리텔링"으로 이야기하듯이 풀어나가는 것이 좋다. 일반적으로는 "데이터"와 "스토리텔링"의 조합, 왠지 어울리지 않는다고 생각할지도 모른다.

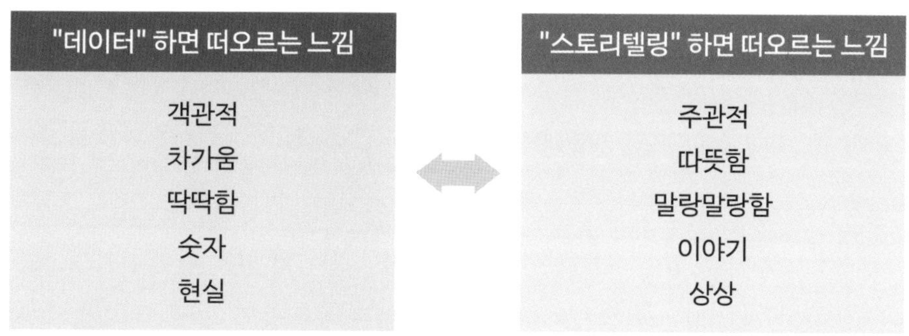

이렇게 정반대의 성격을 가지고 있는 데이터와 스토리텔링의 조합은 어떤 효과를 낼 수 있을까? 서두에서 안내했던 나이팅게일의 사례를 다시 한번 살펴보자.

군인의 사망원인
: 전쟁 중 부상으로 인한 사망자수 < 전염병으로 인한 사망자수

단순히 위의 데이터만 제시하였다면 보고를 받은 군 당국 사령관은 머릿속에 물음표가 생겼을 것이다.

'전염병과 군인은 무슨 상관이 있는가?'

'지금 새로운 전염병이 돌고 있는가?'

'전염병으로 인한 군인의 사망수가 많다면, 어떻게 개선해야 하는가?'

나이팅게일은 문제를 해결하기 위해 데이터와 스토리텔링을 결합시켜서 다음과 같이 보고하였다.

현상(문제점)	병사가 병원에 올 때는 신체 일부만 다친 환자였다. 입원 이후로 다친 곳은 치료되었지만, 다른 곳에 병이 생기고 사망하는 일이 많았다.
관찰결과	사망하는 환자에 대해 매일 기록을 해보았다. 파상풍이나 이질 등의 전염병에 의한 사망이 많았다.
근거자료	전쟁 후 부상에 의한 사망률과 전염병에 의한 사망률을 비교한 데이터를 그래프로 시각화하여 제시했다.
원인	병원 내 위생 불량
대안	병실 확대, 위생관리 환경 개선, 약품 지원 등

데이터 스토리텔링이 더 설득력이 있는 이유는 이야기의 힘에 의해서다. 단순한 숫자에 비해 줄거리가 있는 이야기는 문제에 대해 쉽게 이해하고 공감할 수 있으며, 청자의 참여를 유도하여 일방적인 보고가 아닌 대화나 토론의 형태로 이어질 수 있게 하는 장점이 있다.

데이터를 수집하고 분석하는 이유는 결국, 일어나고 있는 문제점을 파악하고 그것이 왜 일어났는지, 문제가 일어나지 않기 위해서 어떻게 해야 하는지, 앞으로 우리는 어떤 행동을 취해야 하는지 의사결정을 하기 위해서다. 단순히 수집된 데이터, 분석자료만 가지고는 올바른 의사결정을 할 수가 없다. 논리적인 근거와 대안이 뒷받침되어야 데이터의 효과가 극대화될 수 있다. 설득력 있는 데이터 스토리텔링을 하기 위해 다음의 세 가지를 기억해두자.

✓ Why? 문제에 대한 근거가 무엇인가?
✓ What? 문제에 대한 최종 의견(결론)이 무엇인가?
✓ How? 문제를 해결할 방법(대안)은 무엇인가?

쪼갤수록 커지는 데이터의 힘

오랜만에 친구들과 브런치 약속을 한 날이었다. 맛있는 음식과 신나는 수다가 어우러진 공간에서 시간 가는 줄 모르게 행복한 시간을 보내고 집으로 왔다. 저녁부터 갑자기 얼굴과 목에 두드러기가 올라온다. 오늘 뭘 먹고 이러는 거지? 평소에 파인애플 알레르기는 있지만, 오늘은 파인애플이 들어간 음식을 먹은 기억이 없다. 브런치를 제외하고는 집에서 밥을 먹었으니 집밥에서는 문제가 있을 리 없다. 그렇다면 식당에서 만든 음식에 문제가 있었나? 식당에 전화해서 확인하고 싶었지만, 함께 식사했던 친구들은 모두 괜찮단다. 새로운 알레르기 반응이 생겼나? 다음날 일찍 근처 병원에 가서 알레르기 검사를 했다. 며칠 후 나온 알레르기 결과는 과거와 달라진 게 없다. 식당의 음식이 뭔가 잘못되었을 거라고 판단했다. 바로 식당에 전화해서 다짜고짜 따지기 시작했다. 조리 과정에 문제가 있던 것 아니냐며 화를 냈다. 하지만 그 통화에서 답을 찾아낼 수는 없었다. 그리고 돌아온 집에서 냉장고를 연 순간 부끄러워 얼굴이 빨개졌다. 그날 저녁 먹었던 돈까스 소스병을 보니, 파인애플이 들어가 있다고 떡하니 적혀 있었다.

이 사례의 주인공은 원인을 찾기 위해 얼마나 많은 시간과 에너지를 쏟아 부었는가?

- 알레르기로 고생하기
- 병원에 가서 비용과 시간 투자하여 알레르기 검사하기
- 알레르기 검사 결과까지 3일 동안 기다리며 신경 쓰기

- 식당에 전화해서 화를 내며 에너지 쓰기
- 식당에 민폐 끼치기

그렇다면 위의 시행착오를 거치지 않고 빠르게 문제를 해결하기 위해서 어떻게 해야 했을까? 평소 특정 음식에 알레르기가 있던 경우라면, 일단 그날 뭘 먹었는지 하나씩 생각해보았어야 한다. 주인공은 문제의 원인을 계속 식당에서 찾고, 결국 그로 인해 잘못된 의사결정을 하고 시간과 에너지를 쏟아 붓게 된 것이다. 하루 동안 먹은 음식을 생각하면 대체로 다음과 같이 나열해볼 수 있다.

아침: 토스트+우유(집) / **점심:** 파스타+커피(식당) / **저녁:** 돈까스+김치(집)

단순히 나열하는 것만으로는 알레르기 원인을 찾아낼 수 없다. 각 식사별 어떤 종류의 재료가 들어갔고, 어떤 음식을 곁들였는지 등의 보다 더 디테일한 분석이 필요하다.

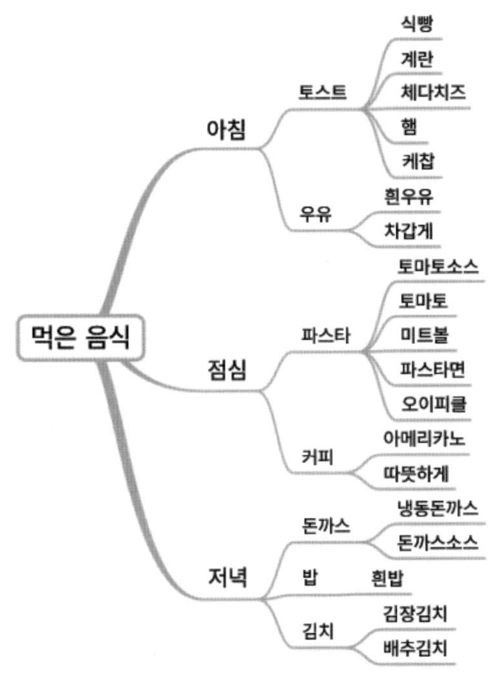

처음부터 이렇게 세분화해 생각했더라면, '오이피클에 다른 재료가 들어가 있지 않았을까?', '돈까스 소스에 어떤 재료가 들어가 있지?' 등을 생각해봤다면 병원에 가서 돈을 쓰지도, 식당에 전화해서 민폐를 끼치지도 않았을 것이다.

이 모습은 우리가 병원에서 의사결정을 할 때도 찾아볼 수 있다. 갑자기 신환이 줄었다. 마케팅을 통한 신환 유입이 문제라고 생각하고 마케팅에 더 많은 돈을 쏟아 부었지만, 알고 보니 구환 만족도의 하락으로 소개 고객이 줄었던 것이었다.

데스크에서 고객들이 늘 큰소리를 친다. 데스크 직원이 불친절해서 항상 컴플레인이 발생한다고 생각하고 코디네이터 대상으로 친절교육을 계속 진행해왔는데, 나중에 알아보니 컴플레인은 진료에 대한 것이었다. 어떠한 상황이 생겼을 때 '감'으로, '대략', '늘 그래 왔으니까', '당연히 그랬을 거라 생각해서' 등의 이유로 진짜 원인을 찾지 못하는 경우가 많다. 본래의 문제를 해결하기 위해 다른 방향으로 헛수고하며 시간과 비용과 에너지를 낭비하는 또 다른 문제가 발생한다.

그래서 필요한 것이 데이터다. 데이터는 문제 해결을 위한 의사결정에 도움을 주는 중요한 뒷받침이 된다. 하지만 단편적인 데이터 분석은 오히려 판단을 오류로 빠뜨릴 수 있다. 데이터 수집과 분석은 '제대로' 해야 한다. 데이터 수집과 분석과 활용의 모든 것을 제대로 하기 위한 중요한 포인트는 바로 이것이다.

"쪼개라. 할 수 있는 최대한!"

데이터는 쪼개야 한다. "몇 단계까지 쪼개야 하나요?"라는 질문에 "할 수 있을 때까지 N단계로 쪼개세요"라고 답한다. 그래야 핵심이 보이고 의사결정이 쉬워진다.

데이터 계층구조(Data Hierarchy)

컴퓨터의 정보를 구성하는 요소는 다음과 같다.

비트 > 바이트 > 워드 > 필드 > 레코드 > 파일 > 데이터베이스

비트가 모여 바이트를 만들고, 바이트가 모여 워드를 만들고, 워드가 모여 필드를 만들고…. 이것들이 모두 모여 데이터베이스가 된다. 거꾸로 데이터베이스를 쪼개면 여러 개의 파일이, 각각의 파일을 쪼개면 여러 개의 레코드가, 각각의 레코드들을 쪼개면 여러 개의 필드로 나뉘는 것, 이것을 계층구조라 부른다.

우리가 원내에서 수집하는 데이터도 위와 다르지 않다. 모든 데이터에는 구조와 단계가 있다. 같은 성질의 데이터라 하더라도, 내부적 구조와 단계는 작업하는 사람에 따라 다양하게 만들어진다. 아래 질문을 참고해보자. 신환이 내원했을 때 가장 중요하게 여겨지는 '내원경로'의 구조를 '우리 병원을 어떻게 알게 되셨습니까?'라는 질문을 통해 함께 들여다보자.

Q. 우리 병원을 어떻게 알게 되셨습니까?

[1단계 단순 답변 나열]
① 인터넷검색 ② SNS ③ 소개 ④ 간판
⑤ 이벤트 광고 ⑥ 버스&지하철 광고 ⑦ 기타

여기까지는 가장 일반적이고 기본적인 설문지 구성일 것이다. 위 구조는 1차로 분석할 수 있다. 소개와 홍보, 지역의 유입수와 비율을 파악할 수 있다. 하지만 조금 더 경

쟁력 있는 데이터 수집을 원한다면 조금 더 디테일한 질문들을 추가해볼 수 있다.

Q. 우리 병원을 어떻게 알게 되셨습니까?

[1단계 단순 답변 나열]

① 인터넷검색 ② SNS ③ 소개 ④ 간판
⑤ 이벤트 광고 ⑥ 버스&지하철 광고 ⑦ 기타

[2단계 상세 답변 추가]

① 인터넷검색(키워드광고(검색키워드:), 블로그, 지식인, 카페, 유튜브)
② SNS(페이스북, 인스타그램, 카카오 채널, 밴드) ③ 소개(소개자 성함:) ④ 간판
⑤ 이벤트 광고(내용:) ⑥ 버스&지하철 광고 ⑦ 기타( )

2단계 대분류 하위에 중분류를 두어 2차 분석이 가능하도록 설계되었다. 단순히 홍보에 의한 유입이 아닌, 채널별 유입현황을 면밀하게 살펴볼 수 있다. 하지만 아직은 조금 아쉽다. 비슷한 종류의 답변들이 여기저기 흩어져 있는 느낌이다. 분류체계가 좀 더 깔끔하고 명료했으면 좋겠다. 먼저 '대분류/중분류/소분류/세분류' 등의 분류체계를 설정해두고, 중복과 누락 없는 구조를 만들어야 한다.

3단계 데이터 분석을 위한 분류체계 설정

1. 광고
1-1. 온라인
1-1-1. 인터넷 검색
1-1-1-1. 키워드광고
1-1-1-2. 블로그
1-1-1-3. 지식인
1-1-2. SNS
1-1-2-1. 페이스북
1-1-2-1-1. 페이스북 채널
1-1-2-1-2. 이벤트
1-1-2-2. 인스타그램
1-1-2-3. 유튜브
1-1-2-3-1. 유튜브 채널
1-1-2-3-2. 유튜브 광고
1-2. 오프라인
1-2-1. 지하철 광고
1-2-2. 버스광고
1-2-2-1. 버스 내 음성광고
1-2-2-2. 버스 정류장 광고
1-2-2-3. 버스 배너광고

2. 지역
2-1. 집 근처
2-2. 회사 근처

3. 소개(소개자:　　　)
3-1. 환자 소개
3-2. 직원 소개

4. 기타

데이터 계층구조, 어떻게 만드나요?

1) '대분류/중분류/소분류/세분류'로 나누기

분류체계에서 가장 많은 것을 포함하는 성질을 가진 데이터가 상위, 즉 대분류로 가야 한다. 대분류를 쪼개어 중분류로, 중분류를 쪼개어 소분류로, 소분류를 쪼개어 세분류로 나눈다. 반대로 세분류를 합쳐 소분류가 되고, 소분류를 합쳐 중분류가 되고, 이것들을 합쳐 대분류가 되는 것이 어색하지 않아야 한다. 하나의 대분류 아래에 있는 데이터들은 조금씩 성질은 달라도 뿌리는 같아야 한다.

2) 분류체계 간 연결성 확인

데이터를 그냥 텍스트로 나열했을 때는 어떻게 쪼개야 할지 감이 안 올 수 있다. 쪼개기의 기본 원칙은 '분류체계 간 연결성'이다.

상위 분류체계 > 중위 분류체계 > 하위 분류체계

상위에서 하위로 이어지는 모든 과정이 같은 맥락으로 이어져야 한다. 예를 들어, 상위 분류체계가 온라인 광고인데 하위 분류체계가 버스광고라면 맞지 않는 분류를 한 것이다. 아래의 그림은 내원경로 중 광고 파트를 나눈 것이다. 화살표 방향대로 갔을 때, 상위 분류와 하위 분류의 연관성이 자연스럽게 이어져야 한다.

체계로 이어지는 모든 과정이 같은 맥락으로 이어져야 한다. 예를 들어, 상위 분류체계가 온라인 광고인데 하위 분류체계가 버스광고라면 맞지 않는 분류를 한 것이다. 아래의 그림은 내원경로 중 광고 파트를 나눈 것이다. 화살표 방향대로 갔을 때, 상위 분류와 하위 분류의 연관성이 자연스럽게 이어져야 한다.

분류체계 간 연결성이 있는 구조

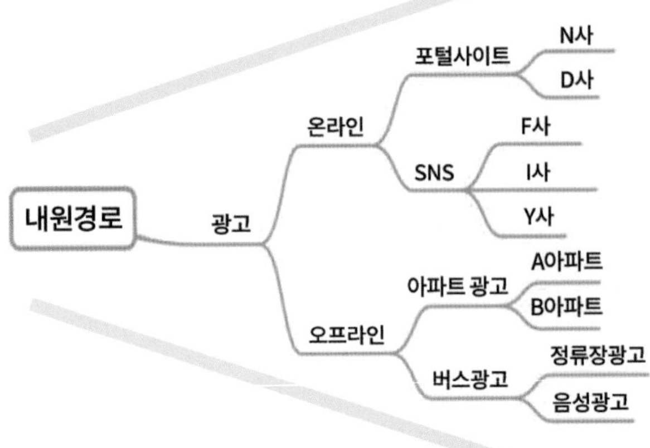

<table>
<tr><th>내원경로(대)</th><th>내원경로(중)</th><th>내원경로(소)</th><th>내원경로(세)</th></tr>
<tr><td rowspan="9">광고</td><td rowspan="5">온라인</td><td rowspan="2">포털사이트</td><td>N사</td></tr>
<tr><td>D사</td></tr>
<tr><td rowspan="3">SNS</td><td>F사</td></tr>
<tr><td>I사</td></tr>
<tr><td>Y사</td></tr>
<tr><td rowspan="4">오프라인</td><td rowspan="2">아파트광고</td><td>A아파트</td></tr>
<tr><td>B아파트</td></tr>
<tr><td rowspan="2">버스광고</td><td>정류장광고</td></tr>
<tr><td>음성광고</td></tr>
</table>

3) MECE 법칙에 따른다

MECE(Mutually Exclusive Collectively Exhaustive) 법칙이란 모든 항목들이 서로 겹치는 것도 없고 빠진 것도 없는 상태, 즉 중복과 누락 없이 하나로 합쳤을 때 완전한 전체를 이루는 것을 말한다. 위의 그림에서 보여준 대로 마인드맵이나 표를 활용해 데이터를 구조화하면 중복과 누락 여부를 쉽게 확인할 수 있다.

데이터 계층구조를 활용한 의사결정 프로세스

이렇게 계층구조로 데이터를 쪼개놓으면 의사결정이 쉬워진다. 특정한 사건에 대해 1단계 분석이 아닌 N단계로 분석할 수 있고, 단계가 깊어질수록 문제에 대한 진짜 원인에 접근하기가 수월해진다. 다음은 데이터 계층구조를 활용한 단계별 문제 분석과 그에 따른 의사결정 과정을 풀어놓은 예시다.

고객수 감소에 따른 문제 분석과 의사결정

"병원에 임플란트 고객이 갑자기 줄었어요."

"음... 그럼 임플란트 광고를 더 늘려봅시다."

위 대화를 보고 어떤 생각이 드는가? "아~ 고객을 늘리려면 광고를 하는 게 맞지!" 라고 생각하는가? 먼저 필자는 다음과 같이 질문해보고 싶다.

✓ 임플란트 수술 고객이 줄었다는 걸까, 상담 고객이 줄었다는 걸까?
✓ 상담 고객이 줄었다면, 신환의 상담이 줄은 걸까, 구환의 상담이 줄은 걸까?
✓ 신환의 상담이 줄어서 광고를 해야 한다면, 어떤 매체의 광고를 늘려야 하나?
✓ 정말 광고가 대안일까?
✓ 다른 이유로 인해 고객이 줄어든 건 아닐까?

다음은 임플란트 고객이 줄어든 사건을 세분화해 진짜 원인을 찾고 그에 맞는 대안을 제시하는 프로세스다.

1) 보고의 목적에 맞는 분석을 위한 데이터 수집

- 현 상황: 임플란트 상담 고객의 수가 줄었다.

- 목적: 상담 고객이 줄은 원인과 대안을 찾기 위해
- 필요한 데이터: 신환/구환수, 진료과목별 고객수, 진료과목별 내원경로(각 단계별), 상담데이터 등

2) 최근 고객수 분석

신환과 구환의 수 및 비율, 최근 ○○개월간, 전년 동월 대비 수치를 비교한다.

3) 초진 시 희망진료과목 분석

다른 진료과목도 줄지는 않았는지, 유독 임플란트만 줄었는지 확인한다.

개수 날짜	희망진료 임플란트	충치치료	치아교정	치아성형	총합계
2022-10-02	14	8	1	1	24
2022-10-06	10	7	4	6	27
2022-10-07	3	8	1	5	17
2022-10-10	5	5		3	13
2022-10-11	3	5	2	3	13
2022-10-12	2	1	3		6
총합계	**37**	**34**	**11**	**18**	**100**

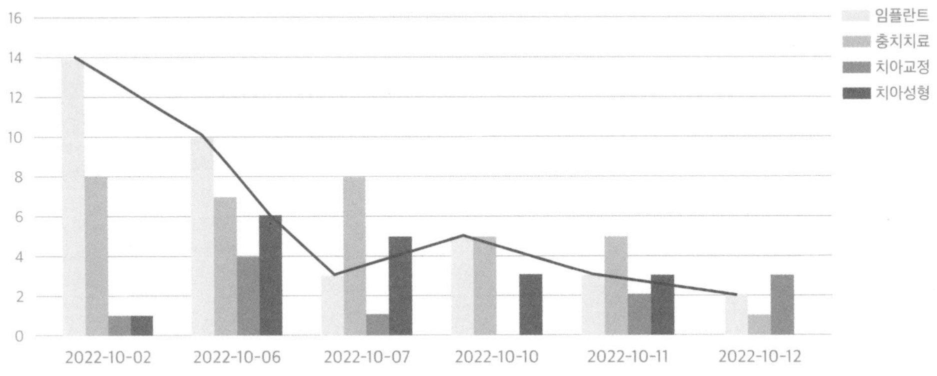

→ 분석 결과: 이 병원은 임플란트 고객이 많은 병원이었다. 고객이 감소한 기간 동안의 희망과목을 조사해보니 다른 진료과목들에 비해 임플란트 상담 고객의 수가 급격하게 감소한 것을 확인하였다.

4) 임플란트 상담 고객의 내원경로 분석

임플란트 상담 고객들의 내원경로를 확인해 유입이 안 된 경로를 분석한다.

개수 행 레이블	내원경로 소개	인터넷	지역	총합계
2022-10-02	3	8	3	14
2022-10-06	1	5	4	10
2022-10-07	1	2		3
2022-10-10	2	2	1	5
2022-10-11	1	1	1	3
2022-10-12	1		1	2
총합계	**9**	**18**	**10**	**37**

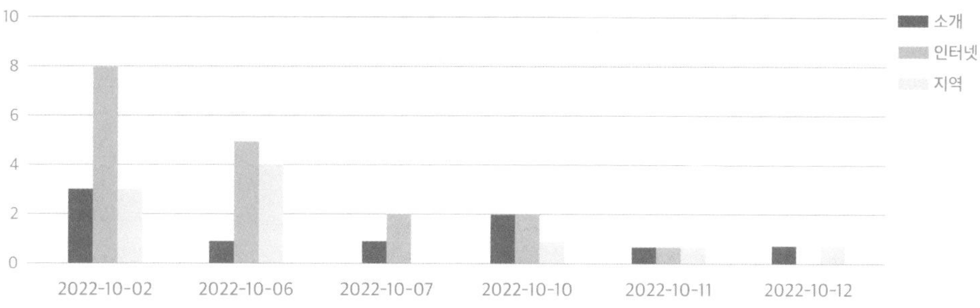

→ 분석 결과: 다른 경로에 비해 인터넷을 보고 내원한 고객의 비율이 임플란트를 희망하는 고객의 감소 패턴과 비슷한 양상으로 감소한 것을 확인하였다.

5) 인터넷 내원경로 분석

데이터 계층구조를 통해 내원경로를 세분화하였다면, 인터넷 중 어느 채널에서의 유입이 영향을 미쳤는지 확인할 수 있다.

개수 행 레이블	내원경로 상세 N사	D사	총합계
2022-10-02	8	2	10
2022-10-06	12	1	13
2022-10-07	4	2	6
2022-10-10	4	2	6
2022-10-11	1	2	3
2022-10-12	1	1	2
총합계	**30**	**10**	**40**

내원경로

소개

인터넷

지역

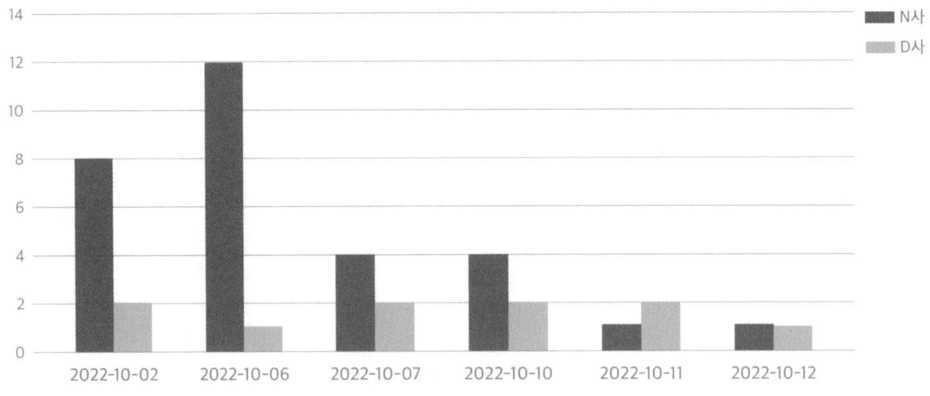

→ 분석 결과: 인터넷 내원경로 상세 분석(포털사이트 N사&D사)

D사 포털 사이트를 보고 오는 고객수는 거의 비슷한 수준 유지

N사 포털 사이트를 보고 오는 고객수가 위와 같은 패턴으로 급격히 감소

6) 각종 데이터 추가 조사를 통한 원인 파악

위의 표에서 확인할 수 있듯이, N사를 통한 마케팅을 진행했으나 효과가 점점 줄어들고 있음을 확인했다면 이전과는 달리 어떤 변화나 문제가 있는지 확인해야 한다. 원인 파악을 위한 데이터 수집 및 분석하는 방법은 다양하다.

연휴, 가정의 달, 비수기 등 고객의 움직임에 영향을 받는 특정한 시기에 따라 올해도 똑같은 영향을 받는 것인지, 최근 3년 고객 데이터를 비교하여 패턴 분석하는 것과 N사 채널에 투입된 홍보 비용 및 키워드 검색량 및 노출량, 클릭 수, 홈페이지 유입건수 등 N사 채널 홍보 데이터를 수집하여 분석하는 방법이 있다. 더불어 N사 자체의 플랫폼 정책 변화, 소비자 트렌드 변화 등을 조사한다면 마케팅 효과 하락에 대한 더 구체적인 원인 파악이 가능하다.

7) 최종 대안 제시&의사결정

고객의 유입이 적었던 원인 분석 후 결과에 따라 의사결정은 달라질 수 있다. 마케팅 자체에 문제가 있던 것이라면 홍보의 투입액을 늘리거나 마케팅 채널을 변경할 수 있고, 마케팅 채널에는 문제가 없었다면 CRM을 강화하기 위한 해피콜, 프로모션 기획, 내부시스템 재점검 등의 액션 등을 수립하고 실행한다.

위 예시에서 7단계로 의사결정 프로세스를 안내하였지만, 실제로는 7이라는 숫자만큼 복잡하지 않다. 상세한 분류체계와 정형화된 데이터로 입력만 잘 되어 있다면, 엑셀 상에서 몇 번의 클릭만으로도 문제의 원인을 분석하고 의사결정을 수립하는 데 큰 도움을 줄 수 있다.

컴플레인 발생에 따른 문제 분석과 의사결정

고객이 있는 곳이라면 어디든 크고 작은 민원이 발생하기 마련이다. 환자가 아닌 고객, 진료가 아닌 의료 서비스라고 불릴 만큼 병원을 찾는 고객들은 더 높은 가치를 제공받길 원하고 제공받은 서비스가 본인의 가치에 부합하지 못할 경우 민원을 제기한다. 병원에서는 보통 이를 컴플레인이라고 표현하고, 컴플레인이 하나도 일어나지 않는 병원은 찾아볼 수 없을 만큼 비일비재하게 일어나고 있다.

자, 당신의 병원에서는 컴플레인에 대해 어떻게 대처하는가? 경력이 많은 베테랑 실장이 나서서 해결해주는 것으로 매 순간을 넘기고 있는가? 반복되는 컴플레인에 스트레스만 받고 있지는 않은가? 컴플레인의 원인이 불친절이라고만 생각하는가?

지금부터는 병원 내 컴플레인을 디테일하게 분석하여 운영 전략을 세우는 데이터 스토리텔링을 이야기해보겠다.

1) 접점별 컴플레인 현황 조사

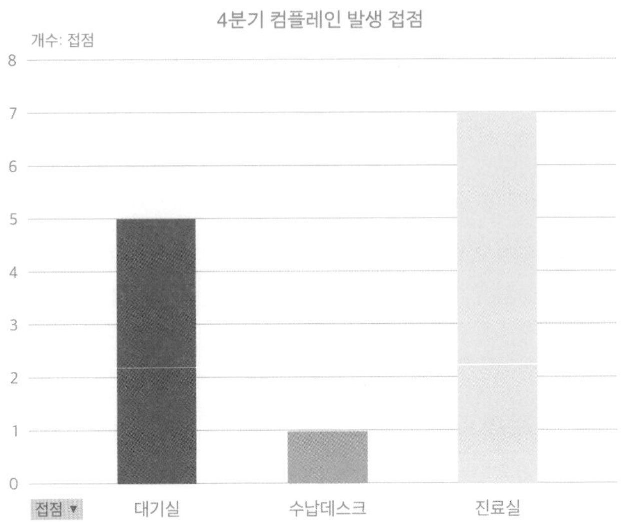

→ 분석 결과: 진료실 > 대기실 > 수납데스크 순으로 빈도가 높았다.

2) 진료과별 컴플레인 빈도 조사

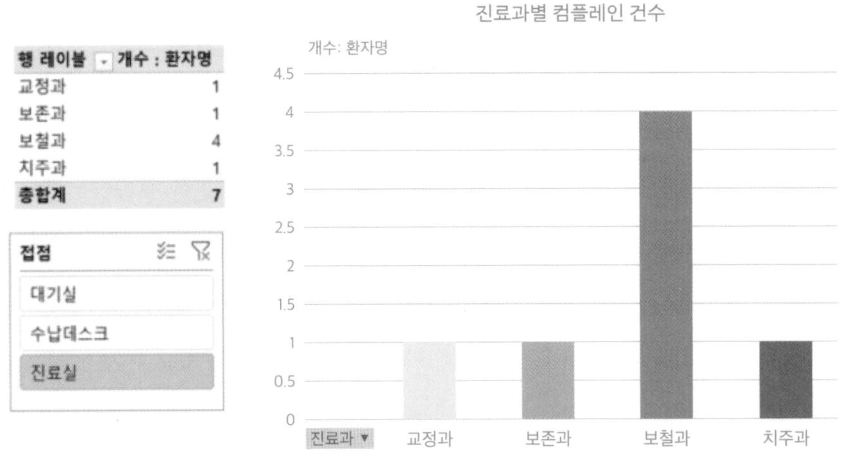

행 레이블	개수 : 환자명
교정과	1
보존과	1
보철과	4
치주과	1
총합계	**7**

→ 분석 결과: 진료과 중에 보철과가 컴플레인 건수가 많았다.

3) 보철과 컴플레인 요소 분석

행 레이블	개수 : 컴플레인요소(대)
⊟설명부족	1
주의사항	1
⊟진료중불편	3
리메이크	3
종합계	4

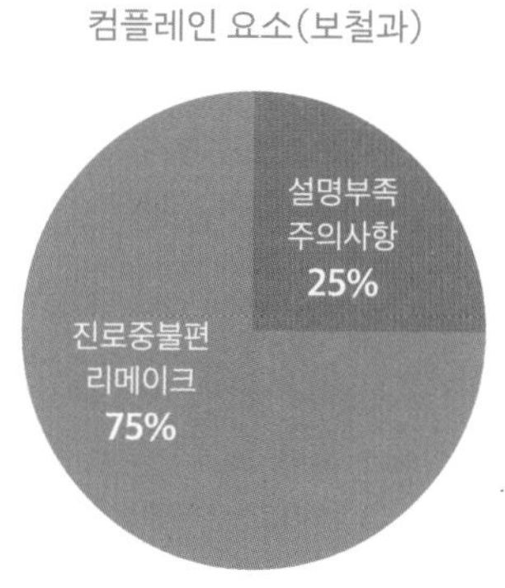

→ 분석 결과: 리메이크(re-make)에 대한 불만이 가장 컸다.

4) 리메이크 사유 분석

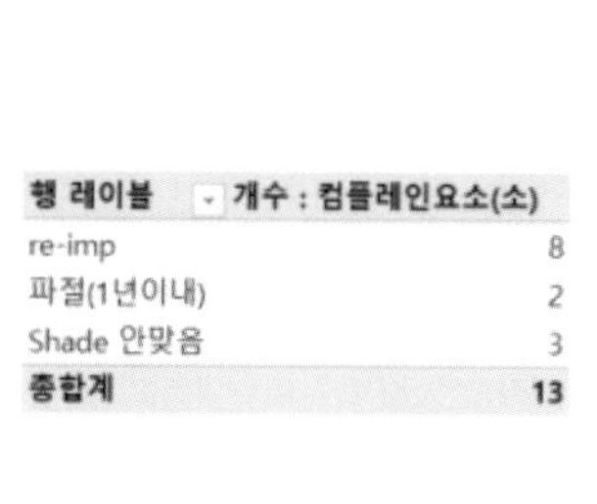

행 레이블	개수 : 컴플레인요소(소)
re-imp	8
파절(1년이내)	2
Shade 안맞음	3
종합계	13

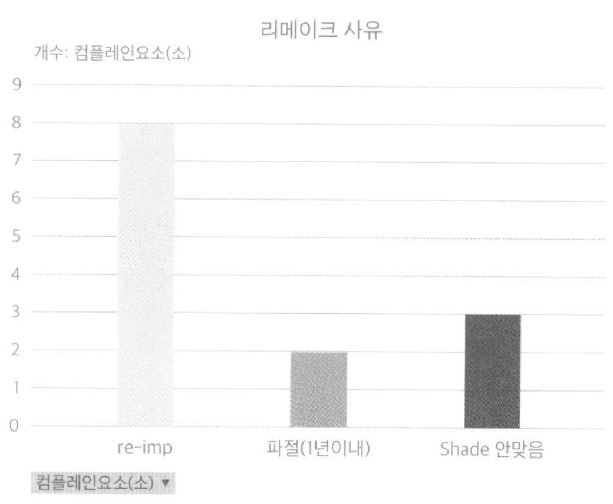

→ 분석 결과: 리메이크의 사유를 분석해본 결과 임프레션(본뜨기)에서 문제가 가장 많이 보였다.

5) 최종 대안 제시&의사결정

- 전 직원 대상으로 임프레션 강의 및 실습 후 평가 진행
- 베테랑 스텝이나 원장님 혹은 외부강사를 초빙하여 강의 진행
- 평가 결과에 따라 포상제도 시행
  (컴플레인 발생에 대한 질책이 아닌 성과 개선과 동기부여 차원)

모든 데이터는 다 쪼개보기

수납 데이터

수납 데이터는 초진 시 수집한 신환수, 희망진료과목을 시작으로 상담 데이터로 연결되어 병원의 현황을 파악하고 성과를 측정할 수 있는 마지막 단계의 중요한 데이터다. 수납 금액을 결제수단만 구분하여 입력하기보다는 진료과, 담당 의사, 비보험 및 보험 등을 구분하여 입력하고, 매월 분류체계별 수납 통계를 준비해두자. 진료과목을 구분하여 수납 데이터를 입력하면 원가회계나 병원운영전략 등에서 참고할 수 있으며, 매년 사업장 현황신고를 면세사업장이라면 수익금액검토부표에 기재하여야 할 항목대로 수납을 나누어 입력하면 큰 도움이 될 것이다. 의사별 수납 구분은 의사의 급여나 인센티브 설정 시 참고할 중요 지표 중 하나가 된다.

예시)

① 1차원적인 수납 입력 예시
2,000,000 카드 수납
② 상세한 수납 입력 예시
진료과 구분) 임플란트 1,800,000 / 보철진료 500,000 / 보존진료 200,000

상담동의 데이터

상담 당일 결제를 했거나 동의를 한 경우는 '동의'로, 그렇지 않은 경우는 '미동의'로 이분법적인 구분으로만 끝내는 경우가 많다. 동의와 미동의의 결과를 상세하게 들여다보면 다양한 변수를 발견할 수 있다. 동의는 했지만 전체를 다 동의하기도, 부분치료만 동의한 상황에서 치료를 시작하기도 한다. 부분동의 고객 중에서도 일부 치료가 마무리된 후에 지속적인 관리와 권유를 통해 남은 치료를 진행하도록 해야 하는 고객이 있는가 하면 해당 치료만 마무리하고 더는 권유하면 안 되는 상황에 있는 고객도 있다. 당장은 미동의이지만 완전히 치료 생각이 없는 고객도 있고, 너무 하고 싶지만 상황이 모호해 보류하는 고객도 있다. 그렇기에 상담에서 미동의한 고객은 완전히 배제시키면 안 된다. 추후 리콜이나 문자 등을 통해 치료에 대해 상기시켜줄 수도 있고, 특별한 내부 프로모션이 있을 때 비용이 문제가 되었던 고객에게 우선으로 연락해볼 수도 있다.

여기서 문제는 치료 권유가 부담스럽거나 우리 병원에서 치료를 진행할 수 없는 상황의 고객에게 지속적인 연락을 하는 것은 고객에게 오히려 불만을 불러일으킬 수 있고, 꾸준히 관리하면 언젠간 내원 가능성이 있는 고객이었는데도 병원의 무관심으로 결국 타 병원으로 이탈할 수 있다. 따라서 상담동의 여부를 좀 더 상세하게 구분하고 미동의 사유나 특이 사항 등을 기재해놓는다면, 추후 관리 시 고민할 필요 없이 바로 필터링이 된 고객 데이터를 추출하여 효율적으로 관리할 수 있을 것이다.

예시)

- 동의 → 전체동의/부분동의
- 미동의 → 보류/완전미동의
- 부분동의 사유: ______________
- 미동의 사유: ______________
- 보류 사유: ______________

컴플레인 데이터

컴플레인이 발생했을 때, 가장 급한 건 해당 컴플레인을 원만하게 해결하는 일이다. 그리고 다음엔 똑같은 컴플레인이 발생하지 않도록 준비하는 것이다. '어떤 고객이 어느 포인트에서 화가 나서 컴플레인을 할지 모르는데 어떻게 예방을 하지?' 하고 의아해할 수도 있다.

우리 병원에 대기시간에 의한 컴플레인이 가장 빈번하게 발생한다고 가정해보자. 대기시간 컴플레인은 왜 생기는지, 누가 어떤 노력을 해야 대기시간 문제를 해결할 수 있을지 등이 고민될 수밖에 없다. 병원에서 발생하는 컴플레인은 1인 1색을 띈다. 누군가는 대기실에서의 대기시간이, 누군가는 진료실에서의 대기시간이 불만일 것이다. 누군가는 진료가 밀려서, 누군가는 접수의 누락으로 대기시간이 발생했을 수 있다. 이에 대한 반응에도 차이가 있다. 컴플레인이 있지만 말하지 않고 넘어가거나 조용히 언급하는 고객도 있지만 누군가는 고성을 낼 수도 있다. 그러므로 우리 병원에서 발생하는 컴플레인을 하나하나 가만히 들여다볼 필요가 있다.

컴플레인 데이터 계층구조 설정의 예시

[컴플레인 요소 구분]

대분류	서비스	대기시간	부작용	설명부족	치료결과 불만족	시설
중분류	불친절	접수실대기시간	출혈	주의사항	개선되지 않았다	주차장
	서투른응대	진료실대기시간	통증	추가진료	편하지 않다	건물
	전화연결어려움	수납실대기시간	상처	진료비	예쁘지 않다	화장실

[접점 구분]

대분류	데스크	진료실
중분류	안내데스크	1진료실
	수납데스크	2진료실
	대기실	3진료실

[담당자 구분]

대분류	의사	간호사(치과위생사)	코디네이터
중분류	의사 1	간호사 1	코디네이터 1
	의사 2	간호사 2	코디네이터 2
	의사 3	간호사 3	코디네이터 3

컴플레인 데이터화를 위해 단순히 대기시간, 진료, 응대의 문제로만 구분할 것이 아니라 컴플레인의 내용을 쪼개고 쪼개서 각각의 포인트를 찾아내야 한다. 이를 데이터로 입력해서 앞서 안내한 '데이터 계층구조를 활용한 의사결정 프로세스'에 따라 분석해야 한다. 그러면 고객이 어느 포인트에서 화가 났는지 진짜 원인을 찾을 수 있고 하나둘씩 문제점을 개선하며 이후 발생할 수 있는 컴플레인을 예방할 수 있게 된다.

날짜 하나만으로 만들 수 있는 시간의 계층구조

모든 일지를 작성할 때 날짜를 기재한다. 날짜만 쓰고 지나가는 것이라면 메모에서 그치는 것이나 다름이 없다. 날짜를 쪼개어 시간의 계층구조를 만들어보자. 날짜 하나의 데이터를 쪼개면 8개(연도별, 반기별, 분기별, 월별, 일별, 요일별, 오전/오후, 시간대별 등) 이상의 데이터를 얻을 수 있다. 디테일한 데이터들을 통해서 앞서 언급했던 직원 배치나 목표 설정 등에 도움되는 실질적이고 다양한 지표를 얻을 수 있다.

엑셀을 이용하여 장부를 기입하고 있다면, 간단한 함수 설정으로 각종 시계열 데이터가 자동으로 추출되게 할 수 있으며, 프로그램에서 일부 데이터를 엑셀로 다운로드 후에도 시계열 데이터를 미리 추출한 후 분석 작업을 하는 것을 권장한다.

효과적인 의사결정을 위한 데이터 시각화

지금까지 데이터에 대한 다양한 사례들을 제시하였다. 병원을 경영하는 데 데이터가 정말 중요한 요소라는 걸 알았고, 어떻게 데이터를 수집하고 활용해야 하는지도 어느 정도는 이해가 됐으리라 생각한다.

이제는 그 분석과 데이터의 결과를 보다 이해하기 쉽게 전달하고 효과적인 의사결정을 도와줄 수 있는 시각화 도구에 관한 이야기를 하려고 한다. 텍스트로만 기재되어 있는 내용을 그림이나 도표 등의 다양한 시각화 요소들로 잘 표현한다면 정보의 의미도 쉽게 파악될 것이고, 전달하고자 하는 내용도 훨씬 단순 명료해진다.

데이터 시각화의 다양한 예

표보다는 그래프로

다음은 1년간 월별 매출을 정리한 아주 일반적인 표다. 1년간 매출이 정리는 잘 되어 있지만 어느 달의 매출이 높고 낮은지, 평균선은 얼마나 되고 평균이나 목표액에 못

미치는 달은 언제인지를 이 표를 보고 바로 파악하긴 쉽지 않다.

월	매출액
1월	130,112,317
2월	131,217,312
3월	120,731,327
4월	140,725,365
5월	145,031,547
6월	143,889,674
7월	130,058,869
8월	148,216,069
9월	124,322,206
10월	135,352,739
11월	139,822,379
12월	134,975,367
총매출	**1,624,455,171**

매출 정리는 해보았지만 역시나 'So what?'의 난관에 봉착하게 된다. 이 데이터로 매출 현황을 파악하고 매출과 관련한 문제와 해결법을 찾아내기에는 막막한 정리법이다. 이 표에 내용을 조금 더 추가하여 보기 쉽게 그래프로 표현하면 아래와 같다.

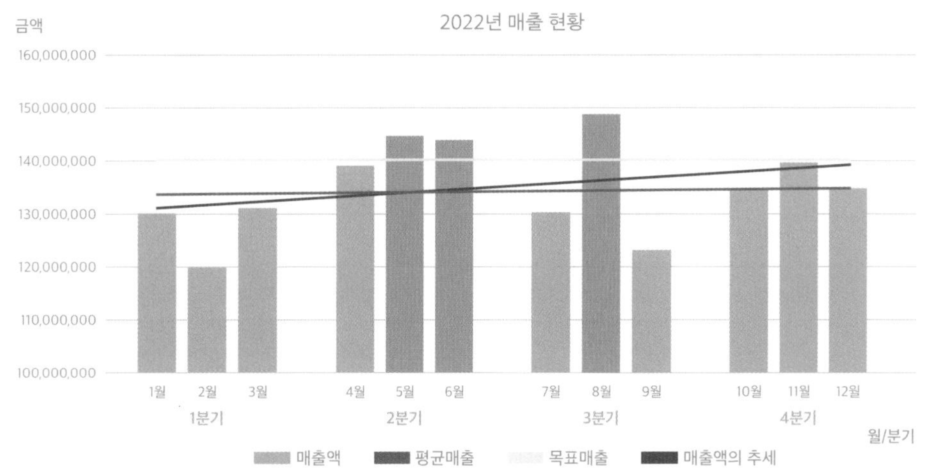

이 병원은 1년 동안 8월의 매출이 가장 높고 목표매출액을 달성한 5, 6월을 포함하여 2분기의 매출이 전반적으로 좋았다. 하지만 매출의 추세가 상승곡선을 그리고 있어도 매월 들쑥날쑥하며 목표 매출 및 평균 매출에 미치지 못하는 달이 훨씬 많다. 가장 매출이 저조한 2월과 9월은 연휴의 원인이 있었음을 알 수 있다. 이러한 1년간의 매출 현황은 일일이 숫자를 들여다보거나 머릿속으로 계산하지 않아도 시각화된 그래프를 통해 한눈에 쉽게 파악하고 평가할 수 있다.

퍼널차트

우리 병원에 유입된 모든 고객은 '내원-상담-치료-수납-종료'의 과정을 거치게 된다. 이때 중간 과정인 상담, 치료는 선택 사항이다. 유입된 10명이 모두 상담과 치료를 진행하고 상담진단 금액을 100% 매출로 전환하는 병원은 없을 것이다. 분명히 Input(유입으로 발생시킬 수 있는 매출액)보다 Output(실제 발생된 매출액)은 적을 수 밖에 없다. 이 과정을 그림으로 표현하면 윗변은 길고 아랫변은 짧은 깔때기 모양이며, 마케팅 용어로 '퍼널차트'라고 한다.

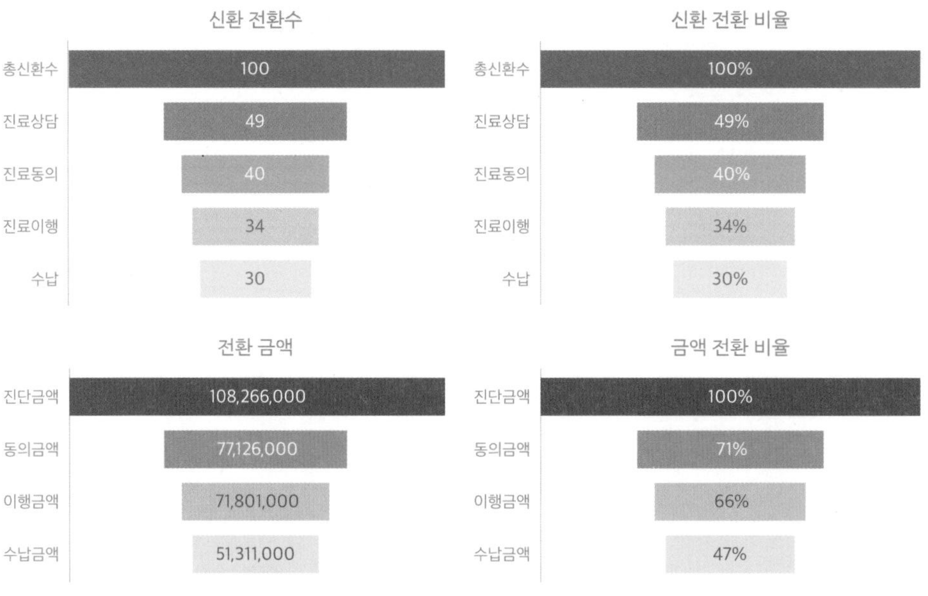

퍼널차트는 고객의 여정 중 어느 접점에서 전환과 이탈이 일어나는지 알 수 있다. 예를 들어, 100명의 신환이 내원했는데 그중 27명은 상담 없이 진료만 받고 73명만이 상담이 이루어졌다. 상담만 받은 73명 중 56명이 진료에 동의하였으나 실제로 내원하여 진료가 이행된 사람은 48명이었다. 그중에서 치료는 종료되었으나 미납 중인 2명을 제외한 나머지 46명이 모두 수납을 하였다. 이 경우 처음에 유입된 100명에 비교해 마지막 수납률을 파악할 수 있으며, 상담에서 동의로, 동의에서 이행으로의 전환과 이탈률을 알 수 있다. 전환율이 낮고 이탈률이 높은 구간이 있다면 해당 접점에서 이루어지고 있는 시스템을 다시 점검하고 원인 파악 후 개선해야 한다.

퍼널차트는 접점별 전환율을 간단하고 명료하게 표현해준다. 데이터에 관심 없는 누구라도 그림만 봐도 바로 이해할 수 있다. 엑셀에서는 '깔때기형 차트'를 사용하면 된다. 퍼널차트 활용에 대한 내용은 Chapter 4에서 더 구체적으로 다룬다.

표 안에 그래프 삽입

표 내용이 많을 때 숫자를 읽는 시간보다 그림을 통해 직관적으로 인지하는 속도가 훨씬 빠르다는 것을 앞부분에서 이야기했다. 표 밑에 그래프를 첨부하여도 좋고, 그래프 밑에 숫자가 표시되게 표현해도 좋다. 하지만 간혹 데이터가 많지 않거나 혹은 너무 많아서 그래프를 별도로 표기하기 어려울 때가 있다. 이럴 때는 표 안에 그래프를 함께 삽입할 수 있다. 표 내부에 그래프를 삽입하면 숫자는 많지만 그래프 길이나 색상을 먼저 보고내용을 빨리 인지할 수 있는 효과가 있다. 엑셀에서는 '홈 〉 조건부 서식'&'삽입 〉 스파크라인 〉 꺾은선형, 열, 승패' 메뉴를 이용하면 된다.

분기	월	A의사	B의사	C의사	합계	선분그래프	막대그래프
1분기	1월	49,184,787	46,675,548	67,600,635	163,460,970		
	2월	68,265,418	50,397,893	59,333,102	177,996,413		
	3월	61,329,702	41,336,706	74,278,180	176,944,588		
2분기	4월	44,464,325	42,187,210	64,960,790	151,612,325		
	5월	60,416,138	44,717,563	70,715,297	175,848,998		
	6월	46,387,027	58,080,078	58,068,592	162,535,697		
3분기	7월	66,525,353	77,233,529	70,094,611	213,853,493		
	8월	70,112,639	79,316,279	73,125,531	222,554,449		
	9월	59,160,369	78,928,277	74,185,370	212,274,016		
4분기	10월	53,572,219	53,963,236	66,952,595	174,488,050		
	11월	75,721,059	58,793,417	76,197,274	210,711,750		
	12월	71,420,899	50,028,308	68,100,186	189,549,393		
합계		726,559,935	681,658,044	823,612,163	2,231,830,142		

매출 그래프의 표현 방식

1) 추이 그래프

특정 기간 동안의 추이와 그에 따른 추세선의 상승 여부를 알고 싶다면 데이터를 하나의 선에 연결하여 표현한다.

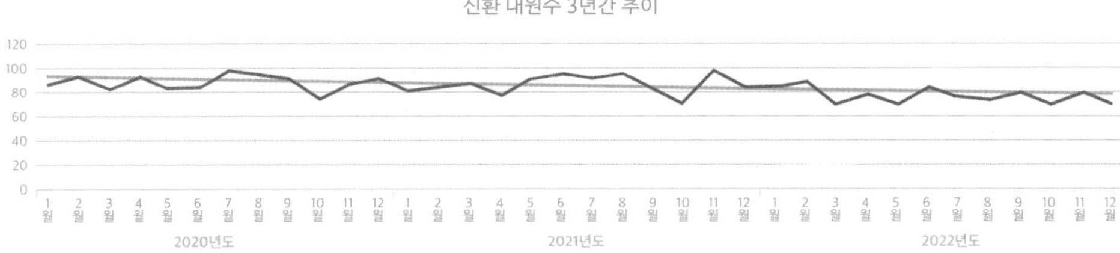

2) 비교 그래프

반면 동기간 수치와 변화 패턴 양상을 비교해보고 싶다면 연도별 데이터를 각각의 선으로 분류해서 표현한다. 이 그래프는 연도별 데이터 변화를 나누어 비교할 수 있고, 특정 기간의 증감 패턴도 쉽게 파악할 수 있다. 이 그래프를 통해 우리 병원만의 성수기와 비수기를 파악하고, 이에 대비한 직원 배치, 고객 리콜이나 프로모션, 내부 교육, 각종 병원 운영 등의 내부 전략을 세울 수 있다.

어떤 그래프를 선택하는 게 좋을까 고민이라면?

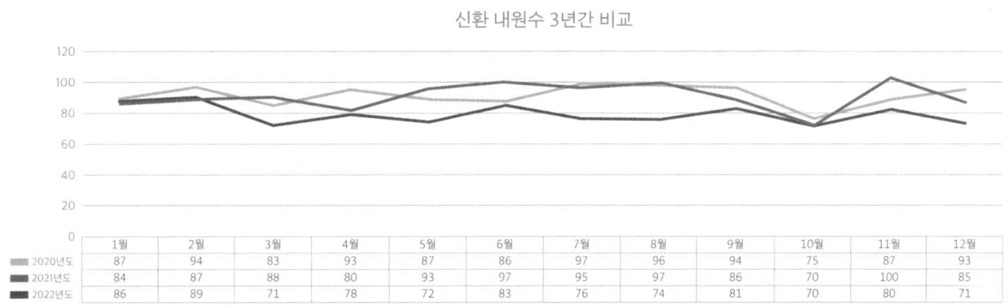

	1월	2월	3월	4월	5월	6월	7월	8월	9월	10월	11월	12월
2020년도	87	94	83	93	87	86	97	96	94	75	87	93
2021년도	84	87	88	80	93	97	95	97	86	70	100	85
2022년도	86	89	71	78	72	83	76	74	81	70	80	71

	세로막대형	꺾은선형	원형
사용 기준	동일 시점 다른 항목의 현황/순위 비교	동일 항목의 시간대별 흐름 비교(두 시점 이상의 데이터 흐름)	동일 시간, 동일 항목의 구성 비율, 점유율 비교
그래프 유형			
예시	직원평가, 고객만족도 결과, 진료항목별 매출 비교 등	3년치 매출 추이, 올해 내원경로 추이, 환자수 추이 등	의사별/진료과별 매출 비중, 내원경로 비중 등

표보다는 그래프가 시각적으로 좋은 건 알겠는데, 어떤 그래프를 선택하는 게 좋을지 고민일 수 있다. 엑셀에서 제공하는 그래프의 종류는 상당히 많으나, 보여주고자 하는 내용과 목적에 따라 그에 적합한 그래프가 각기 다르다. 그래프의 사용 기준은 정답이 정해져 있는 것은 아니다. 필자가 다양한 그래프를 적용하여 보고서를 작성하다 보니 '적어도 이 항목은 이 그래프가 어울리겠구나' 라고 판단하여 예시를 든 것이다.

다양한 그래프가 있지만 그중 세로막대형, 꺾은선형, 원형이 가장 보편적으로 사용된다. 세로막대형은 동일 시점, 동일 기간에 다른 항목들과 수치나 순위를 비교할 때 주로 사용된다. 예를 들어, 1년 동안 매월의 매출 비교, 직원 평가 시 순위 비교 등을 막대그래프로 표현하고, 최댓값과 최솟값에 별도의 색으로 표시해주면 좋다. 나열할 데이터가 많을 경우 세로막대가 아닌 가로막대형으로 표현할 수도 있다.

꺾은선형은 보통 추이를 살펴볼 때 사용한다. 막대그래프로도 추이가 파악되긴 하지만 많은 양의 데이터 추이를 볼 때는 꺾은선형이 가장 깔끔하게 보인다. 간혹 세로막대형이나 원형에서 사용해야 할 내원경로나 항목 비교를 꺾은선형으로 표현하는 경우를 볼 때가 있는데, 틀렸다고 말할 수는 없지만 매출, 고객수(신환수/구환수), 내원경로별 고객수 등의 추이를 파악할 때 가장 추천하는 그래프다.

원형은 항목별 점유율을 확인할 때 가장 보기 편하다. 의사가 2인 이상 있는 경우 의사별 매출 비중, 진료과목별 수납 비중, 내원경로 비중 등이 사용된다. 막대그래프로 표현할 수도 있지만, 점유율을 확인하기에는 원형그래프가 더욱 직관적이다.

이 외에도 다양한 그래프들이 많다. 데이터 내용에 맞는 적합한 그래프 사용으로 직관적이고 보기 좋은 자료를 만들어보자.

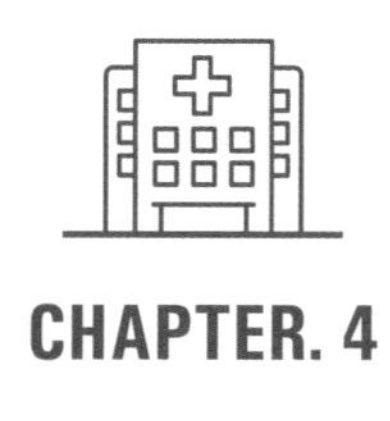

CHAPTER. 4

데이터 기반 목표 설정

실패하지 않는 데이터 경영 전략

고객은 어디서 빠져나가는가? 이젠 '전환'에 집중하자!

홍보·마케팅활동을 통해 고객은 우리 병원에 내원하기 전에 먼저 병원의 정보를 접한다. 이때부터 고객 경험이 시작된다. 홈페이지에 병원이나 진료 정보가 잘 게시되어 있는지, 진료시간이나 찾아오는 길이 보기 쉽게 안내가 되어 있는지, 전화상담이 친절한지, 이해하기 쉽고 내원하기 쉽도록 설명을 잘 해주는지 등에 따라 사전 만족도가 달라지고 곧 내원 여부가 결정된다.

내원 이후에는 접수, 대기, 진찰, 상담의 절차에서 치료 동의 및 진료 이행의 여부가 결정되며, 진료 동의 이후에 진료/수납/예약/사후관리 등의 절차에서 진료 및 서비스 만족도와 재내원, 소개 여부가 결정된다. 고객이 경험하는 병원 내 경로를 성과나 매출과 연결지어 생각해본다면, 다음과 같은 흐름을 그릴 수 있다.

치아교정을 원하는 고객의 경로

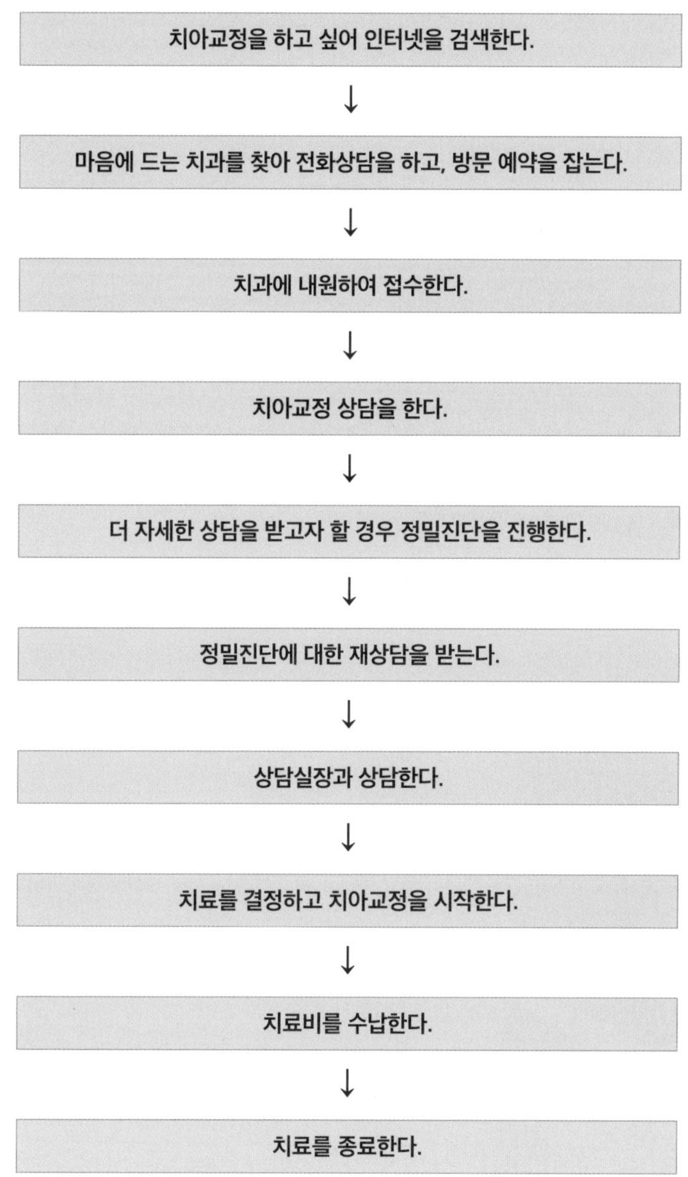

치아교정을 하고 싶어 인터넷을 검색한다.
↓
마음에 드는 치과를 찾아 전화상담을 하고, 방문 예약을 잡는다.
↓
치과에 내원하여 접수한다.
↓
치아교정 상담을 한다.
↓
더 자세한 상담을 받고자 할 경우 정밀진단을 진행한다.
↓
정밀진단에 대한 재상담을 받는다.
↓
상담실장과 상담한다.
↓
치료를 결정하고 치아교정을 시작한다.
↓
치료비를 수납한다.
↓
치료를 종료한다.

고객이 상담 후 치아교정을 진행하고 수납 후 치료가 종료되기까지 다양한 경로를 거쳐 간다. 매 접점 어떤 것을 목표로 응대하는가? 아직 내원하지도 않은 전화상담 고객에게 정밀진단을 권유할 것인가? 이제 막 진료실에 들어와 아직 파노라마 사진도 안

찍은 고객에게 치아교정을 곧바로 권유할 것인가? 모든 것에는 순서가 있다. 그렇다면 최종 목표인 치아교정을 하게 하려면 어떤 순서가 필요한가? 핵심은 매 순간 '다음 단계로 넘어가도록 하는 것'이 목표일 것이다. 그 목표는 다음 단어 하나로 간추려진다.

'전환'

일단은 온라인 광고로 '클릭'을 하게 만들고, '전화'를 하게 만들어서, '내원'을 하게 한다. 1차 상담 후에는 '정밀진단'을 하게 하고, 그 이후 치아교정과 충치치료를 '진행'한다. 이렇게 단계별 목표를 달성하여 다음 단계로 넘어가는 것을 '전환'이라고 한다. 마케팅, 고객 응대, 상담, 진료 등 병원에서 이루어지는 모든 행위의 결과물, 흔히 말하는 성과가 되는 것이다.

접점별 전환의 종류

- 마케팅 광고를 접한 후 DB 수집으로 전환
- 온라인 상담(홈페이지 및 전화상담) 후 오프라인 내원으로 전환
- 오프라인 상담 후 진료 동의 및 예약으로 전환
- 진료 후 수납으로 전환
- 진료 마무리 후 재내원 및 소개로 전환

퍼널(Funnel)은 깔때기를 뜻한다. 깔때기는 입구는 넓지만 출구 쪽으로 갈수록 좁아지는 모양을 하고 있다. 마케팅 퍼널은 '잠재 고객을 충성 고객으로 만드는 과정'이다. 우리 병원에 100명의 고객이 내원한다 해도 그중의 일부 고객만 치료하고 나가는 것과 같이, 모든 마케팅과 세일즈의 결과는 퍼널, 즉 깔때기의 모양으로 흘러간다.

과거에는 퍼널 입구에서 최대한 많은 고객이 모여지기만 노력했으며, 그 퍼널 안에

서 무슨 일이 일어나는지 굳이 알려고 하지 않았다. 하지만 이제 온라인 매체, 소셜미디어, 디지털 미디어 분석 툴과 함께 병원 내부에서도 퍼널 안에서 일어나는 일을 이해하고 관리해야 하는 시점에 도래했다. 마케팅 퍼널은 다음의 5단계로 이뤄진다.

퍼널의 5단계 'AARRR'

단계	단계별 이해
첫 방문(Acquisition)	발굴시스템을 통해 잠재 고객을 우리 병원으로 이끄는 단계
첫 회원가입(Activation)	좀 더 적극적인 고객의 행동을 유도하는 단계로 가입 이후부터는 판매전환 단계로 분류
첫 구매(Revenue)	이 단계부터는 고객의 평생 가치를 극대화할 수 있는 단계로 진입
재구매(Retention)	만족 고객으로 분류할 수 있는 단계
지인에게 소개(Referral)	충성 고객으로 분류할 수 있는 단계

고객 여정을 통해 알아보는 퍼널 분석 예시

온라인 마케팅에서 내원까지

1) 고객이 경험하는 온라인 여정

A고객은 코성형에 관심이 있다. N사 포털 사이트에서 '코성형', '압구정 성형외과' 등의 키워드로 자주 검색을 하며 성형외과를 알아보았다. 그러던 어느 날 인터넷 뉴스 기사를 읽는데 눈에 띄는 성형외과 광고가 보인다. 무심코 그 배너 광고를 클릭하고 B 성형외과의 홈페이지로 접속하게 된다. 홈페이지를 둘러보니 코성형에 대해 자세히 안내하고 있다. 코성형 사례가 많고 연예인도 많이 찾아오는 것 같다. 치료 전후 사진과 후기를 보고 싶은데 회원가입을 해야만 볼 수 있다고 한다. 너무 많은 사이트에 가입했던지라 회원가입을 하고 싶지 않았는데, N사나 K사 아이디가 있으면 별도의 회원가입

이 필요 없다고 한다. 간단히 회원가입 후 다양한 치료 사례를 보니 이 병원에서 상담을 받고 싶어졌다. 홈페이지 하단의 DB 창에 본인의 정보를 남겼고, 곧 병원의 상담실장 전화가 왔다. 5분 정도 간단한 통화 후에 상담 예약을 잡았다. 병원에서는 통화 종료 후에 A고객의 관심 분야인 코성형에 대한 다양한 정보를 문자로 보내줬다. 이 문자를 받아볼수록 A고객은 B성형외과에 대한 확신이 커졌고, 예약 당일 병원에 방문하여 예정대로 코성형 상담을 받게 되었다. 고객의 병원 여정을 정리하면 다음과 같다.

온라인 광고 노출 → 클릭 → 홈페이지 유입(1분 이상 체류) → 회원가입 → 상담 신청(게시판 or DB) → 통화 → 예약 → 방문

2) 고객 여정에 따른 각 단계별 병원의 퍼널 분석

4월에 배너 광고를 돌렸다. 월 평균 1,000건 노출 중에 600건의 클릭이 발생했다. 그중에 홈페이지에서의 체류시간이 1분을 넘어간 건수는 400건이었다. 홈페이지를 천천히 둘러본 후 온라인 상담 게시판에 글을 남기거나 상담 신청 DB에 개인정보를 남긴 건수는 200건이었다. 그중 전화 연결이 된 건수는 160건, 전화연결이 된 후 예약으로 이어진 건이 100건이었다. 예약 후 실제 내원한 건수는 70건이었고, 그중에 상담 후 치료를 진행한 건은 50건이었다. 여기서 추출할 수 있는 퍼널 데이터는 다음과 같다.

배너광고 노출건수 800 → 클릭건수 600 → 홈페이지 유입건수 500 → 홈페이지 1분 이상 체류건수 400 → 회원가입건수 300 → 상담신청건수(게시판 or DB) 200 → 통화건수 160 → 예약건수 100 → 방문건수 70 → 치료진행 50

각 퍼널 단계별 데이터를 추출하여 그래프로 표현하면 위의 프로세스는 선 행위가 없이 다음 단계로 넘어갈 수 없는 구조로 이루어져 있다. 그리고 앞 단계에서 확보되었던 숫자가 다음 단계로 100% 넘어가지 않는다. 즉, 다음 단계로 넘어가는 과정에서 이탈이 일어난다는 것이다. 단계별 전환수(전환율)를 그래프로 표현하면 다음과 같다.

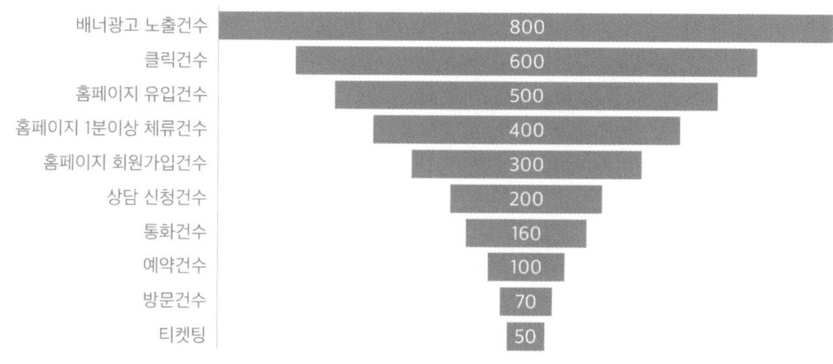

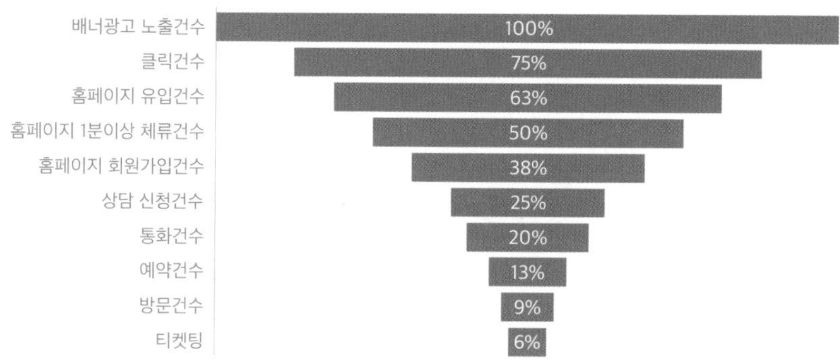

온라인 퍼널 과정에서 다음 단계로 전환되지 않고 이탈이 발생한 이유는 다양하다.

- 배너 광고가 매력적이지 않아서
- 배너 광고는 매력적이었는데 막상 랜딩 페이지(혹은 홈페이지)를 들어와 보니 별것 없어서
- 회원가입을 하는 절차가 너무 복잡해서
- DB를 남기려고 하는데 너무 많은 정보를 물어보는 게 불편해서
- DB를 남겼는데 전화가 너무 늦게 와서
- 통화했는데 상담 내용이 별로여서
- 예약을 잡긴 했지만 급한 일도 있고 딱히 그 병원에 갈 매력을 느끼지 못해서

그렇다면 우리의 마케팅 경로에서 고객들이 진짜 이탈하는 이유는 무엇일까? 그것을 찾기 위해서 단계별 전환율을 파악하는 것이 먼저다. 전환율이 낮은 부분을 찾아 무

엇이 문제인지 논의하고 개선할 방법을 찾아야 한다.

병원 내원 고객의 전환 과정

1) 고객이 경험하는 병원 여정

C고객은 치아교정을 하고 싶어 D치과를 찾았다. 접수데스크에서 인적사항과 문진표 등을 기재하고 대기실에 앉아서 기다리고 있다. 대기실 내의 TV, 각종 브로셔, 다양한 정보들이 눈에 들어온다. '이 병원에 치아교정을 하러 오는 사람들이 많구나', '고객 후기가 이렇게 많네. 다들 만족하나 보다', '교정 원장님이 경력이 이렇게 많은 분이셨구나'. C고객은 대기실을 둘러보는 동안 D치과에 대한 신뢰가 더 커졌다. 진료실에서 C의 이름을 불러서 들어갔다. 파노라마 사진을 보며 교정 원장님과의 상담이 이루어졌다. 치아교정에 대한 대략적인 상담은 받았지만, 좀 더 정밀한 진단을 원하고 정말 교정을 진행할 생각이 있다면 정밀진단이 필요하다고 한다. 세팔로촬영, 안면포토촬영, 본뜨기 등의 작업을 바로 진행하고, 며칠 후에 다시 병원에 찾았다. 내 옆 모습이 드러난 엑스레이 사진에 다양한 분석이 표시된 것을 보니 기분이 이상하다. 치아교정 후 변화된 모습을 시뮬레이션으로 보니 하고 싶은 마음이 샘솟는다. 상담실장님과 마지막으로 비용과 치료 과정에 대한 상담을 마치고, 곧바로 예약을 잡고 선결제를 하였다. 약 2년간의 치료과정이 끝나고 C고객은 너무 행복했다. 병원도 친절하고 치료 결과도 만족스러웠다. 그 이후로 정기검진도 자주 가고 충치치료가 필요할 때마다 D치과를 찾는다. 그리고 가족이나 주변 지인들에게도 적극적으로 권유하고 있다. 고객의 병원 여정을 정리하면 다음과 같다.

> 접수 → 대기 → 1차상담 → 정밀진단 → 2차상담 → 상담실장과 상담 → 치아교정 시작 → 마무리 → 재내원 → 소개

2) 고객 여정에 따른 각 단계별 병원의 퍼널 분석

2017년 5월에 우리 병원에 치아교정을 원하는 30명의 신규 고객이 내원했다. 그중 28명이 정밀진단을 추가로 진행했고, 그 이후에 21명이 교정을 시작했다. 이 시기에 교정을 시작한 21명의 고객은 모두 치료가 마무리되었고, 19명은 꾸준히 내원하여 정기검진과 충치치료를 받고 있다. 그리고 이 중 무려 5명이나 다른 고객을 소개해주었다. 여기서 추출할 수 있는 퍼널 데이터는 다음과 같다.

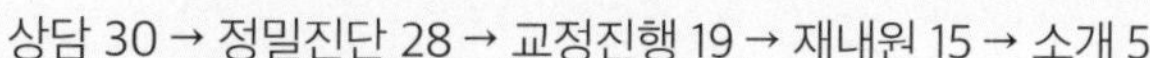

상담 30 → 정밀진단 28 → 교정진행 19 → 재내원 15 → 소개 5

각 단계별 데이터를 퍼널차트로 표현하면 다음과 같다.

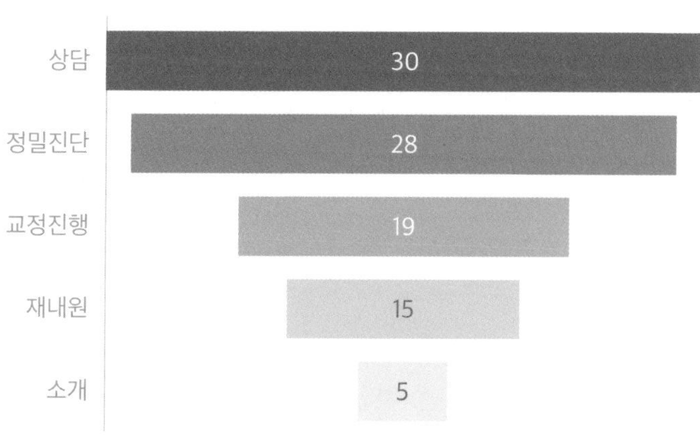

이 데이터에서 고객들이 어느 단계 때 많이 이탈되는지 눈에 보이는가? 정밀진단 후 교정 진행으로 넘어갈 때다. 처음 내원 후 1차 상담에서 정밀진단의 2차 상담으로는 93%의 고객이 전환되었으나, 2차 상담한 수에 비해 진행한 고객의 비율은 68%로 감소하였다. 어떤 장애물이 고객을 다음 단계로 넘어가지 못하게 하였을까? 비용에 대한 저항이 있을지, 상담 내용에 문제가 있을지, 또 다른 이유는 없는지 분석이 필요하다.

이 예시 외에도, 병원에는 수많은 진료과목과 수많은 여정이 존재하고 그 안에서 고객은 계속 전환 과정을 거치며 이탈을 진행하고 있다. 이 이탈을 방치하지 말고 퍼널 분석을 통해 관리해야 한다. 만약 진료 상담 후 동의로의 전환이 적다면 의사나 실장의 상담, 응대 내용을 확인하고 상담 시스템을 점검해봐야 한다. 동의 이후 실제 이행률이 적다면 상담 시 선수납이 제대로 이루어지고 있는지, 예약 부도에 대한 관리가 잘 되고 있는지를 확인한다. 치료 종료 후 수납율로의 전환이 적다면 미납뿐만 아니라 환불 여부도 조사해봐야 한다. 대부분 강한 컴플레인으로 환불이 이루어지는 경우가 많으므로 이런 경우 컴플레인 데이터 분석을 통하여 원인을 찾아내야 한다.

TIP) 전환율 개선을 위해 파악해볼 것들

- 상담에 도움을 줄 수 있는 자료가 있는가?
- 상담 멘트는 적절한가?
- 상담 시 선수납이 이루어지고 있는가?
- 상담 시 치료 진행의 중요성에 대해 전달이 되고 있는가?
- 예약이 제대로 이행되고 있는가?
- 예약 미이행 고객에 대한 리콜을 실시하고 있는가?
- 1차 상담 후 고객 데이터를 파악하고 기록하고 있는가?
- 환불 시 환불 사유를 기재하는가?
- 컴플레인 데이터를 접점별로 상세하게 수집하고 있는가?

전환율이 낮은 구간의 장애물이 무엇인지를 파악하고 개선하기 위해서는 어느 한 팀의 노력만으로는 이루어질 수 없다. 진료팀, 데스크팀, 의료진 모두의 전사적 참여가 있어야만 진짜 숨겨진 문제점을 찾아낼 수 있다. '어떻게 하면 더 많은 신규 고객을 창출할 것인가?'에만 집중하기보다는, 이미 유입된 고객의 여정을 살펴보고 고객이 빠져나가지 않도록 그 안에서의 전환율을 높이는 데 집중해야 할 것이다.

마케팅 용어

■ 전환율(CVR: Conversion Rate)이란?

웹 사이트 방문자가 제품 구매, 회원 등록, 뉴스레터 가입, 소프트웨어 다운로드 등 웹 사이트가 의도하는 행동을 취하는 비율이다.* 고객이 우리 병원의 광고를 보고 결국 병원에 내원하게 하는 것, 병원에 내원한 후 매출을 일으키는 고객이 되게 하는 것, 즉 잠재 고객이 충성 고객이 될 수 있는 것을 목표로 하고, 고객의 여정별 동의 비율을 파악하는 것을 말한다.

■ 마케팅 퍼널(Marketing Funnel)이란?

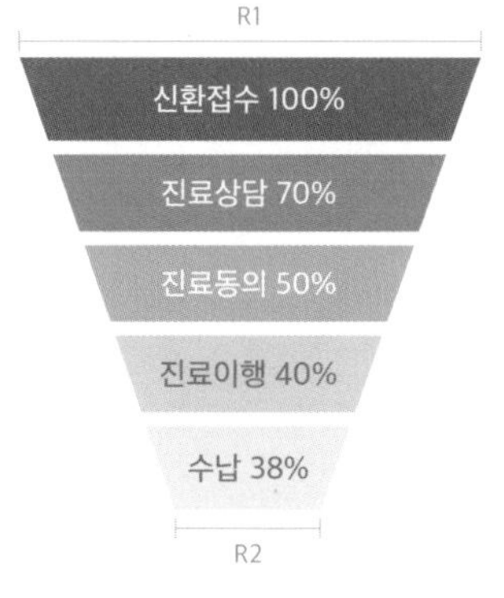

고객은 특정 브랜드나 상품에 대해 인지-고려-호감-구매-충성 등의 단계를 거치는데, 단계를 거듭할수록 깔때기처럼 입구가 점점 좁아진다는 이론이다.** 온오프라인 홍보에서 우리 병원을 접한 모든 고객이 다 내원할 수 없고, 병원에 내원한 모든 고객이 다 동의하지 않는 것처럼, 각 단계에서 이탈이 일어나 결국 유입 고객수보다 충성 고객의 수가 적을 수밖에 없는 현상을 말한다. 결국 마케팅 퍼널은 깔때기의 R1과 R2의 지름을 최대한 동일하게 맞춰가는 과정이라고 할 수 있다.

* 출처: 네이버 지식백과 IT 사전

** 출처: 네이버 영어사전

■ **퍼널 분석(Funnel Analysis)이란?**

고객 여정 단계에서 장애물이 없는지, 다음 단계로 전환이 되는지 전환율을 분석한다. 단, 분석에서 끝나는 것이 아니라 고객 경험이 원활하고 만족스럽게 이루어지고 병원도 목표를 달성하기 위해 모든 단계에서 적절한 솔루션을 제공하는 시스템이라고 할 수 있다.

목표 매출액 설정,
허황된 꿈에서 벗어나자

필자는 20대 중반 상담률과 매출에 대한 압박을 받는 대표적인 업무인 분양대행사에서 사회초년생으로는 혹독한 트레이닝을 받으며 상담 일을 시작했었다. 분양 상담 업무 5년 차에 지인으로부터 병원 상담직을 권유받아 이직을 결심하고 원장님과의 면접이 진행되었다. "병원 경력도 없는데 자신 있나요?"는 원장님의 물음에 "저 몇억짜리 집을 팔던 사람입니다. 몇백만 원 프로그램 결제시키는 거 일도 아니에요"라며 호기롭게 시작된 병원 상담 일은 만만치 않았다.

모델 하우스라는 명확한 결과물을 보여주고 고객의 선택을 받는 분양 상담과 결과 확인보다 신뢰감과 관계 형성이 선행되어야 고객의 선택을 받을 수 있는 병원 상담 업무는 천지 차이였다. 당시 하루 평균 5명의 신환을 1명 정도 등록시키고 나머지는 모두 놓치고 있었다. 자신감이 넘쳐 시작했던 출발과는 너무도 다른 결과였다. 더는 그냥 두고 볼 수 없어 우선 1개월 안에 신환의 절반이라도 등록을 시키는 것을 목표로 잡았다. 원장님과 방법을 고민하기 시작했고 현재 나의 상담 루틴을 파악해보기로 했다.

우선 전화상담 시 녹음기와 내원 상담 시 웹캠을 활용하여 내가 진행하는 모든 상담을 녹음, 녹화하였다. 그리고 녹음된 상담 내용을 전부 타이핑하여 원장님과 함께 수정 내용을 검토하여 새로운 상담 시나리오를 작성하였다. 그리고 녹화된 영상 속 나의 제스처를 확인하여 불손해 보이거나 대화 흐름에 방해되는 요소들을 걸러내기 위해 지속적인 롤플레잉을 통한 훈련을 진행하였다. 이후 나만의 새로운 상담 루틴이 만들어졌고 그 덕에 등록률 85%를 웃도는 수치를 기록하며 병원의 매출 향상에 기여 하는 결과를 낼 수 있었다. 또한, 그렇게 정리된 내용은 상담 매뉴얼로 다듬어져 신입 직원들의 교육자료로 활용될 수 있었다.

이렇듯 목표달성을 위해서는 미시적 관점으로 단계적인 변화를 꾀해야 한다. 그렇다면 어떻게 거시적 관점의 숲이 아닌 미시적 관점의 나무를 보면서 매출 목표를 달성할 것인지 아래 예시를 통해 살펴보도록 하자.

Q. 현재 우리 병원의 목표는 무엇입니까?
A. 더 많은 고객이 방문하는 것 그래서 매출을 올리는 것이 목표입니다.

얼핏 들으면 문제가 없는 답변이다. 하지만 목표는 행동지표, 정량적 수치, 기간 이 세 가지의 요소가 반드시 포함되어 있어야 한다.

- 행동지표 - 목표달성을 위해 어떤 행동을 해야 하는가?
- 정량적 수치 - 행동지표를 정량적 수치로 표기하여 달성 정도를 나타낼 수 있는가?
- 기간 - 목표로 정한 행동지표와 정량적 수치를 언제까지 달성할 것인가?

행동지표

우리의 고객이 '어떤 행동을 취해야지만 우리의 목표가 달성될 수 있을까'에 대한 고민이 필요하다. 예를 들면, 병원의 고객이 상담 후 치료를 등록하게 되면 매출이 일어난다. 이 목표를 달성하기 위한 행동을 생각해보자. 이 행동에는 고객 관점과 병원의 관점으로 나눠볼 수 있다.

- 고객 관점 - 병원 정보 검색, 문의, 예약, 상담, 결제
- 병원 관점 - 마케팅 기획 및 실행, 문의에 대한 응대 스킬 강화, 예약 부도율 관리, 상담내용 및 상담스킬 강화, 매출 향상

정량적 수치

고객이 행동지표를 얼마나 달성했을까? 앞서 말한 행동지표들을 정량적 수치로 나타낼 수 있어야 한다. 홈페이지 접속자수 및 전환율, 광고 채널의 유입수, 문의건수, 예약건수, 예약 후 미방문자수, 상담건수, 상담등록건수, 객단가, 환불률, 환불액, 총매출액 등 이러한 정량적 수치가 목표달성 여부와 이것을 달성하기 위한 모든 계획이 효과적이었는지를 평가할 수 있는 기준이 된다.

기간

달성 기간은 목표달성을 위해 어느 정도의 속도로 계획들을 실행할 것인지를 의미한다. 보통 많은 기업에서 연, 분기, 월, 주간 단위로 목표 기간을 설정한다. 목표 기간에 따라 정량적 수치와 행동지표는 모두 차이가 날것이다. 최근 들어서는 목표 기간을 일 단위로 설정하고 추이를 관찰하는 곳들도 늘어나는 추세다. 위에 나열한 요소를 포함한 다음 5가지의 단계로 목표 설정을 구체화해볼 수 있다.

목표 설정 5단계

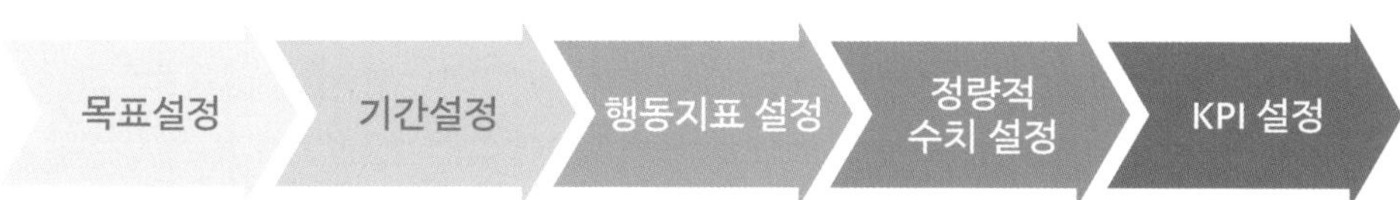

이 '목표 설정 5단계'를 기반으로 병원의 매출 목표 설정을 해보도록 하자.

1단계. 목표는 무엇인가?

매출 향상

2단계. 어느 정도의 기간에 이룰 수 있는 목표를 설정할 것인가?

3개월

3단계. 각 접점의 직원들은 고객이 어떤 행동을 유발하는 것에 목적을 두고 행동을 취해야 하는가?

• 고객의 콜수를 더 늘리기보다는 유입된 인 콜(In-Call)에 대한 예약률을 높이는 방안 마련

- 표준 응대 스크립트 마련
- 전화상담자에 대한 교육 강화
- 전화상담자에 대한 인센티브 마련

• 이벤트 광고를 통한 유입수를 늘리기 위한 기획 수정

- 경쟁 병원 등의 모니터링을 통한 시장조사
- 소재 및 광고 채널 변경

4단계. 얼만큼의 정량적 수치를 목표의 결과값으로 정할 것인가?

• 예약률은 우선 In-Call의 절반을 예약으로 잡을 수 있도록 20% 상향으로 잡아보자.

• 이벤트를 위한 광고비용 ÷ 이벤트 문의로 유입된 Call 수 = CPC(Cost per call)
현재 해당 병원의 이벤트 광고 집행비용을 월 1천만 원으로 가정해보자. 그렇다면 8월 이벤트 문의 총 In-Call 수 312건으로 계산하면 현재 이벤트 광고의 CPC는 32,051원이다. 이 금액을 기반으로 이벤트 광고 CPC를 2만 원까지 낮추는 것을 목표로 해보면 이벤트 광고 문의의 목표 Call 수는 500건이다.

5단계. KPI는 어떤 것으로 정할 것인가?

예약률과 이벤트 문의 Call 수가 각각 KPI로 선정될 것이다. 단, 목표의 성과를 높이기 위해 조작된 기재 등 기재상 오류를 방지하기 위해 이벤트 광고의 클릭 수나 체류시간 등의 변화 파악이나 CTI 시스템 활용으로 정확한 유입 Call 수에 대한 파악 등 프로그램으로 측정 가능한 수단을 만들어두는 것도 중요하다. 목표의 설정은 어느 정도 구체화 되었다면 타임 스케줄 표로 작성해서 지속적인 관리가 필요하다.

목표관리 타임 스케줄

단계 \ 기간(주)	1	2	3	4	5	6	7	8	9	10	11	12
체크리스트 개발												
모니터링 시행												
개선점 파악												
표준 스크립트 작성												
전화상담자 교육												
2차 모니터링 및 피드백												
성과측정												
경쟁병원 조사												
개선점파악												
기획												
운영												
성과측정												

이렇듯 단순히 '우리의 목표는 매출 향상'으로 정해두면 끝이 아니다. 매출 향상을 위해 우리 병원의 각 접점에서 어떠한 이슈들이 발견되었는지, 그리고 이슈들의 연관성을 파악 후 단계적인 개선이 필요한 것이다. 즉, '매출과 관련된 모든 행동의 목표를 세우라'고 강조하고 싶다.

병원 내부 이벤트, 무조건 가격 할인?!

많은 병원이 1년에 한 번쯤은 내부 이벤트를 진행한다. 이벤트의 종류로는 가격 할인, 1+1, 추가 치료(서비스) 제공 등 다양하다. 특별히 치료나 할인에 관심이 없던 고객도 한 번쯤 눈이 가게 하고, 미동의 고객도 다시 동의로 전환하는 무기가 되기도 한다. 이벤트의 종류를 결정할 때 과거 본원의 이벤트 경험, 타원 모니터링, 직원의 의견 등 다양한 경로를 통해 최종 이벤트 대상과 내용을 결정한다.

이벤트의 목적은 티켓팅하는 고객수를 늘려 이익을 늘리기 위함이다. 이때 진료상품을 가격 할인과 서비스 제공이라는 두 옵션 중에 어떤 것이 고객에게 더 매력적이고, 병원에도 수익을 남겨줄 것인지를 고려해봐야 한다. '가격을 빼는 게 더 저렴하게 느껴지니까 더 좋지 않을까?'라는 감에 의한 단순한 판단보다는 A와 B의 옵션을 두고 디테일한 분석을 통해 우리에게 어떤 안이 이익이 될지를 생각해보는 것이 필요하다.

피부과의 예를 들어보자. 점 빼는데 하나당 2만 원이다. 고객이 점 20개를 빼기로 했다면, 총단가는 40만 원이다. 이때 병원 입장에서 10%를 할인해주는 게 이득일까? 추가로 점 2개를 빼주는 게 이득일까? 10%를 할인하면 4만 원을 빼 주는 것이고, 추가 서비스를 제공하면 4만 원을 더 제공하는 것이다.

(단위: 만 원)

분류	A안(가격 할인)	B안(추가서비스 제공)
정상수가	2 × 20 = 40만 원	2 × 22 = 44만 원
고객 수납액	40 - 4(10%) = 36만 원	40만 원
고객이 느끼는 체감이익금액	40 - 36 = 4만 원	44 - 40 = 4만 원

실제 점 뺀 개수	20개	22개
점 하나당 개수	36 / 20 = 1.8만 원	40 / 22 = 1.8182만 원

A안은 20개의 점을 빼지만 B안은 22개의 점을 뺄 수 있다. 고객의 입장에서 A안보다 B안이 수납액은 크지만, B안이 점을 빼는 개수는 더 많고 개당 단가 비교했을 때는 거의 비슷하다. 병원 입장에서는 B안이 수납액이 크기 때문에 A안보다 B안이 유리하다. 사실 점 몇 개를 더 없애는 데 마취 크림과 레이저 몇 분 정도만 더 투자하면 되기 때문에 원가가 그리 많이 투입되지 않는다. 위의 표로 분석해본 결과, 고객이 체감하는 이익 금액에 차이가 없다면 병원 입장에서는 가격 할인보다 추가 서비스 제공이 훨씬 더 유리하다는 것이다.

그렇다면 재룟값이 들어가는 치과에서는 어떨까? 2개의 충치가 발견되어 골드 인레이를 제안했다. 수가는 인레이 충치치료 50만 원(25×2)에서 5만 원을 빼주는 것과 작은 충치치료 5만 원짜리 레진치료를 서비스로 제공하는 것, 어떤 것이 이득일까?

(단위: 만 원)

분류	A안(가격 할인)	B안(추가서비스 제공)
정상수가	인레이 50만 원	55만 원
고객 수납액	50 - 5 = 45만 원	50만 원
고객이 느끼는 체감이익금액	5만 원	5만 원
할인율	10%	9%
매출원가	인레이 4.8 × 2 = 9.6만 원	인레이 4.8 × 2 = 9.6만 원 + 레진 = 0.5만 원 총 10.1만 원
이익	78.7%	80.2%

고객이 느끼는 체감이익(할인)금액은 A안, B안 모두 5만 원이지만, 병원의 이익 면에서는 치과 역시 B안이 더 유리하다. 지금 들은 예시는 적은 금액이지만, 치과의 경우 임플란트가 포함되어 전체 견적이 천만 원 이상 넘어갈 때는 그만큼의 치과의 이익금액 또한 크게 차이가 날 것이다.

위의 예시를 통해 무조건 가격할인 대신 추가 서비스를 제공하는 이벤트를 진행하라는 것이 아니다. 상기 예시는 아주 단편적인 부분만 예시를 들어놓았기 때문에 상황에 따라 가격을 할인해주는 A안이 병원에 더 이득이 될 수도 있고, 고객의 만족도가 높을 수도 있다.

중요한 것은 병원에서 이익을 내기 위해 진행하는 이벤트나 프로모션 진행 시 단순하게 감으로 결정하는 것이 아니라, 각각의 경우 매출원가와 이익 그리고 고객이 느끼는 체감이익의 차이 등을 고려하여 결정하는 것이 중요하다는 것이다. 이러한 사항을 고려하지 않고 자칫 무리한 이벤트, 할인 등을 진행할 경우, 고객수와 매출은 높지만 객단가와 효율이 낮아 이익이 줄어드는 결과를 볼 수 있기 때문이다.

매출이 이익이 아니다!
회계 데이터로 보는 매출관리

지역 내 치과를 개원해 10년간 성공적으로 운영해온 유 원장은 늘 대기시간이 길다는 불만 사항과 고객들로 북적이는 대기실을 보고 이번에 병원을 크게 확장하기로 마음먹었다. 보유하고 있는 자금과 금융권의 대출을 받아 자금을 마련하여 시설에 대한 투자와 의료장비의 추가 구매, 추가 인력의 구인 등 병원 규모를 키웠다. 그런데 예상만큼 고객이 늘지도 않았고 목표한 매출이 이루어지지 않았다. 결국, 예전의 북적이던 대기실의 모습은 온데간데없고 고객의 수보다 직원의 수가 더 눈에 띄는 상황이 이어졌다. 유 원장의 한숨만 늘었다.

또 다른 사례도 있다. 2000년 중반 몇몇 병·의원들이 호텔에 입점해 고급 서비스를 제공을 약속했는데, 최상위 고객군을 노렸지만 월 2천만 원 이상의 임대료 등 운영자금을 감당하지 못하고 철수했다. 이런 상황이 생기면 단순히 운이 없었다거나, 관련 업무를 담당하는 직원들의 역량이 부족해 발생한 일이라고 치부하기 쉽다. 그러나 이런 상황에서 경영자가 회계 정보를 파악해 신중하게 판단할 수 있는 능력이 있었다면 이 상황은 피해갈 수 있었을지도 모른다.

비즈니스의 언어, 회계

경영과 의사결정에 참여하고 있으면서도 본인 관련 직무가 아니고서야 회계, 재무적인 지식과 경험은 부족한 경우가 많다. 과거 '회계는 어느 특정 업무 담당자만이 알아도 된다'라고 인식되던 회계지식과 그 중요성이 갈수록 대두되고 있다.

그렇다면 회계가 왜 중요할까? 회계는 모든 경제 주체들의 믿음직한 정보원 역할을 하기 때문이다. 일반적으로 기업의 회계는 재무회계와 관리회계로 나뉜다. 재무회계란 외부의 이해관계자들에게 제공하는 외부 보고를 위한 자료로, 관리회계는 경영자가 의사결정을 하는 데 필요한 회계 정보를 제공하는 내부 보고를 위한 자료로 활용된다.

이번 파트에서 다루고자 하는 내용은 관리회계 영역이다. 다른 의미로 관리회계를 '의사결정 회계'라 하기도 하며 경영 활동에 수반하여 전개되는 경영의 선택, 조정, 통제의 기능을 가진다고 이해하면 좋을 것이다. 왜 우리 병원은 관리회계가 중요할까? 그 중요성과 활용에 대해 알아보자.

의사결정을 위한 활용

회계는 병원 간 경쟁격화, 가치관의 다양화, 고객 니즈의 빠르고 다양한 변화, 의료기술의 발달 등 사회 패러다임 변화에 따른 경영상 의사결정 요소다. 외적인 요인뿐만 아니라 병원 내부 구조의 변화, 즉 병원 경영의 복잡화, 거대화됨에 따라 부문 간의 업적평가 또는 신규사업 분야진입 등 병원 내부의 의사결정들이 늘어남에 따라 그 어려움 또한 증대했다. 회계는 이러한 병원 내외의 다양한 의사결정을 하는 데 활용된다.

경쟁우위의 확보를 위한 전략 필요

급변하는 의료환경 속에서 병원의 생존과 경쟁력 제고를 위해 외적으로는 고객 가치 측면에서의 경쟁우위와 내적으로는 자원 활용능력의 경쟁우위 확보가 필요하다. 경쟁우위는 정부규제의 완화나 의료시장의 패러다임 변동과 같은 외부환경 변화에 의해서도 창출되지만 데이터를 기반으로 하는 경영 등 혁신 및 노력에 의해서도 창출된다.

예를 들어, 우리 병원의 재내원 고객 및 소개 고객이 기여하는 매출과 신규 고객이 기여하는 매출 추이를 살펴봤을 때 재내원 고객과 소개 고객의 매출 기여가 높다고 분석된다면 우리 병원은 어떤 마케팅 전략을 세울 수 있을까? 신규 고객 확보를 위해 시중에 형성되어 있는 높은 광고비를 지불하는 외부 마케팅 전략에만 집중하는 것이 아닌 이미 방문한 고객들의 데이터를 통해 다양한 이벤트와 혜택, 서비스 질 강화 등 병원 내부에서 더욱 소개율과 재내원 비중을 높이기 위한 내부 마케팅 전략에 집중해야 할 것이다. 이 경우 우리 병원은 마케팅 전략과 비용의 우위를 선점할 수 있게 된다.

관리회계 역할의 범위 증대

초기 관리회계의 경우 원가관리를 통한 이익의 극대화를 위해 통제기능을 주목적으로 활용하였으며, 이에 따라 '관리회계=원가회계'로 인식되었다. 그러나 경영환경이 복잡해지고 원가 이외에도 다양한 의사결정의 요소들이 늘어나면서 점차 관리회계의 범위가 확대되고 있다.

관리회계 역할의 범위

과거	현재
표준원가제도와 예산통제에 의한 원가관리 (이익의 통제기능)	전사적 이익관리(이익계획의 수립 및 통제를 통한 경영 의사결정 지원)
	효율적인 성과관리 도구
	경쟁우위 확보를 위한 전략 수립과 실행을 위한 정보의 통합 및 활용
	조직의 체계화 및 관리 시스템의 수립

앞선 사례의 경우를 다시 한번 생각해보자. 유 원장은 과거의 성공이 발목을 잡은 사례다. 유 원장은 지금까지의 성공으로 자신감이 한껏 높아진 상태였다. 하지만 의료 시장은 경쟁 심화와 여러 가지 경제 상황에 발맞춰 빠르게 변화하고 있으며, 인건비 수준 역시 높아 고정비에 대한 부담이 상당히 큰 업종이기도 하다. 만일 유 원장이 확장을 고민할 때 병원의 가용 인력을 활용한 현재의 생산율이 최적인 상황인지 제대로 파악해봤다면 어땠을까?

두 번째 사례 또한 그렇다. 병원 경영에서 발생하는 고정비용 중 임대료가 차지하는 비율 역시 인건비와 마찬가지로 큰 비중을 차지한다. 보통 비보험 치료의 경우 이렇게 발생하는 비용들을 파악해 적절한 치료비를 산정하게 된다. 호텔은 당연히 더 높은 치료비가 산정되었고, 병원은 단지 호텔에서 진료를 받는다는 이유만으로 해당 진료에 더 높은 비용을 지불하려는 고객을 잡지 못했다. 이 경우 역시 가용비용에 따른 목표가 적정수준인지 회계적으로 평가해봤다면 어땠을까? 이처럼 회계를 모르면 잘못된 의사결정을 할 확률이 높아지고 잘못된 의사결정에 대한 피해는 고스란히 경영자의 몫으로 돌아온다.

'지피지기백전불태(知彼知己百戰不殆)'라는 고사성어의 뜻은 모두가 잘 알고 있지만, 이 말을 경영에 접목해본다면 지(知)는 회계에서 시작한다는 사실을 기억해야 할 것이다. 결론적으로 의사결정에 있어 회계를 기반으로 바라보는 일은 경영에서 필수다. 본 책에서는 회계를 과거 협의의 관리회계였던 원가관리가 아닌 광의의 개념과 활용방안을 이야기하려고 한다. 우리 병원의 회계 정보는 병원 규모의 확장 여부, 인력의 충원 여부, 비보험 치료비의 산정, 광고비용의 책정 등 제한된 자원의 배분과 투입에 대한 의사결정 때 가장 효율적인 선택을 하기 위한 근거 자료로 활용된다.

또한, 업무 프로세스 리엔지니어링 및 경영 전략과 경영 혁신 등의 체계적 내부관리를 위한 기초정보 제공과 지원 자료로도 활용된다. 병원 경영에는 다양한 회계 정보가 필요하다. 그중에서도 우리가 꼭 파악하고 있어야 하는 회계 정보에 대해 살펴보자.

공헌이익 파악

공헌의 사전적 의미는 '힘을 써 이바지함'이다. 바로 고정비를 회수하고 순이익을 증가시키는 데 이바지하는 이익이다. 그렇다면 공헌이익은 왜 중요한 것일까? 많은 기업은 내부의 경영상 의사결정을 위해 공헌이익을 이용한다. 병원도 다르지 않다. 공헌이익을 구하는 공식은 다음과 같다.

공헌이익 = 매출액 - 변동원가
단위당 공헌이익 = 단위당 판매가격 - 단위당 변동원가
손익분기점 = 고정원가 / 단위당 공헌이익

공헌이익은 판매가격의 결정, 생산량 결정뿐만 아니라 손익분기점 분석이나 목표판매량 등을 계산하는 데 활용된다. 그렇다면 이 공헌 이익을 어떻게 활용할 수 있을까?

손익분기점 파악

매출액과 총비용이 일치하는 점을 일컫는 손익분기점(BEP: Break Even Point)은 모든 사업에서 이익과 손실을 파악하는 중요한 실마리가 된다. 회사의 사업성을 검토할 때 가장 많이 쓰이는 것이 바로 손익분기점 분석이다. 그러나 병원의 경우 고정비와 변동비의 구분이 모호하고 분석하기 어렵다. 그럼에도 불구하고 BEP 분석에 대해 기초 정도는 알아둬야 자기 병원 경영에 대해 분석하고 그에 따른 전략을 구성할 수 있을 것이다.

손익분기점 분석을 하는 이유는 수익과 비용의 구조를 파악하고 어떤 요인이 순수익(영업이익)에 영향을 주는지를 파악하여 대략적인 실적의 방향을 파악하는 데 있다. 그렇기에 손익분기점 분석에 있어 중요한 것은 우리 사업의 비용구조를 이해하는 것이다. 손익분기점을 이해하기 위해서는 우선 모든 비용을 고정원가와 변동원가로 구분할 수 있어야 한다. 병원에서의 변동원가는 소모품 및 각종 공과금이 있을 것이고, 고정원가는 임대료, 보험료, 의료장비의 리스료 또는 감가상각비, 인건비가 대표적일 것이다.

손익분기점 그래프

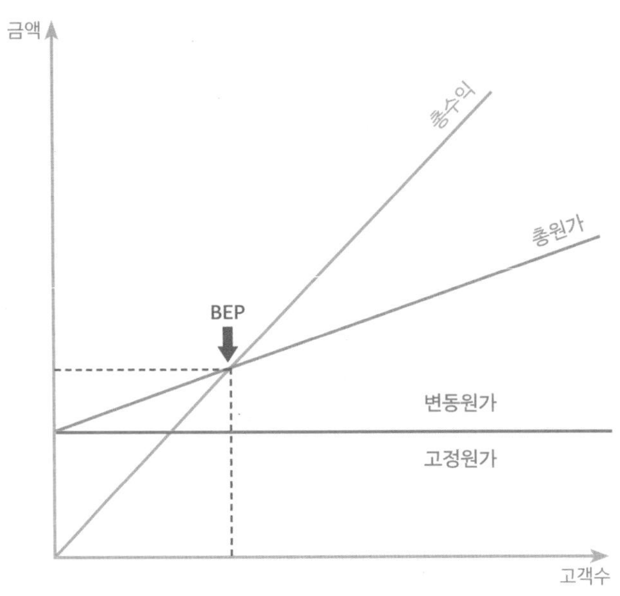

변동원가란 생산량이나 판매량의 변동에 따라 총비용도 따라서 변동하는 비용을 의미한다. 병원에서는 고객수라고 보면 이해하기 쉬울 것이다. 고객의 수의 증가에 따라 의료 및 각종 소모품의 사용량도 늘어나게 되므로 이는 변동원가에 속한다. 하지만 단위당 변동원가는 일정하다. 예를 들어, 보톡스 한 병의 원가를 2만 원으로 가정한다면 고객이 1명이면 2만 원, 2명이면 4만 원으로 고객수가 증가할수록 총원가는 증가하지만, 고객 1인당 발생하는 단위당 원가는 항상 2만 원으로 일정한 것이다.

고정원가는 생산량이나 판매량에 상관없이 일정하게 지출되는 비용이다. 즉, 병원의 고객수가 많아도 적어도 장비에 대한 감가상각비나, 임대료, 직원의 인건비 등은 일정하므로 고정원가로 분류된다. 단, 고객의 수의 여부에 따라 유동적으로 인원을 늘리거나 줄이는 형태를 취하는 병원의 경우는 이 역시 변동원가로 분류하기도 한다. 변동원가와 다르게 고정원가의 단위당 원가는 고객수의 증가에 따라 낮아지는 반비례의 모습이다. 예를 들어, 우리 병원의 월별 총고정원가가 1억 원으로 책정이 돼있다면 고객 1인당 고정원가는 고객이 늘어날수록 감소하는 것이다. 고정원가 1억 원을 고객수 10명으로 나누는 것보다 100명으로 나누는 게 더 작아진다고 이해하면 편할 것이다.

경영관리 측면에서는 손익분기점 이전과 이후의 전략이 다를 수밖에 없다. 경영 초반에는 이미 투자된 비용을 빨리 회수하고 이익을 남기는 것을 목표로 순이익을 극대화하기 위해서 임대료, 감가상각비, 채권 이자 등과 같은 고정비를 줄이고 매출이익률을 증가시키는 전략을 펼칠 것이다. 하지만 고정비의 경우 이미 최대한 줄인 상태에서 시작하므로 큰 변화를 주기란 쉽지 않다. 따라서 판매단가를 올려서 총수익의 증가량의 높이거나 가용 인원과 시설의 가용률을 높여 수익을 높일 수 있는 전략을 구상하여 빠르게 손익분기점을 넘어서도록 해야 한다. 아래 예시를 보자.

A치과: 규모 약 80평 / 임대료 월 1,000만 원 / 직원 6인+치과의사 3인

월 평균 근무시간 약 200시간(단위: 만 원)

	시설 및 투자비 (10년 사용 계획)	임대, 관리비	인건비		리스료, 이자, 공과금	합계
			직원	치과 의사		
총액	24,000					
연간	2,400	12,000	18,000	30,000	6,000	68,400
월간	200	1,000	1,500	2,500	500	5,700
시간	1	5	7.5	12.5	2.5	28.5

고정원가	변동원가		월 지출 합계
5,700	소모품, 재료비	기공비	6,900
	700	500	

예시의 치과가 위와 같은 비용 구조라면 해당 치과의 월 지출 합계금액은 6,900만 원이다.

6,900만 원 ÷ 200시간 = 34만5천 원

이 경우 시간당 수익이 34만5천 원이 되지 않는다면 적자를 보게 되는 셈이다. 만약, 체어가 100%로 가동된다고 했을 때 목표한 수익을 낼 수 없다면, 이 역시 근본적으로는 수익을 낼 수 없는 구조가 되는 것이다.

그렇다면, 경영자는 어떤 결정을 내릴 것인가? 첫째, 대표적인 비급여 치료 항목별 평균시간을 파악해 시간당 원가와 실제 평균 수가를 파악해야 한다. 그 결과 합리적인 수가가 아니라면 수가를 상향 조절을 고려해본다. 둘째, 시설 활용률과 시간당 효율성을 따져 봐야 한다. 그 결과 체어 활용률이 낮다면 의사를 더 고용해 활용률을 높이는 방법도 있겠지만, 이 경우 수익률이 떨어지므로 표준치료시간을 줄일 방법 등 가동률을 높이는 방법을 고안해야 한다.

자, 이젠 앞서 설명한 내용을 토대로 예시된 치과의 공헌이익과 손익분기점을 파악해보자. 비급여 치과 치료 중 인레이 수가가 30만 원이라고 가정한다면 해당 치과는 손실이 나지 않기 위해 한 달 동안 몇 개의 인레이 치료를 시행해야 할까?

인레이 치료에 대한 공헌이익

30만 원(인레이 수가) - 6만 원(총변동비 = 변동원가 / 월 평균 근무시간) = 24만 원

손익분기점에 이르기 위해서는 변동비뿐만 아니라 총고정원가를 회수하여야 손익이 0이 된다. 한 달 동안 발생하는 치과의 총고정원가가 5천7백만 원이므로, 이 고정비용을 모두 회수할 수 있는 수량이 손익분기점 판매량이 되는 것이다.

인레이 치료에 대한 손익분기점 판매량

5,700만 원(총고정비) ÷ 24만 원(인레이 개당 공헌이익) = 238개

즉 해당 치과는 인레이 치료 총 238개를 시행했을 때 월간 손익이 0이 되고, 이것을 손익분기점 판매량이라고 부른다.

목표판매량 분석

위에서 치과는 한 달간 238개의 인레이 치료를 시행하면 손익분기점에 이른다고 파악되었다. 그렇다면 목표이익이 1억 원일 때 몇 개의 인레이 치료가 시행되어야 할까? 치과의 목표이익을 단위당 공헌이익으로 나누면 목표판매량을 쉽게 계산해 낼 수 있다. 한 개의 인레이 치료 시 공헌이익이 24만 원이므로 손익분기점을 넘어 1개의 인레이 치료가 더 시행될 때마다 24만 원의 이익이 발생하게 된다. 즉, 손익분기점을 넘은 후 약 417개의 인레이 치료를 시행하면 목표이익인 1억 원을 달성하게 된다. 따라서 해당 치과는 매월 655개의 인레이 치료를 시행하면 목표이익을 달성할 수 있다.

치과의 한 달 진료일을 25일로 본다면 하루에 약 26개의 인레이 치료가 시행되어야 한다. 물론, 이건 극단적인 예시에 불과하다. 다양한 비급여 치료와 급여치료 항목이 존재하는 병원에서는 치료 항목별 공헌이익과 손익분기점 판매량을 파악해 월간 목표 설정에 활용할 수 있을 것이다.

EPILOGUE 데이터 경영의 핵심은 'Why'다

앞서 계속 언급한 바와 같이 데이터를 통해 무엇을 얻고 싶은지 목적(Why)을 먼저 생각하지 않으면 일을 위한 일을 만들어내는 꼴이 된다. '일단 모아두고 보자'가 아니라 '무엇을 위해 수집할 것인가? 무엇이 알고 싶은가?'에 대한 명확한 답이 있어야 한다.

왜 전사적인 활동이 필요한지 생각하라!

델 테크놀로지스(Dell Technologies)사가 포레스터 컨설팅에 의뢰해 전 세계 45개국에서 데이터 전략과 관련 투자를 담당하는 4,036명 임원급 이상 의사결정권자들을 조사해 작성한 「데이터 패러독스(Paradox)」 보고서에 따르면, 데이터가 갖는 중요성이 커지고 있지만 그 수집과 처리 역량은 부족하다 보니 제대로 활용하지는 못하는 역설적인 상황이 심화되고 있다고 한다. 즉 오늘날 데이터는 기업에 없어서는 안 될 중요한 자산이지만 한편으론 데이터 사일로(Silo), 개인정보 보호나 보안 문제, 임직원 역량 등 다양한 분야에서 부담으로 작용한다는 것이다.

데이터 경영을 조직마다 각기 다른 마찰과 상황들로 해결해가야겠지만, 그중에서 가장 중요하게 해결하고 가야 하는 부분은 수집과 분석을 위한 인적 자원의 역량이라 할 수 있다. 결국 데이터로 인사이트를 얻고 의사결정을 하는 건 사람이 하는 일이기 때문이다. 아무리 좋은 프로그램을 갖추고 있더라도 인력이 움직이지 않는다면 무용지물이다. 이제 병원 경영자는 병원을 데이터 경영할 때 데이터를 수집하는 이유(Why), 목적과 비전 등을 직원들과 공유해야 한다.

고객 접점의 최일선에 있는 직원들이 목적과 비전을 명확히 알고 움직여준다면, 양질의 데이터 수집이 가능하고 그것이 기반이 되어야 명확한 분석이 가능하다. 재능 있는 직원을 고용하고 유지하기 위해서는 우리 조직이 경쟁력을 갖춰야 하며, 그것을 위해서는 경영 전략에 직원 참여가 필요하다. 직원 참여와 조직의 성과는 밀접하게 연결돼 있기 때문이다.

한 연구에 따르면 직원 참여도는 조직 성과를 예측하는 중요한 지표가 된다는 발표가 있었다. 열악한 경제 상황에서도 참여도가 높은 조직은 경쟁력이 수익성에서 22%, 생산성에서 21%, 고객 평가에서 10% 각각 높게 나타난다. 직원 참여도 개선을 위해 가장 중요한 것은 개개인이 무엇으로부터 동기부여를 받는지 이해하는 것이다. 요즘 직장에는 각각 다른 세대가 공존하며 각 세대에게는 서로 다른 태도, 기대치, 가치 등이 있다.

성공적인 데이터 경영을 위해서는 그런 직원 개개인의 가치와 관심에 맞춰 조직에 계속 참여하고 종사할 수 있도록 새로운 기회와 피드백 제공을 지속해야 한다. 이에 대한 해답은 바로 '문화'라 할 수 있다. 왜 잘나가는 기업들은 데이터 경영을 강조하고 있을까? 우선 데이터 기반 사고로 'HIPPO 신드롬(Highest Paid Person's Opinion, 상사의 의견에 추종하는 현상)'을 극복할 수 있기 때문이다.

세계적인 온라인 쇼핑몰 기업인 아마존이 데이터 분석 결과를 가지고 회의를 하는 데이터 기반 문화가 정착돼있다는 사실을 아는 사람은 그리 많지 않다. 아마존은 직원들에게 핵심성과지표(KPI: Key Performance Indicator) 시스템의 모든 업무 관련 데이터를 분석하고 논의할 수 있는 권한을 부여하고 있다. 데이터 접근에 임원과 직원 간 제한이 없을 뿐만 아니라 분석 방법까지 임직원이 동일하게 교육받는 이른바 '데이터 민주주의'가 확립돼있다.

따라서 말단 직원이라도 데이터 분석 결과를 가지고 발언할 경우 그 발언은 어느 임원의 직관적인 주장보다도 설득력을 얻을 수 있다. 바로 HIPPO 신드롬이 깨지는 순간이다. 아마존이 최근에 거둔 높은 성과는 데이터를 기반으로 사업을 수행하면서 성과를 창출하는 문화 덕분이라는 평가가 나오고 있다. 이제 병원도 데이터를 기반으로 일하는 문화를 배우고 실천해야 경쟁에서 살아남을 수 있을 것이다.

4년여 정도의 팬데믹 상황을 겪으며 새로운 시장 개척과 성장이 3~10년 정도가 빨라졌다는 의견들이 많다. 스마트 팩토리, 자율주행차, 인공지능 등과 같이 4차 산업혁명을 선도하는 기업들은 최종 목표가 데이터 확보라는 사실을 숨기지 않고 있다.

사라지지 않으려면 달라져야 한다.
이 책을 접하는 지금이 바로 기회다.
우리 병원은 어떤 변화를 선택할 것인가?
이미 미래시장의 주사위는 던져졌다.

PART. 2

세무 경영

PROLOGUE 나의 세금은 어디서 줄일 수 있을까?

세무 상담을 하다 보면 사업의 규모, 업종과 관계없이 "세금 내다 사업 망하겠어" 라는 말을 많이 듣는다. 세금은 비단 영세사업자나 소상공인의 문제가 아닌, 자영업을 하는 모든 개인사업자의 가장 큰 고민일 것이다. 납세의 의무가 국민의 4대 의무 중 하나이고 다 같이 잘사는 세상을 위해 세금을 내야 한다는 등의 이야기들은 모두가 수긍할 테지만 막상 세금 납부서를 받는 경우 그런 생각들은 들지 않을 것이다.

특히나 고소득인 병·의원을 운영하시는 대표님들은—이 챕터에서는 친근한 표현으로 '원장님'이라는 호칭을 쓰겠다—대한민국 내에서 세금을 가장 많이 내는 직업군 중 하나이며, 세금이 사업 운영을 좌지우지하는 사업이기도 하다. 요새 개원하는 원장님들과 이야기를 하다 보면 이미 세금에 대해 빠삭하게 공부하시고 여기저기 많은 정보를 들으셔서 그 중요성을 더 느끼고 계신다. 사업장의 세금뿐 아니라 개인의 소득세, 개인 재산의 취득, 처분, 양도, 증여, 상속에 대한 세금 또한 관심이 매우 많다. 다년간의 상담을 바탕으로 이번 세무 챕터의 내용을 구성해보았다.

'나의 세금은 어디서 줄일 수 있을까'

이러한 마음 가짐으로 내용이 다소 어려워도 가볍게 읽어 주시길 바란다.

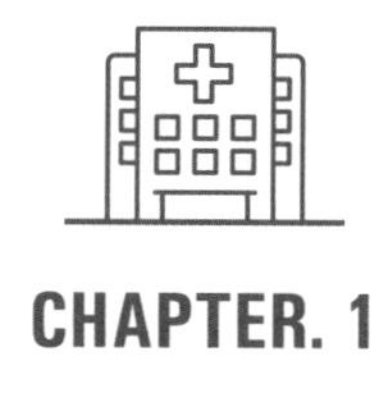

CHAPTER. 1

사업자등록 및 개원자금 세금 ISSUE

시작부터 세금 고민하기

병·의원을 운영하는 많은 원장님은 자신의 1년간 소득을 신고하는 5, 6월에 세금(소득세) 때문에 골치가 아프다. 본인의 소득을 해당 사업연도에 예측하고 소득세를 준비하시는 원장님들은 스트레스가 덜하겠지만, 세금에 대해 신경을 쓰지 못하고 미리 대응하지 못하면 세금은 큰 스트레스로 다가올 수밖에 없다. 이 책의 첫 번째인 세무 파트에서는 세금신고를 위한 기초적이고 필수적인 사업자등록 절차와 병원을 운영하는 데 알아야 할 세금관리 방법에 대해 살펴보고자 한다.

내 병과는 과세? 면세?

처음 병·의원을 개원하면 병원은 면세사업이어서 '부가가치세가 붙지 않는 서비스'라고 생각하는 원장님이 있을 수 있다. 물론 대부분 서비스는 면세로 분류되지만 병과별로 부가가치세가 붙는 과세 항목이 있다. 부가가치세는 왜 발생하고 어떤 개념인지 간단히 살펴보고자 한다.

부가가치세 개념을 쉽게 이해하는 방법

부가가치세란 거래단계별로 재화나 용역에 부과되는 부가가치에 대한 조세다. 거래단계별로 사업자가 부가가치세를 거래상대방에게 수취하여 신고하면서 납세의무가 확정되는 조세이기도 하며 최종 소비자가 부가가치세를 최종 부담하는 구조이기도 하다.

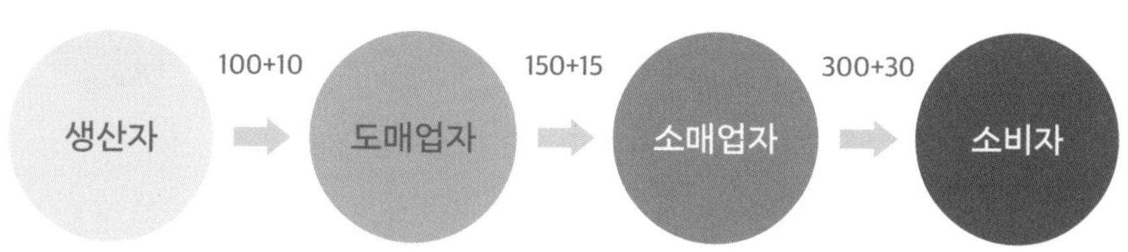

위 그림에서 생산자는 부가가치세 10원, 도매업자는 부가가치세 5원(15원-10원), 소매업자는 부가가치세 15원(30원-15원)을 부담하여 이 거래의 총부담세액은 30원이 된다. 이 최종 부가가치세는 소비자가 소매업자로부터 최종 재화·용역을 구입할 때에 부담하게 되는 구조다.

다만, 부가가치세법상 부가가치세를 면제하는 항목들이 있는데, 대부분의 병과가 해당하는 국민후생용역인 '의료보건용역'이 이에 해당한다. 그렇다면 '병·의원은 부가가치세가 면제되는데 왜 위의 부가가치세 구조를 설명했는가?'라는 의문이 들 수 있다. 그것은 바로 부가가치세 '공제'를 설명하기 위함이다. 위 그림에서 도매업자는 소매업자로부터 부가가치세 15원을 수령하여 신고하고 납부하는 과정에서 본인이 생산자에게 지불한 부가가치세 10원을 공제받게 된다. 앞서 말했듯이 부가가치세는 거래단계별로 부가가치(마진)에 대해서 부과되는 조세이므로 도매업자의 실제 마진(150원-100원=50원)에 부가가치세가 부과되다 보니 부가가치세 공제라는 것이 필요한 것이다.

그렇다면 내 병과가 부가가치세가 100% 면제되는 병과라고 가정한다면, 소비자로부터 수령할 부가가치세가 없으므로 본인이 용역을 제공하기 위해 쓴 비용에 대한 부가가치세도 공제를 받지 못한다. 그 이유는 국가에서는 최종 소비자에게 부가가치세를 부담하는 구조인데 최종 소비자가 부가가치세를 부담하지 않기 때문에 그 이전 단계에서 부가가치세를 수령하는 것이다. 아래 그림을 참조하자.

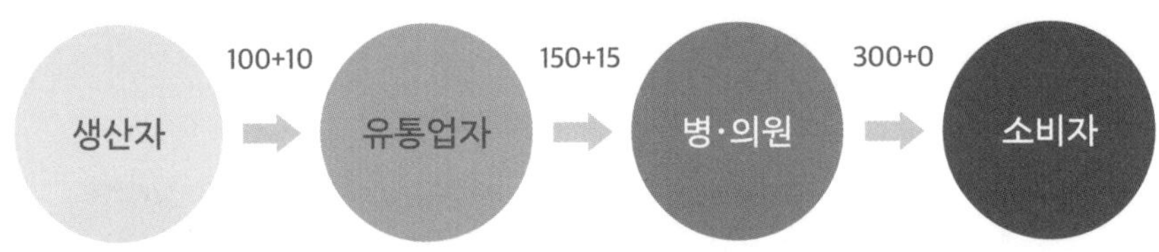

위 그림에서 생산자와 유통업자는 각각 10, 15원의 부가가치세를 부담하고 병·의원은 부가가치세 15원을 공제받지 못하기 때문에 납부하거나 환급받을 부가가치세가 없

는 것이다. 국가 입장에서는 이 거래단계에서 부과된 부가가치세 25원을 생산자와 유통업자에게 이미 받았으므로 병·의원에 대해서는 부가가치세를 부과하거나 환급해줄 것이 없다. 원장님이 만약 부가가치세를 100% 면제받는 병과라면 쉽게 말해 부가가치세를 낼 것도 없고, 공제를 받을 것도 없다.

여기서 예외적으로 세법에서 부가가치세를 '과세'하는 용역이 있는데, 이에 대한 법령은 다음과 같다.

부가가치세법 시행령 제35조의1

1. 「의료법」에 따른 의사, 치과의사, 한의사, 조산사 또는 간호사가 제공하는 용역(면세를 말한다). 다만, 「국민건강보험법」 제41조제4항에 따라 요양급여의 대상에서 제외되는 다음 각 목의 진료 용역은 제외한다(과세를 말한다).

가. 쌍꺼풀수술, 코성형수술, 유방확대·축소술(유방암 수술에 따른 유방 재건술은 제외한다), 지방흡인술, 주름살제거술, 안면윤곽술, 치아성형(치아미백, 라미네이트와 잇몸성형술을 말한다) 등 성형수술(성형수술로 인한 후유증 치료, 선천성 기형의 재건수술과 종양 제거에 따른 재건수술은 제외한다)과 악안면 교정술(치아교정치료가 선행되는 악안면 교정술은 제외한다)

나. 색소모반·주근깨·흑색점·기미 치료술, 여드름 치료술, 제모술, 탈모치료술, 모발이식술, 문신술 및 문신제거술, 피어싱, 지방융해술, 피부재생술, 피부미백술, 항노화치료술 및 모공축소술

미용 목적의 보건용역의 경우 부가가치세를 과세하며, 이에 해당하는 병과인 성형외과, 피부과, 치과 등은 부가가치세가 과세되는 용역이 있는 것이다. 아래 사업자 등록 절차에서 더 설명하겠지만, 과세와 면세를 겸용하는 사업자를 겸용사업자라고 하며 겸용사업자의 경우 부가가치세 과세분에 대해서는 납세의무가 발생한다. 그렇다면 부가가치세 공제는 어떠할까? 이에 대해서는 과세되는 용역에 직접 연관되는 비용에 대해서는 부가가치세가 전액 공제되고, 과세, 면세용역의 공통비용(임대료, 의료기기, 전기료 등)에 대해서는 매출액에 비례하여 공제한다.

사업자를 등록해보자! 혹시 공동 개원하시나요?

많은 고생 끝에 드디어 내 병원을 열자고 마음을 먹게 된 경우, 당연히 사업자등록부터 문제에 부딪히게 된다. 혼자 개원을 할 것인지, 공동 개원을 할 것인지, 공동 개원을 한다면 자금은 어떻게 출자할 것인지 등의 고민이 발생한다. 아래에서는 사업자를 등록하는 절차와 공동 개원 시 동업계약서 작성하는 방법을 알아보겠다.

사업자 등록 절차

개원을 결심하셨다면 크게 보면 두 가지의 행정적인 절차를 이행해야 한다. 병·의원을 등록하기 위해 보건소에 인허가 절차를 진행하고 세무서에 사업자 등록 절차를 진행해야 한다.

구 분	필요서류
의료기관 개설신고 (관할 보건소)	• 의료기관 개설신고서 • 의사면허증, 전문의 자격증 사본 1부 • 건물평면도 및 구조설명서 1부 • 진료과목 및 진료과목별 시설 및 정원 등의 개요설명서 1부 • 신분증 사본 1부 • 임대차계약서 사본 1부
사업자 등록 (관할 세무서)	• 사업자등록신청서 1부 • 임대차계약서 사본 • 허가증 사본 - 허가 전 등록 시 허가신청서 또는 사업계획서 • 동업계약서(공동개원 시) • 의료기관개설신고 사본

공동 개원 시 동업계약서 작성

공동 개원 시 사업자등록증 상에는 공동대표자로 등록해야 하는데, 이때 작성되어야 할 서식이 공동사업계약서(동업계약서)다. 세무서에도 비치되어 있으나 일반적인 동업계약서로 작성해도 되는데 다음과 같은 내용을 포함해야 한다.

공동사업계약서(동업계약서) 작성 시 기재사항
• 공동사업 지분비율(필수) • 공동사업 지분에 따른 개별 출자금액(필수) • 손익배분 및 채무부담에 관한 사항 • 특약사항 - 동업해지 시 통보기한, 의료사고 등 우발적인 사건에 대한 책임, 업무분담 등

개원 시 줄줄 새는 바가지, 관리해서 세금 줄이자!

처음 병원 개원 시 필요자금도 많이 필요하고 지출 비용에 대해 어떻게 관리해야 할지 난감한 경우들이 있다. 병원 세무에서 가장 중요한 점은 지출에 대해 증빙을 잘 챙기고 장부에 잘 기록하는 것이다. 개원 이전부터 개원까지의 초기 투자 비용관리와 지출관리에 대해서 알아보도록 하겠다.

개원 시 초기 투자 비용관리

타인자본 유치에 따른 이자비용 처리

개원 시 본인의 자금(자기자본)이 들어가고 자기자본이 부족하면 금융기관의 대출이나 외부 투자금액(타인자본)이 유치될 것이다. 자기자본의 경우 장부에 기록해서 절세되는 측면은 없지만, 타인자본의 경우 타인자본 유치 시 계약서 작성과 비용 발생에 따라 절세되는 측면이 있다. 타인에게 자금을 차입하는 경우 세법상 이자율인 4.6%(2022년 현재 기준)에 상당하는 금액을 이자로 지급해야 증여 문제가 없으며 금전소비대차계약서 상에 원금과 이자상환계획을 작성해야 한다. 적정하게 지급된 이자

비용의 경우 사업상 경비로 인정받을 수 있으며 원장님의 소득세율(6~45%)에 따라 절세되는 금액이 다르다.

개원 시 인테리어 비용 및 의료기기 구매 비용 처리

개원 시 비용 중에 높은 비율을 차지하는 것이 병원 인테리어 및 의료기기 구매비용일 것이다. 특히 인테리어 비용의 경우 인테리어 사업자가 종종 부가가치세를 받지 않고 세금계산서, 현금영수증 등의 적격증빙을 발행하지 않는 경우가 있다. 이럴 때 원장님은 병·의원이 면세이기 때문에 부가가치세도 어차피 공제를 받지 못하니 인테리어 비용이라도 10% 더 줄이고 싶은 마음이 들 것이다. 하지만 사업자와의 거래 중 적격 증빙을 받지 못한 경우, 지급금액의 2%를 증빙서류 수취 불성실 가산세로 내야 한다. 또한, 영수증 수취명세서를 작성하지 않거나 부실하게 기재한 경우, 영수증 수취명세서 미제출 가산세 또한 1% 부담하여야 한다.

예를 들어, 개원 인테리어 비용이 1.1억 원(부가가치세 포함 금액) 드는 상황에서 거래상대방으로부터 세금계산서나 현금영수증, 신용카드매출전표 등을 수령할 때 적격증빙으로 인정되어 1.1억 원 전체가 장부상 비용으로 인정받지만(감가상각에 의한 비용), 부가가치세를 제외한 1억 원만 지출하고 적격증빙을 수취하지 않는 경우 최대 3%인 3백만 원의 가산세가 부과될 수도 있다. 게다가 이러한 증빙서류가 미수취되는 사례가 많아진다면 추후 세무조사 대상이 될 수 있다는 점에서 더욱 주의해야 한다.

의료기기의 경우 일시불 구매, 기기 렌탈 등의 방법으로 구할 것인데 결론부터 말하자면 어떤 방법으로 구하든 적격 증빙서류를 수취한다면 비용 처리되는 측면에서 크게 차이는 없다. 일시불 구매를 할 경우 렌탈에 비해 이자비용이 덜 든다는 장점이 들지만 한 번에 큰 비용을 지출하였을 때의 기회비용이 있다. 렌탈은 이자비용이 들기는 하지만 이자비용 또한 사업상 비용 처리가 가능하고 자금 부담이 분산된다는 장점이 있다.

병·의원 장부관리: 매출 집계와 비용 증빙 챙기기

"요즘" 병·의원들의 회계장부 관리 트렌드는 '매출은 정직하게, 비용은 꼼꼼하게 관리하는 것'이다. 매출 부분에서는 병·의원 수입 구조상 급여와 비급여, 자동차 보험, 산재 보험 등으로 다양하게 분산된 매출을 꼼꼼히 확인하여 누락되는 일이 없어야 한다. 국민건강보험공단의 급여 항목과 국세청에 보고하는 계산서, 신용카드 매출, 현금영수증 매출 등은 시스템상 거의 100% 노출되기 때문에 부가가치세 신고나 사업장 현황 신고 시 매출을 누락하지 않는 것이 중요하다. 비급여 매출 또한 직장인의 연말정산 신고 시 의료비 지출항목과 비교할 수 있으므로 누락할 경우 나중에 불이익을 받을 수 있다. 또한, 급여와 비급여항목 간 결제 수단이 명확히 구분되는 것이 아니기 때문에 수입금액을 중복으로 신고하지 않는 것도 중요하다. 더불어 건별 진료비가 10만 원이 넘는 경우에는 현금영수증은 현금 수령 후 7일 이내 반드시 발급해야 추후 가산세를 피할 수 있다.

비용 부분에서는 먼저 사업용 통장 상의 출금 항목과 세금계산서, 계산서, 신용카드 매출전표, 현금영수증, 일반 영수증 등 각종 증빙 수령 여부를 대조하는 것이 기본이다. 개원 준비 과정이나 개원 초기 시 증빙 수령을 누락하는 경우가 종종 있는데 세금계산서, 현금영수증 등의 전자 증빙을 늦게 받는 경우 가산세 문제도 발생할 수 있으니 꼼꼼히 확인해야 한다. 전자로 발행되는 증빙 이외의 일반 영수증, 공과금 지로용지, 협회비 납부서, 기부금 영수증 등은 별도로 관리해서 세무대리인에게 잘 전달하는 것이 중요하다.

최근에는 병·의원 전문 ERP(Enterprise Resource Planning) 시스템*에서 각종 매출

* 조직이 회계, 조달, 리스크 관리 등 비즈니스 전반에 걸친 업무 프로세스를 통합적으로 관리할 수 있도록 돕는 시스템 및 소프트웨어를 말한다.

조회, 증빙 발행, 증빙 수령 여부 대사 등의 기능이 포함되어 있어 이를 이용하면 매출 및 비용관리를 하는 데 큰 도움이 될 것이다.

CHAPTER. 2

병원관리 세금 ISSUE

병·의원 세금, 어떻게 내는가?

내 병·의원은 적정하게 세금을 납부하고 있을까?

표준소득률의 의미

모든 업종이 그러하겠지만 병·의원을 운영하다 보면 '내 세금은 적절하게 신고, 납부하고 있는 것일까?'라는 의문이 들 수 있다. 1년간 벌어들인 소득에 대한 세금인 소득세는 간단히 말하자면 매출에서 비용을 제한 순이익에 대한 세금이므로 장부가 실제를 정확히 반영한다면 적절한 세금이라고 볼 수 있다. 하지만 이렇게 결론을 내도 사업하는 입장에서는 주변과 비교했을 때 이 세금을 의심할 수밖에 없다. 국세청에서는 이러한 부분을 비교할 수 있게끔 매년 업종별로 단순경비율, 기준경비율을 발표하고 있다. 이 기준으로 간접적으로 자신의 세금이 적절한지 가늠해볼 수 있다. 여기서 본인 병과의 표준소득률(1-단순경비율)을 아래 경비율을 참고해서 확인해보자(2020년 기준).

업종코드	세분류	세세분류	단순경비율 (일반율)	기준경비율 (일반율)
851101	병원	요양병원	78.6	19.0
851102	병원	치과병원	63.6	21.5
851103	병원	한방병원	67.5	23.4
851113	병원	종합병원	78.6	19.0
851114	병원	일반병원	78.6	19.0
851201	의원	일반의원	70.5	27.9
851202	의원	일반의원	74.8	27.5
851203	의원	일반의원	73.9	27.0
851204	의원	일반의원	68.3	25.9
851205	의원	일반의원	69.5	28.7
851206	의원	일반의원	73.1	31.0
851207	의원	일반의원	65.0	22.8
851208	의원	방사선 진단 및 병리 검사 의원	71.1	29.1
851209	의원	일반의원	42.7	16.1
851211	의원	치과의원	61.7	17.2
851212	의원	한의원	56.6	18.9
851219	의원	일반의원	67.1	15.0
851901	기타 보건업	그 외 기타 보건업	75.2	15.0

세금신고 항목 및 기한

병·의원 세금신고 스케줄에 대해 정리해보았다. (물론 원장님의 세무대리인이 신고기한에 맞춰 신고하겠지만) 신고기한 내 신고가 이루어지지 않을 경우 가산세가 붙을 수 있으니 잘 확인해봐야 한다. 정직원 급여 이외의 인건비(사업, 기타, 퇴직소득 등)

지출내역은 세무대리인에게 매달 전달하지 않으면 추후 가산세가 붙는 경우가 많으니 매달 인건비 지출내역을 정리하여 전달하는 것이 중요하다.

세목	신고기한	신고내용
원천세 신고	지급하는 달 다음 달 10일 또는 반기별 다음 달 10일(1/10, 7/10)	정직원, 프리랜서, 퇴직금 등 인건비 신고 및 원천징수세액 납부
부가가치세 신고	반기별 신고(1/25, 7/25)	부가가치세법상 과세항목(미용 목적 수술 등)에 대한 부가가치세 신고 및 납부
사업장현황 신고	다음 연도 2/10	면세사업자의 사업장현황 매출 및 비용 신고
종합소득세 신고	• 일반사업자: 다음 연도 5/31 • 성실신고대상자: 다음 연도 6/30	해당연도의 종합소득에 대한 신고
지급명세서 제출	• 근로·사업소득 간이지급명세서 : 반기의 다음 달 말일(1/31, 7/31) • 일용근로소득 : 분기의 다음 달 말일 • 근로·사업·퇴직소득 등 : 다음 연도 3/10 • 이자, 배당, 기타소득 등 : 다음 연도 2/28	인건비 지급에 대한 지급명세서(인적정보 및 지급금액)에 대해 세무서에 신고 • 사업장: 지급금액에 대한 비용 인정 • 소득자: 소득재원 보고

성실신고사업자, 무조건 피하는 것이 좋을까?

성실신고확인제도의 장단점

소득세법 시행령(2021.11.9.) 일부개정 제133조(성실신고확인서 제출)

① 법 제70조의2 제1항에서 "수입금액이 업종별로 대통령령으로 정하는 일정 규모 이상의 사업자"란 해당 과세기간의 수입금액(법 제19조제1항 제20호에 따른 사업용 유형자산을 양도함으로써 발생한 수입금액은 제외한다)의 합계액이 다음 각 호의 구분에 따른 금액 이상인 사업자(이하 이 조에서 "성실신고확인대상사업자"라 한다)를 말한다. 다만, 제1호 또는 제2호에 해당하는 업종을 영위하는 사업자 중 별표3의3에 따른 사업서비스업을 영위하는 사업자의 경우에는 제3호에 따른 금액 이상인 사업자를 말한다.

1. 농업·임업 및 어업, 광업, 도매 및 소매업(상품중개업을 제외한다), 제122조제1항에 따른 부동산매매업, 그 밖에 제2호 및 제3호에 해당하지 아니하는 사업: 15억 원
2. 제조업, 숙박 및 음식점업, 전기·가스·증기 및 공기조절 공급업, 수도·하수·폐기물처리·원료재생업, 건설업(비주거용 건물 건설업은 제외하고, 주거용 건물 개발 및 공급업을 포함한다), 운수업 및 창고업, 정보통신업, 금융 및 보험업, 상품중개업: 7억5천만 원
3. 법 제45조제2항에 따른 부동산 임대업, 부동산업(제122조제1항에 따른 부동산매매업은 제외한다), 전문·과학 및 기술 서비스업, 사업시설관리·사업지원 및 임대서비스업, 교육서비스업, 보건업 및 사회복지 서비스업, 예술·스포츠 및 여가 관련 서비스업, 협회 및 단체, 수리 및 기타 개인 서비스업, 가구 내 고용활동: 5억 원

개원한 첫해에 수입금액 5억 원이 넘지 않는 경우를 제외하면 많은 병·의원들이 다음 해부터는 종합소득세 신고 시 성실신고확인대상사업자(줄여서 '성실신고대상자'라고 부르겠다)로 선정된다. 세법상 어려운 용어지만 쉽게 풀어서 말하면 '너희는 일정 규모 이상의 매출이 발생하는 사업자이니까 성실하게 신고해야 해'라는 것이다. 이 성실의 의미는 의무적인 성격이 강하기 때문에 일반사업자와 신고 서식이 다르다. 아래 서식을 첨부했다(병·의원 신고 시 중요한 서식이므로 모두 첨부). 서식에서 보듯이 매출, 비용(인건비, 판매관리비, 재료비 등)을 상세하게 신고하게끔 설정이 되어 있다. 고소득자일수록 고의 매출누락이 있을 수 있고 허위로 비용을 발생시킬 가능성이 커지기 때문에 국세청에서는 이러한 제도를 두고 있다.

그렇다면 성실신고대상자가 불리하기만 한 것일까? 성실신고확인서를 제출하지 아니한 경우 가산세와 함께 비정기 세무조사 대상으로 선정될 수 있으니 주의해야 한다. 병·의원 장부가 비교적 정확하고 잘 관리하고 있고, 성실신고서를 말 그대로 성실히 작성하여 제출한다면 성실신고대상자가 되더라도 큰 문제는 없다. 성실신고확인대상자는 소득세 신고, 납부기한을 1개월 연장해주며 의료비, 교육비, 월세액 세액공제 등의 혜택을 받을 수 있다는 장점도 있다. 또한, 세무사에게 지급하는 성실신고확인비용도 세액공제를 받을 수 있다. 내부적으로는 성실신고확인서를 작성하면서 본인의 사업장이 잘 관리되고 있는지도 확인할 수 있고 많은 병·의원들이 수입금액 5억 원을 초과하면서 성실신고대상자로 선정되기 때문에 부정적으로만 생각할 제도는 아닐 것이다.

■ 법인세법 시행규칙 [별지 제63호의16서식(1)] <신설 2018. 3. 21.>

사 업 연 도	. . . ~ . . .	**성실신고확인서**	법 인 명	
			사업자등록번호	

1. 성실신고확인대상법인			
① 법인명		② 사업자등록번호	- -
③ 대표자성명		④ 법인등록번호	-
⑤ 업 종	(주업종코드 :)		
⑥ 소재지			

2. 성실신고확인자(세무사, 공인회계사, 세무법인, 회계법인)			
⑥ 상 호		⑦ 사업자등록번호	- -
⑧ 성 명		⑨ 관 리 번 호	-
⑩ 소재지			

3. 확인내용

위 성실신고확인대상 법인의 비치·기록된 장부와 증명서류에 의하여 계산한 수입금액, 비용의 계상 등 과세표준과 세액에 대하여 「법인세법」 제60조의2제1항에 따라 성실하게 확인하였음을 확인합니다.

년 월 일

성실신고확인자 (서명 또는 인)

신고인은 「법인세법」 제60조의2 제1항에 따라 위 성실신고확인자로부터 성실신고확인을 받고 그 확인서를 제출합니다.

년 월 일

성실신고확인대상 법인 (서명 또는 인)

세무서장 귀하

첨부서류	1. 성실신고 확인결과 주요항목 명세서 2. 성실신고 확인결과 특이사항 기술서 3. 성실신고 확인결과 법인사업자 확인사항

210mm×297mm[백상지 80g/㎡ 또는 중질지 80g/㎡]

■ 법인세법 시행규칙 [별지 제63호의16서식(2)] <개정 2021. 10. 28.>

(6쪽 중 제1쪽)

성실신고 확인결과 주요항목 명세서

(단위 : 원)

1. 사업장 기본사항

사업자 등록번호	소유 구분	건물		건물면적		임차 보증금	월세	종업원수	차량
		지하층	지상층	바닥면적	연면적				
	자가·타가	층	층	㎡	㎡			명	대

* 사업장 기본사항은 사업연도 종료일 현재 기준으로 사업자등록된 본점, 지점, 사업자등록되지 않은 사업장 순으로 작성(과세기간 중 폐업자는 폐업일 기준)

2. 주요 거래처 현황

① 주요 매출처 (전체 매출액 대비 5퍼센트 이상 금액의 매출처 중 상위 5개)

상 호 (법인명)	성 명 (대표자)	사업자등록번호 (또는 주민등록번호)	거래금액	거래품목

* 매출처가 최종소비자인 경우 최종소비자와의 거래분 전체를 1 거래처로 보아 작성
* 매출처가 사업자등록을 하지 않은 경우 사업자등록번호 란에는 주민등록번호를 기입

② 주요 매입처 (전체 매입액 대비 5퍼센트 이상 금액의 매입처 중 상위 5개)

상 호 (법인명)	성 명 (대표자)	사업자등록번호 (또는 주민등록번호)	거래금액	거래품목

* 매입처가 사업자등록을 하지 않은 경우 사업자등록번호 란에는 주민등록번호를 기입

210㎜×297㎜[백상지 80g/㎡ 또는 중질지 80g/㎡]

(6쪽 중 제2쪽)

성실신고 확인결과 주요항목 명세서

(단위 : 원)

3. 주요 유형자산 명세

취득일자	계정과목	자산내역 (품명)	소재지	수 량	취득가액

* 건별 또는 세트당 취득가격이 사업연도 종료일 현재 5천만원 이상인 유형자산 (업무용승용차 제외)

4. 차입금 및 지급이자 명세

계정과목	차입처명	차입금 용도	차입금액	연간 지급이자	차입일	상환일

* 차입금 건별로 사업연도 종료일 현재 1천만원 이상의 차입금에 대해서 작성
* "차입금 용도" 작성 예시 : 운용자금용, 시설투자용, 원재료매입용 등으로 작성

5. 대여금 및 이자수익 명세

계정과목	대여처명	대여 사유	대여금액	연간 이자수익	대여일	만기일

* 건별로 사업연도 종료일 현재 1천만원 이상의 대여금에 대해서만 작성
* "대여 사유" 작성 예시 : 관계회사의 운용자금용, 시설투자용, 원재료매입용, 직원 주택구입자금 등으로 작성

210㎜×297㎜[백상지 80g/㎡ 또는 중질지 80g/㎡]

성실신고 확인결과 주요항목 명세서

(단위 : 원)

6. 매출채권 및 매입채무 명세

매출채권				매입채무			
계정과목	거래처명	잔액	비고	계정과목	거래처명	잔액	비고

* 건별로 과세기간 종료일 현재 1천만원 이상의 채권, 채무만 작성
* 과세기간 종료일 현재 매출채권 및 매입채무의 회수기일, 변제기일이 1년이 경과한 경우 최근의 회수기일 또는 변제기일을 '비고'란에 기재

7. 선급금 및 선수금 명세

선급금				선수금			
계정과목	거래처명	잔액	용도	계정과목	거래처명	잔액	용도

* 건별로 과세기간 종료일 현재 1천만원 이상의 선급금, 선수금만 작성
* 용도 : 시설투자용, 원재료매입용, 기계장치 제작용 보증금 등

8. 임원 현황

성명	출생년월	직위	등기임원 여부	상근 여부	담당업무

* 사업연도 종료일 현재 기준으로 작성

210mm×297mm[백상지 80g/㎡ 또는 중질지 80g/㎡]

성실신고 확인결과 주요항목 명세서

(단위 : 원)

9. 수입금액 매출증빙 발행 현황

<table>
<tr><td rowspan="2">①
총수입금액</td><td colspan="5">② 매출증빙발행 금액</td><td rowspan="2">차이금액
(①-②)</td></tr>
<tr><td>㉮ 세금계산서</td><td>㉯ 계산서</td><td>㉰ 신용·선불
직불(체크) 카드</td><td>㉱ 현금영수증</td><td>㉲ 지 로
(GIRO)</td></tr>
<tr><td></td><td></td><td></td><td></td><td></td><td></td><td></td></tr>
<tr><td>차이원인</td><td colspan="6"></td></tr>
</table>

* 총수입금액은 「법인세법 시행규칙」 별지 제1호서식인 "법인세 과세표준 및 세액신고서"상 ㉝ 총수입금액과 일치하여 작성
* ㉮와 ㉰,㉱,㉲가 중복될 경우 ㉮에 기재하고, ㉯와 ㉰,㉱,㉲가 중복될 경우 ㉯에 기재하여 ㉮부터 ㉲항목간의 금액이 중복 기재하지 않도록 작성
* 차이금액 및 차이원인에는 매출증빙발행 금액(②)의 증빙서류외의 영수증 등(예시 : 영수증, 간이계산서 등)으로 발행한 매출 및 증빙서류 없는 매출의 금액과 원인을 기재

10. 특수관계인에게 지출한 인건비(일용직 등 포함) 지급 명세

종류	성명	주민등록번호	관계	입사일 (퇴사일)	담당 직무	지급액	비과세· 과세대상 제외1)	지급명세서 제출금액

* 지급명세서 종류(근로, 퇴직, 일용, 사업, 기타)를 기재
* 「소득세법」 제12조제3호의 근로소득 비과세금액 중 지급명세서 제출이 제외되는 금액과 같은 법 시행령 제38조의 근로소득에서 제외되는 금액을 기재
* 지급명세서 제출금액은 각종 지급명세서에 기재된 지급총액(세전)을 기재

11. 특수관계인에게 제공한 보증 및 담보 내역

<table>
<tr><td colspan="2">특수관계인</td><td rowspan="2">관계</td><td rowspan="2">지급보증금액
(또는 담보제공금액)</td><td rowspan="2">내역</td><td rowspan="2">여신금융기관</td></tr>
<tr><td>법인명
(성명)</td><td>사업자등록번호
(또는 주민등록번호)</td></tr>
<tr><td></td><td></td><td></td><td></td><td></td><td></td></tr>
<tr><td></td><td></td><td></td><td></td><td></td><td></td></tr>
<tr><td></td><td></td><td></td><td></td><td></td><td></td></tr>
<tr><td></td><td></td><td></td><td></td><td></td><td></td></tr>
<tr><td></td><td></td><td></td><td></td><td></td><td></td></tr>
<tr><td></td><td></td><td></td><td></td><td></td><td></td></tr>
</table>

* 내역란에는 채무보증, 부동산담보, 예금담보 등 보증 및 담보내용을 기재

210㎜×297㎜[백상지 80g/㎡ 또는 중질지 80g/㎡]

성실신고 확인결과 주요항목 명세서

(단위 : 원)

12. 지출증명서류 합계표

(1) 표준재무상태표 계정과목별 지출증명서류 수취금액

계정과목			지출증명서류 수취금액						⑩ 수취제외대상 금액	⑪ 차이 (③-④-⑩)
① 코드	② 과목명	③ 금액	④ 계 (⑤+⑥+⑦+⑧+⑨)	신용카드 등		⑦ 현금 영수증	⑧ 세금 계산서	⑨ 계산서		
				⑤ 법인	⑥ 개인					
⑫ 소 계										

(2) 표준손익계산서 계정과목별 지출증명서류 수취금액

계정과목			지출증명서류 수취금액						㉒ 수취제외대상 금액	㉓ 차이 (⑮-⑯-㉒)
⑬ 코드	⑭ 과목명	⑮ 금액	⑯ 계 (⑰+⑱+⑲+⑳+㉑)	신용카드 등		⑲ 현금 영수증	⑳ 세금 계산서	㉑ 계산서		
				⑰ 법인	⑱ 개인					
㉔ 소 계										

(3) 표준손익계산서부속명세서(제조·공사원가 등) 계정과목별 지출증명서류 수취금액

계정과목				지출증명서류 수취금액						㉟ 수취제외대상 금액	㊱ 차이 (㉘-㉙-㉟)
㉕ 구분	㉖ 코드	㉗ 과목명	㉘ 금액	㉙ 계 (㉚+㉛+㉜+㉝+㉞)	신용카드 등		㉜ 현금 영수증	㉝ 세금 계산서	㉞ 계산서		
					㉚ 법인	㉛ 개인					
㊲ 소 계											

(4) 합계금액

㊳ 합 계((1)+(2)+(3))									

* 작성요령은 「법인세법 시행규칙」 별지 제77호서식인 지출증명서류 합계표와 동일

210㎜×297㎜[백상지 80g/㎡ 또는 중질지 80g/㎡]

성실신고 확인결과 주요항목 명세서

(단위 : 원)

13. 3만원 초과 거래에 대해 적격증빙 없는 매입거래분에 대한 명세

계정 과목	매입처					증빙불비 원인
	거래일자	상호 (법인명)	성명 (대표자)	금액	거래내용	
계						

* 증빙불비 원인란에는 「법인세법 시행령」 제158조제2항 각 호의 규정을 아래와 같이 번호로 기재
  -①: 법령§158②(2), ②: 법령§158②(3), ③: 법령§158②(4), ④: 법령§158②(5), ⑤: 기타(구체적 사유 기재)

14. 금융계좌 잔액 명세

개설은행	계좌번호	구분	기초 잔액	기말 잔액

* 구분란에는 정기예금, 보통예금 등을 기재

15. 상품권 • 기프트카드 • 선불카드 구매 명세

구매일자	발행자명	발행금액	매수	구매금액	사용 용도	구분

* 사용 용도란에는 거래처 접대, 복리후생 등을 기재
* 구분란에는 「법인세법 시행규칙」 별지 제23호서식 접대비조정명세서(갑)의 ① 접대비 해당금액에 포함된 경우 '접대비', 근로소득세 등 원천징수한 경우는 '원천징수', 법인세 신고 시 상여처분 등 귀속자에게 소득처분한 경우는 '소득처분'으로 표시

210㎜×297㎜[백상지 80g/㎡ 또는 중질지 80g/㎡]

■ 법인세법 시행규칙 [별지 제63호의16서식(3)] <신설 2018. 3. 21.>

성실신고 확인결과 특이사항 기술서

항 목	특 이 사 항	비 고
사업장 기본사항		
수 입 금 액	(예시) • 현금 수입금액 누락 여부	
유 형 자 산	(예시) • 해당 법인 이외 타인이 주로 사용하는지 여부	
대 여 금	(예시) • 특수관계인에게 업무와 관계없이 대여하는지 여부	
매 출 채 권 및 매 입 채 무	(예시) • 특수관계인 채권 지연회수 여부 • 원재료, 소모품 등 구매한 물품의 실물이 없는 매입채무 존재 여부	
선급금 및 선수금	(예시) • 특별한 사유없이 선급금으로 계상하였는지 여부 • 실제 매출이 발생하였음에도 선수금으로 계상하였는지 여부	
지 출 증 명 서 류 합 계 표	(예시) • 3만원 초과 거래에 대한 적격증빙 비치 여부 • 3만원 초과 거래에 대한 장부상 금액과 적격증빙금액 일치 여부 • 현금지출 항목 또는 적격증빙 없는 항목에 대한 업무무관 여부	
인 건 비	(예시) • 실제 근무하지 않은 특수관계인에게 지급한 인건비 해당 여부	
차 량 유 지 비	(예시) • 업무용 차량수를 고려할 때 과다계상된 주유비 지출 여부 • 사업규모·근무자 수에 비해 과다한 차량에 대한 주유비 지출 여부 • 법인의 특수관계인의 소유 차량에 대한 주유비 지출 여부	
통 신 비	(예시) • 특수관계인 등의 명의로 지급한 통신비 해당 여부 • 업무와 관련 없는 통신기기에서 발생하는 통신비 해당 여부	
복 리 후 생 비	(예시) • 접대성 경비를 복리후생비로 계상 여부 • 특수관계인의 개인용도로 지출한 비용을 복리후생비로 계상 여부 • 접대 목적 또는 대표자 사적 사용한 상품권 해당 여부	
접 대 비	(예시) • 국내관광지 및 해외 여행 지출 경비 해당 여부 • 업무와 관련이 없는 유흥주점 지출 경비 해당 여부	
이 자 비 용	(예시) • 채권자가 불분명한 차입금에 대해 계상한 이자비용 여부 • 업무무관자산을 취득하기 위한 차입금에 대해 계상한 이자비용 여부	
감 가 상 각 비	(예시) • 업무와 관련이 없는 자산에 대한 감가상각비 계상 여부	
건 물 관 리 비	(예시) • 특수관계인이 사용하는 건물의 관리비 계상 여부	
지 급 수 수 료	(예시) • 업무와 관련 없는 부동산 취득에 따른 관련 수수료 여부	
성실신고 확 인 자 종합의견		

210mm×297mm[백상지 80g/㎡ 또는 중질지 80g/㎡]

■ 법인세법 시행규칙 [별지 제63호의16서식(4)] <개정 2019. 3. 20.>

성실신고 확인결과 사업자 확인사항

구 분	확인내용	사업자확인 (예, 아니오)	비 고
수입금액 확인	매출채권의 장부상 잔액과 거래처 잔액이 일치함을 확인합니다.		
	신고 시 수입금액을 누락하거나 이와 관련하여 장부에 계상하지 않은 비용은 없음을 확인합니다.		
	재고자산의 실제 재고와 장부상 재고가 일치함을 확인합니다. (차이가 있는 경우 매출 및 재고누락, 사적사용 등 원인을 기재하시기 바랍니다)		
	법인계좌 외 대표자, 대주주, 기타 특수관계인, 종업원 등 타인 명의의 계좌에 입금된 수입금액을 장부에 누락한 사실이 없음을 확인합니다.		
	(현금영수증 의무발급업종) 10만원 이상 현금거래에 대하여 현금영수증 의무발급이 누락된 사실이 없음을 확인합니다.		
	(현금수입업종) 법인세 신고서상 현금 수입분에 대하여 누락된 사실이 없음을 확인합니다.		
	(현금수입업종) 수입금액에서 제외한 종업원의 봉사료는 실질에 맞게 구분기재하고 실제 지급하였음을 확인합니다.		
	(전문인적용역) 협회 등에 신고한 수임 건에 대한 수입금액을 신고수입금액에 포함하였음을 확인합니다.		
	(전문인적용역) 종료된 사건에 대한 성공보수금을 장부에 누락한 사실이 없음을 확인합니다.		
	(보건업종) 비보험 수입을 신고수입금액에 포함하였음을 확인합니다.		
	(보건업종) 보관하고 있는 일일수입금액집계표, 현금출납부 및 매출원장 등이 서로 일치함을 확인합니다.		

* 사업자확인은 "예" 또는 "아니오"로 기재하고, "아니오"인 경우에는 비고란에 차이금액 및 사유 등을 기재하시기 바랍니다.
* 수입금액 확인(업종별)은 신고인에 해당되는 업종에 대해서만 확인합니다.

위 확인내용은 사실과 다름없음을 확인합니다.

성실신고확인대상사업자 (서명 또는 인)

210㎜×297㎜[백상지 80g/㎡ 또는 중질지 80g/㎡]

세무조사,
알고 대비하자!

세무조사 사유 및 대비

병원을 개원하고 열심히 고객 유치를 하고 진료를 보시면서 직원도 늘어나고 매출이 늘어나면서 주변에서 '세무조사 조심해라'라는 이야기를 많이 듣게 될 것이다. 국세청 세무조사는 조사의 사유도 다양하고 대응 전략도 다양하므로 일단 세무조사를 나오게 되면 굉장히 골치 아픈 과정을 겪게 된다. 세무조사가 나오는 이유는 대략 다음과 같다.

사유	내용
정기 세무조사 선정	국세청 전산시스템으로 신고 성실도를 분석하여 무작위추출방식으로 대상자 선정
비정기 세무조사	신고자료의 불성실, 탈세 제보 등 혐의가 있을 때
국세청 전산분석	신고한 소득률이 평균치보다 현저하게 낮거나 비용에 대한 증빙이 부족할 때
개인적인 재산형성 과정	신고한 수입금액 대비 고가의 부동산을 구매했을 때

세무조사가 나온 이후에 잘 해결이 될 수도 있지만, 대부분의 세무조사는 어떤 혐의점이 있기 때문에 나오므로 해당 혐의를 완전히 부인할 수 없는 경우가 많다. 병·의원은 고소득사업에 해당하기 때문에 세무조사가 빈번하게 발생하고 세무조사에 따른 대응도 중요하겠지만, 세무조사가 나오기 전에 혐의가 나오지 않도록 대비하는 것이 더욱 중요하다.

CHAPTER. 3

직원채용 세금 ISSUE

관행은 그만, '요즘'에 맞게

직원들은 세금을 어떻게 낼까?

고용 형태에 따른 세금

병·의원은 일반 기업과는 좀 다르게 직원채용의 고용 형태가 다양한 편이다. 물론 예전보다는 고용 형태가 단순해졌지만 근로계약을 맺는 정직원 이외에 봉직의, 아르바이트, 영업 프리랜서 등 다양한 형태가 있다. 입사 후 계약서를 쓸 때 직원들이 내는 세금도 중요하지만, 원장님이 실제 부담하는 세액이나 4대보험도 꼼꼼히 알아둬야 한다. 아래 표는 고용 형태별 세금 이슈를 정리한 표다.

고용 형태	소득 형태	세금 및 노무 이슈
그로스급여 (세전 근로 계약)	근로 소득	√ 세무: 2월 연말정산으로 세금 확정 √ 노무: 사업주와 4대보험 나눠서 부담, 퇴직금 발생
네트급여 (세후 근로 계약)	근로 소득	√ 세무: 급여 지급 시 소득세를 사업주가 부담, 근로자분에 대한 비용인정, 연말정산 시 귀속 문제 √ 노무: 4대보험 근로자부담분도 사업주가 부담, 퇴직금 분쟁
영업직 프리랜서	사업 소득	√ 세무: 3.3% 세금 공제 후 지급, 납세자는 다음 연도 5월에 소득세 신고 별도 진행 √ 노무: 4대보험, 퇴직금 이슈 없으나 퇴직금 분쟁 발생 여지
일용직 아르바이트	일용직 근로소득	√ 세무: 일당 13만 원 미만의 경우 세금 떼지 않고 지급 √ 노무: 고용, 산재보험 발생. 근무일수나 지급액에 따라 국민, 건강보험 환수 가능

봉직의 계약 시 관행적인 네트급여, 문제가 많습니다!

세전(Gross, 그로스), 세후(Net, 네트)의 개념 및 차이

세전(Gross) 급여는 대부분의 일반 사업장에서 사용하는 지급방식으로 사회보험료 및 세금 공제 전 금액을 월 급여로 계약하고 각종 세금을 근로자와 사업주가 반반 부담하는 방식으로, 보험료 징수기관에서 취하고 있는 원칙이다. 예를 들어, 근로자와 월 급여 300만 원에 근로계약을 체결하였으나 실지급액은 4대보험료와 소득세를 공제한 금액으로 300만 원이 안 되는 방식이다.

반면, 세후(Net, 네트) 급여는 사업주가 근로자 부담분의 사회보험료 및 세금까지 모두 부담하고 급여를 지급하는 제도를 말한다. 직원의 4대보험료는 사업주가 50%, 근로자가 나머지 50%를 나누어 부담하는 것이 원칙이나, 네트급여는 사업주가 소득세뿐만 아니라 4대보험료를 근로자 몫까지 100% 부담하는 것을 말한다. 예를 들어, 근로자와 월 급여 300만 원의 근로계약을 했다면 사업주가 4대보험료와 소득세를 대신 납부하여 직원 통장에 입금되는 금액이 그대로 300만 원이 되도록 운영하는 방식이다.

사실 네트급여는 병원에서 좋은 인재를 확보하고 유지하기 위해 만들어진 '잘못된 관행'이다. 세후 급여체계가 불법이나 위법은 아니므로 직원 입장에서는 본인의 통장에 찍히는 월급 금액이 높은 세후 급여제도를 환영할 수밖에 없다.

하지만 세후(Net, 네트) 급여는 병원의 입장에서 손해를 보는 구조다. 관행상 병원의 경우 세후 급여가 뿌리 깊게 박혀 있지만 최저임금의 상승 및 법정 근로시간의 제한 등으로 병원 입장에서는 인건비가 상승할 수밖에 없다. 또한, 세후 급여의 가장 큰 골칫거리는 근로자의 퇴직 등으로 인해 급여 또는 퇴직금을 정산을 해줘야 하는 경우다. 세후(Net, 네트) 급여의 장단점을 간단히 정리하면 아래와 같다.

장점	단점
- 근로자의 안정적인 고소득 보장 가능 - 근로자의 장기근속 유도 핵심인재 확보의 경쟁에서 유리한 위치 선점	- 병원이 근로자에게 지급하는 급여 이외의 추가적인 보험료 및 세금납부 금액 발생 - 근로자가 중도퇴사하는 경우 소득세 중간정산 분을 병원이 부담 - 연말정산 및 퇴직 시 발생하는 보험료 및 추가 납부액 발생

세후(Net, 네트) 급여는 분명 장점도 있는 급여체계지만, 병원 경영에 관한 조언을 주고자 하는 이 책의 방향과는 다소 엇나가는 단점들이 적지 않다. 그 단점들이 양산하는 문제점들에 대해 명확히 짚고 넘어가고자 한다.

세후(Net, 네트)의 문제점

① 평균임금 산정의 문제

- 세후 급여 계약을 하더라도 퇴직금 정산 시에는 세전 급여액 기준으로 지급하여야 하므로 금액이 달라지거나 같은 일을 두 번 해야 하는 일이 발생할 수 있다.

- 세후 급여의 경우 관행적인 임금계약일 뿐 고용노동부나 국세청에는 세전 급여액으로 신고되므로 정확한 세금 및 4대보험료를 예측하기가 어렵다.

② 연말정산 환급금의 문제

- 환급금이 발생하는 경우, 근로자가 부담해야 하는 세금을 사업장에서 대신 냈더라도 근로자에게 부당이득 반환청구 불가능하다.
- 추가징수액이 발생하는 경우, 퇴사한 근로자가 세후 급여 계약을 이유로 연말정산 추징액에 대해 납부요청을 할 수 있다.

③ 인센티브 등 수당

매출 인센티브 등 모든 수당을 세후 급여로 처리할 경우 원래 지급하기로 한 금액보다 더 많은 금액을 지급하는 것이 되며 인센티브는 임금으로 볼 확률이 높으므로 퇴직금에 포함될 가능성이 있다.

세후 급여는 관행적인 급여 지급방식으로서 안정적인 인력 보유 측면에서 유리할 수 있지만, 평균임금 산정, 퇴직금 체불, 세금 부담 등의 문제점이 많다. 또한, 해마다 사회보험료가 인상됨에 따라 세후 급여체계에서는 최저임금 위반 여부를 쉽게 알기 어렵다는 위험성이 있으며 근로계약서를 다시 써야 하는 문제가 발생하기도 한다. 그러므로 실수령액을 꼭 맞춰서 지급해야 한다면 세전 급여로 실수령액을 맞춰 세후 급여를 가장한 세전 급여로 지급하는 것도 하나의 방법이다.

만약 세후 급여로 운영하면서 추후 근로자 부담 부분의 4대보험료를 소급해서 돌려받고자 한다면 현실적으로 어렵다. 노동부와 법원에서는 이미 지급해준 4대보험료는 호의적으로 지급한 급여로 판단하고 있으므로 노동분쟁 시 4대보험료를 대신 납부한 부분에 대하여 추후 병원이 반환을 청구할 수 없다.

병원과 근무 의사 사이에 네트연봉 계약을 했더라도
병원은 퇴직한 의사에게 퇴직금을 지급하여야 한다

사건번호: 서울북부지법 2014가단116285, 선고일자: 2015-07-01

(요지)

1. 피고는 A병원을 운영하는 재단이고, 원고는 A병원에서 신경과 과장으로 근무하다가 2011.8.31. 퇴직하였다. 피고는 원고에게 2010.1.부터 2011.7.까지 매월 1,150만 원과 100만 원 상당 기프트카드를 지급하였고, 2011.8.에는 1,250만 원을 지급하였다. 원고와 피고는 원고가 실제 수령할 총급여액을 정하여 이를 보장하여 주면서 원고가 납부할 근로소득세, 주민세, 국민연금보험료, 건강보험료, 고용보험료를 피고가 대신 부담하기로 하였다.
2. 피고는 원고와 사이에 피고가 제세공과금을 대납하는 대가로 원고가 퇴직금을 청구하지 않기로 하는 '네트제'로 근로계약을 체결한 점, 피고가 대납한 금액이 원고의 미지급 퇴직금보다 많은 점, 퇴직 후 2년 3개월 지나 퇴직금 청구를 한 점 등에 비추어 원고의 청구가 신의칙에 반한다고 주장하나, 원고가 퇴직금을 청구하지 않기로 하였다는 점을 인정하기 부족하고, 그 밖의 사정만으로 신의칙에 반한다고 할 수 없다. 따라서 피고는 원고가 퇴직 전 3개월 동안 지급받은 월 14,485,610원(실수령액 1,150만 원 + 기프트카드 100만 원 + 피고가 대납한 근로소득세 등 1,985,610원)을 기준으로 계산한 퇴직금 63,826,295원과 연차휴가수당 2,517,772원을 지급할 의무가 있다.

피고는 대납한 제세공과금 168,053,110원을 부당이득으로 반환하여야 한다고 주장하나, 위 금액을 원고가 부당이득하였다고 볼 수도 없다.

출처: 고용노동부 홈페이지

네트급여 사례를 통한 문제점 인식

병·의원은 예전부터 관행적으로 세후 얼마를 지급할지 약정하고 그에 맞게 원장님이 4대보험과 소득세(근로자분)를 부담하는 네트급여(세후 급여계약)로 계약을 맺는 경우가 많다. 네트급여와 관련한 두 가지 사례를 살펴보자.

사례 1) 봉직의와 월 급여 300만 원을 지급하기로 계약하고, 월 보수액을 300만 원으로 신고하는 경우

구분	사업장 지출금액	내용
월 지출급여	3,000,000원	4대보험공단에 월 보수액을 300만 원으로 신고
근로소득세	93,330원	국세청 간이세액표에 따른 원천징수세액
4대보험료	530,000원	사업주 부담분 + 근로자 부담분
지출액	3,623,330원	사업주가 부담하는 총금액
절세금액	(-)1,245,000원	인건비 신고에 따른 절세금액 : 3,000,000원 × 41.5%(소득세 세율구간 38% 가정)
	(-)109,970원	4대보험 비용처리에 따른 절세금액 : 사업주 부담분 265,000원 × 41.5% (근로자 부담분은 비용처리 ×)
순 지출액	2,268,360원	사업주가 순수하게 지출하는 금액

사례 2) 봉직의와 월 급여 300만 원을 지급하기로 계약하고, 월 보수액을 역산하여 높게 신고하는 경우

구분	사업장 지출금액	내용
월보수액	3,470,000원	4대보험공단에 월보수액을 역산하여 347만 원으로 신고
근로소득세	164,820원	국세청 간이세액표에 따른 원천징수세액
4대보험료	610,000원	사업주 부담분 + 근로자 부담분
지출액	3,774,820원	300만 원 순급여 + 세금, 4대보험 = 사업주가 부담하는 총금액
절세금액	(-)1,440,050원	인건비 신고에 따른 절세금액 : 3,470,000원 × 41.5%(소득세 세율구간 38% 가정)
절세금액	(-)126,570원	4대보험 비용처리에 따른 절세금액 : 사업주 부담분 305,000원 × 41.5%(근로자 부담분은 비용처리 안 됨)
순 지출액	2,208,200원	사업주가 순수하게 지출하는 금액

두 사례 모두 사업주 및 근로자분의 4대보험을 사업장에서 부담하고 세금 또한 사업장에서 부담한다. 4대보험을 모두 사업주가 부담하지만 근로자분은 원칙적으로 비용처리가 불가하다. 또한, 근로자의 세금을 사업장에서 내기 때문에 2월 연말정산을 통해 확정된 세액(추가분 or 환급분) 또한 사업장 귀속으로 보아야 한다. 이때 연말정산 자료는 근로자가 조회 및 제출 가능한 데 본인의 세금부담이 아니어서 이 부분에 비협조적으로 나오는 경우가 많다. 그리고 보통은 네트급여의 경우 퇴직금을 지급하지 않는 방식으로 계약을 맺지만 최근에는 퇴직금 분쟁이 많아지고 있다.

근로자 입장에서는 본인 부담분의 세금과 4대보험을 사업장에 내주기 때문에 이득일 수 있겠으나 앞서 말했듯이 퇴직금을 받지 못할 수도 있고, 소득으로 은행 대출이 결정되는 경우가 많아서 근로자 본인도 예시1의 경우에는 생각한 것보다 소득 금액이 적게 잡혀 대출에 어려움이 있을 수도 있다. 최근에는 4대보험료 부담의 증가와 퇴직금 분쟁으로 인해 네트급여를 지양하고 그로스 급여를 택하는 경우가 많아지고 있다. 관행적으로 이어졌던 제도이지만 다양한 문제점을 갖고 있으므로 되도록 '그로스 급여제도'를 택하길 추천한다.

직원을 고용함으로써 병·의원 세금이 줄어드는 제도가 있다고요?

고용증대세액공제

최근 고용시장이 얼어붙으며 정부에서는 고용 촉진을 위해 다양한 세액공제 제도를 마련하고 있다. 조세특례제한법에 열거되어 있으므로 규정이 일몰될 가능성이 있으나 앞으로 몇 년간은 다양한 고용 관련 세제혜택이 마련될 것으로 보인다. 현재 2022년 기준으로 정리한 내용은 다음과 같다.

구분	고용창출투자세액공제	고용증대세액공제
요건	투자 및 고용 모두 증가 시 투자금액의 일정 비율	고용 증가 시 1인당 일정 금액 공제
공제 한도	고용인원 1인당 1,000~2,000만 원	기업규모별, 수도권 내외 등에 따라 다름
지원 기간	1년	규모에 따라 1년~2년
중복적용 여부	사회보험료 세액공제, 각종 투자세액공제와 중복 불가	사회보험료 세액공제 각종 투자세액공제와 중복적용 가능
적용기한	2017년 12월 31일	진행 중

다양한 고용 세제 혜택 중 '고용증대세액공제'가 세액 공제금액이 크기 때문에 아래에서 자세히 다뤄보겠다.

고용증대세액공제 기본 내용

각 표에 따라 전년 대비 증가한 상시근로자수에 대하여 증가한 고용인원 1인당 아래 금액을 공제한다.

구분	중소기업		중견기업	대기업
	수도권 외	수도권		
상시	770만 원	700만 원	450만 원	
청년 등	1,200만 원	1,100만 원	800만 원	400만 원

해당 세액공제 관련하여 주의할 사항

- 상시근로자수 판단:
  청년 여부 및 임원 등의 최대주주 배제한다.
- 세액공제의 적용 여부:
  ① 해당 세액공제를 적용 시 적용연도 포함 3개 연도 적용 가능하다.
  즉, 고용에 대한 증가 폭이 클수록 공제금액이 많기에 사업 초기보다는 적절하게 인원이 증가할 때 적용하는 것이 좋지만, 규정의 일몰 가능성이 있다.
  ② 근로자수가 감소하는 경우 세액공제액이 감소하거나 납부세액이 증가한다.
- 창업중소기업 세액감면 중 고용 증가에 따른 추가감면을 제외하면 다른 세액감면 및 공제와 중복적용 가능하다. 최저한세 적용 대상이며 농어촌특별세 대상이다.
- 창업을 한 법인의 경우 직전 연도의 근로자수는 0으로 보며, 총 상시근로자수의 증가분을 한도로 계산한다.

사례적용

• 고용증대세액공제 수도권 내 중소기업의 경우(2019년 기준)

예시1) 상시근로자수 증가, 청년 증가, 청년 외 감소

구분	2017년	2018년(최초)	2019년
청년 등 상시	2	5	9
청년 외 상시	1	3	2
전체	3	8	11

• 공제세액 계산 실제 적용(모두 상시근로자 가정)

(1)2018년의 세액공제액: 4,700만 원 공제

① 근로자수 계산

청년 등: 5 – 2 = 3(명) 증가

청년 외: 3 – 1 = 2(명) 증가

② 1차연도 공제금액 계산

청년 등: 3(명) × 1,100만 원 = 3,300만 원

청년 외: 2(명) × 700만 원 = 1,400만 원

(2) 2019년의 세액공제액: 3,300만 원 + 4,700만 원 = 8,000만 원 공제

① 근로자수 계산

청년 등: 9 – 5 = 4(명) 증가

청년 외: 2 – 3 = -1(명) 증가

② 1차연도 공제금액 계산: 3,300만 원

- 청년 등: 3(명) × 1,100만 원 = 3,300만 원(전체 상시근로자 증가 수를 한도로 함.)

③ 2차연도 공제금액 계산: 4,700만 원

- 상시근로자수 및 청년 등의 상시근로자수가 증가했기에 직전 연도 공제액을 추가하여 가산함.

제26조의7(고용을 증대시킨 기업에 대한 세액공제) 중

⑤ 법 제29조의7제2항에 따라 납부하여야 할 소득세액 또는 법인세액은 다음 각 호의 구분에 따라 계산한 금액으로 하며, 이를 해당 과세연도의 과세표준을 신고할 때 소득세 또는 법인세로 납부하여야 한다. <개정 2019.2.12., 2020.2.11.>

1. 법 제29조의7제1항에 따라 최초로 공제받은 과세연도의 종료일부터 1년이 되는 날이 속하는 과세연도의 종료일까지의 기간 중 최초로 공제받은 과세연도보다 상시근로자수 또는 청년 등 상시근로자수가 감소하는 경우: 다음 각 목의 구분에 따라 계산한 금액(해당 과세연도의 직전 1년 이내의 과세연도에 법 제29조의7제1항에 따라 공제받은 세액을 한도로 한다)

예시2) 상시근로자수 증가, 청년 감소, 청년 외 증가

해당의 경우는 청년 등의 근로자 감소로 세액공제 감소 또는 추가납부세액이 발생.

구분	2017년	2018년	2019년
청년 등 상시	2	5	2
청년 외 상시	1	3	7
전체	3	8	9

(1) 2018년의 세액공제액: 4,700만 원 공제

① 근로자수 계산

청년 등: 5 – 2 = 3(명) 증가

청년 외: 3 – 1 = 2(명) 증가

② 공제금액 계산

청년 등: 3(명) × 1,100만 원 = 3,300만 원

청년 외: 2(명) × 700만 원 = 1,400만 원

(2) 2019년 세액공제액: 700만 원 + 1,400만 원 = 2,100만 원 공제

① 근로자수 계산

청년 등: 2 – 5 = -3(명) 증가

청년 외: 7 – 3 = 4(명) 증가

② 1차연도 공제금액 계산(총 1명 증가)

청년 외: 1(명) × 700만 원 = 700만 원

③ 2차연도 공제금액 계산: 2018년 대비 청년 외 상시근로자에 대해서만 증가

청년 등: 상시근로자수 감소하여 세액공제 대상액 없음

청년 외: 1,400만 원

④ 2019년 추징세액: 1,200만 원 추징

3(명) × (1,100만 원 – 700만 원) = 1,200만 원

*** 상시근로자수는 감소하지 않으면서 청년 등 상시근로자수가 감소한 경우**

① 최초로 공제받은 과세연도 대비 청년등 상시근로자의 감소한 인원 수(최초로 공제받은 과세연도에 청년등 상시근로자의 증가한 인원 수를 한도로 한다) × (② 법 제29조의7제1항제1호의 금액 - ③ 같은 항 제2호의 금액)

① 3명

② 1,100만 원

③ 700만 원

예시3) 상시근로자수 감소, 청년 감소, 청년 외 증가

해당의 경우는 청년 등의 근로자 감소로 세액공제 감소 또는 추가납부세액이 발생

구분	2017년	2018년	2019년
청년 등 상시	2	5	1
청년 외 상시	1	3	5
전체	3	8	6

(1) 2018년의 세액공제액: 4,700만 원 공제

① 근로자수 계산

청년 등: 5 – 2 = 3(명) 증가

청년 외: 3 – 1 = 2(명) 증가

② 공제금액 계산

청년 등: 3(명) × 1,100만 원 = 3,300만 원

청년 외: 2(명) × 700만 원 = 1,400만 원

(2) 2019년 세액공제액: 없음

① 근로자수 계산

청년 등: 1 – 5 = -4(명) 감소

청년 외: 5 – 3 = 2(명) 증가

② 1차연도 공제금액 계산: 없음(총 2명 감소)

③ 2차연도 공제금액 계산: 없음

제1항에 따라 소득세 또는 법인세를 공제받은 내국인이 최초로 공제를 받은 과세연도의 종료일부터 2년이 되는 날이 속하는 과세연도의 종료일까지의 기간 중 **전체 상시근로자의 수가 최초로 공제를 받은 과세연도에 비하여 감소한 경우에는 감소한 과세연도부터 제1항을 적용하지 아니하고,** … (이하생략)

④ 2019년도 추징세액: 2,600만 원

(1) 근로자수 계산

청년 등: 1 – 5 = -4(명) 감소

청년 외: 5 – 3 = 2(명) 증가

(2) 납부금액 계산

청년 등: (3명 – 2명) × (1,100만 원 – 700만 원) + 2 × 1,100만 원 = 2,600만 원 납부

청년 외: 증가로 납부금액 없음

① 최초로 공제받은 과세연도 대비 청년등 상시근로자의 감소한 인원 수(최초로 공제받은 과세연도에 청년등 상시근로자의 증가한 인원 수를 한도로 한다) - ② 상시근로자의 감소한 인원 수 × (③ 법 제29조의7제1항제1호의 금액 - ④ 같은 항 제2호의 금액) + (⑤ 상시근로자의 감소한 인원 수 × ⑥ 법 제29조의7제1항제1호의 금액)

추가자료

1) 청년 등 상시근로자의 감소한 인원 수가 상시근로자의 감소한 인원 수 이상인 경우

① 최초로 공제받은 과세연도 대비 청년등 상시근로자의 감소한 인원 수(최초로 공제받은 과세연도에 청년등 상시근로자의 증가한 인원 수를 한도로 한다) - ② 상시근로자의 감소한 인원 수 × (③ 법 제29조의7제1항제1호의 금액 - ④ 같은 항 제2호의 금액) + (⑤ 상시근로자의 감소한 인원 수 × ⑥ 법 제29조의7제1항제1호의 금액)

2) 상시근로자수는 감소하지 않으면서 청년 등 상시근로자수가 감소한 경우

① 최초로 공제받은 과세연도 대비 청년등 상시근로자의 감소한 인원 수(최초로 공제받은 과세연도에 청년등 상시근로자의 증가한 인원 수를 한도로 한다) × (② 법 제29조의7제1항제1호의 금액 - ③ 같은 항 제2호의 금액)

3) 그 밖의 경우

① 최초로 공제받은 과세연도 대비 청년등 상시근로자의 감소한 인원 수(최초로 공제받은 과세연도에 청년등 상시근로자의 증가한 인원 수를 한도로 한다) × ② 법 제29조의7 제1항제1호의 금액 + ③ 최초로 공제받은 과세연도 대비 청년등 상시근로자 외 상시근로자의 감소한 인원 수(상시근로자의 감소한 인원 수를 한도로 한다) × ④ 법 제29조의7제1항제2호의 금액

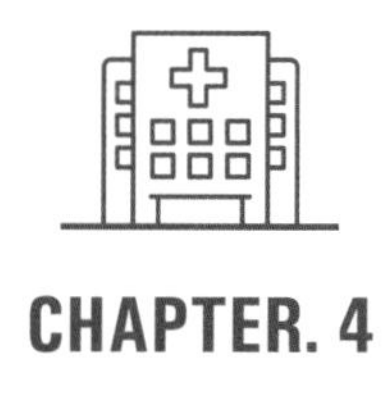

CHAPTER. 4

사례를 통한 디테일한 세금 ISSUE

'요즘' 원장, '요즘' 세금

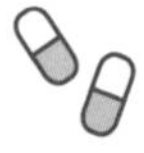

권리금 주고 들어간 자리, 세금처리 가능할까?

개원할 자리를 알아볼 때 좋은 물권은 전 세입자나 주인이 권리금을 요구하는 경우가 많다. 권리금을 지급하였다면 사업상 경비로 인정받을 수 있음에도 불구하고 현실은 비용처리를 하지 못하는 경우가 많다. 이는 예전부터 이어져 온 관행상 귀속자(지급받는 자)가 받은 권리금을 소득으로 신고하지 않기 위해 증빙이나 원천징수를 거부하기 때문이다. 최근에는 권리금에 대해 소득 신고를 하는 경우도 많아지고 있고 원장님 입장에서는 큰돈이 나가는 것이기 때문에 권리금을 더 주더라도 신고를 해서 사업상 경비로 인정받는 것이 유리하다. 권리금은 1억 원이고 지급받는 자가 사업자일 경우, 권리금을 지급하는 원장님과 지급받는 자의 관계는 다음과 같다.

부가가치세 세금계산서 발급 대상

권리금은 부가가치세법상 세금계산서 발급대상에 해당하므로 권리금을 지급받고 사업을 양도한 사업자(간이과세자, 면세사업자 제외)의 경우 권리금에 대한 세금계산서를 발급하여야 한다(다만, 사업의 포괄양수도에 해당한다면 권리금에 대한 세금계산서 발급 의무는 없다).

원장님(양수자)	권리금 지급받는 자(양도자)
권리금에 대한 매입세금계산서를 수취하여야만 적격증빙 수취에 해당하여 매입부가세 환급 가능(양수자가 면세사업자일 경우 환급 불가)	부가가치세 신고 시 권리금에 대한 부가가치세를 신고·납부하여야 함

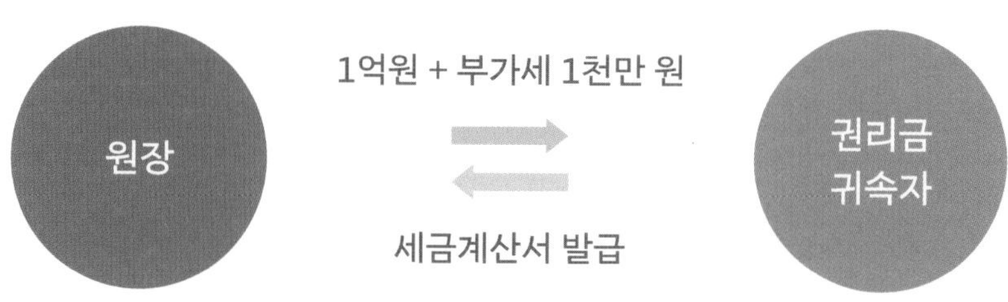

소득세 권리금에 대한 기타소득 원천징수

원장님(양수자)	권리금 지급받는 자(양도자)
- 권리금을 지불하는 사업자는 지급할 때에 소득자에게 기타소득 원천징수를 하여야 함 - 원천징수세율: 지방소득세 포함 8.8% - 원천징수세금신고, 납부: 권리금 지급일이 속하는 달의 다음 달 10일까지 - 지급명세서 제출: 지급일(현금주의)이 속하는 연도의 다음 연도 2월 말일까지 - 원천징수, 지급명세서 제출 의무 미이행 시 가산세 있음에 유의 - 권리금은 영업권으로 5년간 감가상각비 계상하는 경우 상각 비용처리 가능	- 권리금 수입(기타소득)에 대하여 다음 연도 5월 종합소득세 신고 시 타 소득과 합산하여 자진신고, 납부하여야 함(타 소득이 없어도 기타소득금액(권리금 × (1 - 60%))이 300만 원 초과 시 종합과세) - 원천징수된 세액은 기납부세액으로 공제됨

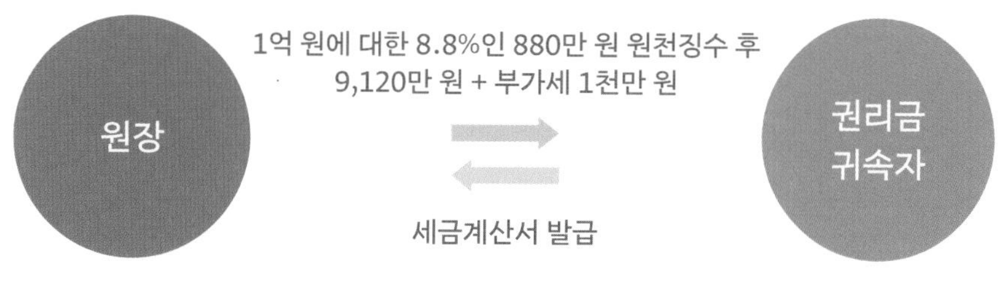

기타사항

소득자가 법인사업자인 경우 소득의 지급자가 원천징수를 하면 안 되고 법인사업자가 세금계산서를 발행하여야 한다.

병·의원 장비 구매, 어떻게 사야 절세할까?

개원 준비 과정에서 병·의원 장비의 구매 형태는 크게 일시불/할부/금융리스/운용리스로 구분된다. 병·의원 장비는 대부분 고가의 장비로 리스로 구매를 많이 하는데 결론부터 말하자면 앞에 세 가지 구매 방식(일시불, 할부, 금융리스)은 감가상각비를 통해 비용처리가 가능하고 운용리스는 월 리스료가 비용처리로 가능하다.

일시불 구매 시 이자비용은 발생하지 않으나 초기 부담비용이 많은 단점이 있고 할부나 리스 구매의 경우 비용 부담을 장기간에 걸쳐 지출하면서 이자비용도 비용처리를 한다는 점에서 장점이 있다. 다만 이자율이 높은 경우 총지출금액이 클 수 있다. 병·의원의 경우 소득세율 구간이 높으므로 이자비용을 지출할 때 절세되는 효과가 커서 일시불보다는 할부, 리스구매 방식을 선택하는 경우가 많다. 그리고 후에 병·의원 장비 처분 시 유형자산 처분이익을 인식하는 부분, 세금계산서 발행, 부가가치세 납부 또한 고려해야 할 부분이다.

또한, 운용리스의 경우 20년도부터 신설된 '통합투자세액공제'의 신규 취득한 자산에서 제외되므로(수도권 과밀억제권역의 병·의원도 제외) 구매 시 고려해야 한다.

사업용 신용카드, 어디까지 비용인정 될까?

사업상 경비를 인정받기 위해 국세청에 사업용 신용카드를 등록한다. 사업용 신용카드를 등록하면 사업장에서 사용하는 경비를 인정해달라는 의미도 있지만 국세청 입장에서는 카드 사용을 '사업용'으로만 한정해 사용하라는 의미도 담겨 있다. 국세청은 전산시스템을 통해 사업용 신용카드 내역을 분석하고 있다. 매년 발송되는 종합소득세 신고도움 서비스에는 사적 경비로 추정되는 내역(가정용품 구매, 유흥주점 사용, 주말·심야 사용분)을 상세하게 분석하여 경비 산입 시 주의하라는 문구도 기재하고 있다. 실무상 세무대리인이 사업장의 신용카드 내역을 받아서 업무용, 사적 경비를 명확히 구분하기란 쉽지 않다. 사적 경비에 대해서는 세무조사 시 비용이 부인될 가능성이 크기 때문에 비용 산입 시 보수적으로 접근해야 한다. 아래에는 사적 경비로 분류될 가능성이 높은 비용을 정리해보았다.

사용처	사적 경비 범위	경비 인정 범위
마트, 백화점	자택 주변, 주말·심야 사용분	사업장 비품 구매, 거래처 선물 구매 등
온라인쇼핑	개인용품 구매	사업장 비품 구매
회식비	가족·사적 모임 사용분	직원 회식 및 거래처 접대비

포르쉐를 타도 비용처리가 될까?

사업상 경비로 인정받는 차량을 '업무용 차량'이라고 하는데, 국세청에서는 이 업무용 차량의 업무용 사용 비율을 따져서 그 비율에 따라 사업용 경비를 인정받게끔 하고 있다. 하지만 업무용 차량을 출퇴근과 각종 출장에 100% 사용하는 것 외에도 주말이나 영업시간 외에 사적으로 사용하는 경우도 많으므로 업무용 차량에 들어가는 모든 비용을 사업상 경비로 인정받기는 쉽지 않다.

또한, 기존에는 법인의 업무용 차량은 임직원 전용보험에 가입해야만 사업상 경비 인정이 되었지만 현재는 개인사업자인 병·의원 차량도 1대 이상의 차량은 임직원 전용보험에 가입해야만 경비로 인정하는 것으로 변경되었다.

그렇다면 위의 질문처럼 포르쉐를 타도 비용처리가 가능할까? 가능하지만 100% 가능하진 않다. 포르쉐를 업무용으로 100% 사용하더라도 세법상 한도가 있기 때문이다. 아래 예시를 들어보겠다.

예시) 2억짜리 포르쉐를 1/1에 4년 렌트로 구매, 업무용 사용비율 80% 가정

: 월 렌트료 350만 원, 보험료 200만 원, 연 유지비용 500만 원(자동차세, 유류비, 수리비 등) 총금액 4,900만 원

① 세법상 감가상각 상당액

: 4,200(렌트료 350 × 12) × 70% = 2,940의 업무사용비율 80% = 2,352만 원

* 렌트의 경우 렌트료의 70%가 감가상각 상당액

② 감가상각비 한도초과금액

: 연 800만 원을 감가상각비로 인정하기 때문에 초과된 1,552만 원은 비용 부인(차기 이월)

③ 리스료 이외의 비용

: 1,260(렌트료 중 감가상각상당액 제외금액) + 보험료 200 + 연 유지비용 500 = 1,960 × 업무사용비율 80% = 1,568만 원

④ 해당연도 인정되는 업무용 차량 경비

: 800 + 1,568 = 2,368만 원(비용 불인정 980만 원, 차기 이월 1,552만 원)

위 예시처럼 고가의 차량을 구입 혹은 임차한다고 무조건 경비 처리가 되는 것은 아니지만, 업무용으로 100% 사용하지 않는 업무용 차량의 경우 업무사용비율과 감가상당액 초과분에 따라 경비처리 되는 금액 한도가 있다고 보면 될 것이다.

내가 번 돈,
배우자나 자녀에게 주고 싶어요!

증여세, 어떻게 부과될까?

원장님께서 열심히 번 돈은 사업자 통장이든 개인 통장이든 차곡차곡 쌓여갈 것이다. 이 든든한 잔고를 '내 배우자와 내 아들, 딸들에게 주고 싶다!'라는 생각이 많이 들텐데 무상으로 금전을 주는 경우를 '증여'라고 한다. 가족 간 증여의 경우 증여금액에서 증여재산 공제를 하여 아래와 같이 해주고 있다.

증여세의 경우 기본적으로 10년간 증여금액을 합산하여 신고하게끔 되어 있다. 예를 들어 2020년도에 성인인 아들에게 3천만 원을 증여하고 2024년도에 5천만 원을 증여하였다면, 20년도에는 증여재산 공제 5천만 원에 미달되어 증여세가 나오지 않지만 2024년도에는 총 8천만 원에서 5천만 원을 공제해 3천만 원에 대한 증여세를 자진 신고 및 납부해야 한다. 최근에는 증여 이력에 대해 전산 분석을 세세하게 활용해 증여세를 부과하는 경우가 많으므로 자녀가 어릴 때부터 증여 계획을 세워서 이행하는 경우가 많다.

상속세 및 증여세법 제53조(증여재산공제)

거주자가 다음 각 호의 어느 하나에 해당하는 사람으로부터 증여를 받은 경우에는 다음 각 호의 구분에 따른 금액을 증여세 과세가액에서 공제한다. 이 경우 수증자를 기준으로 그 증여를 받기 전 10년 이내에 공제받은 금액과 해당 증여가액에서 공제받을 금액을 합친 금액이 다음 각 호의 구분에 따른 금액을 초과하는 경우에는 그 초과하는 부분은 공제하지 아니한다.

1. 배우자로부터 증여를 받은 경우: 6억 원
2. 직계존속(수증자의 직계존속과 혼인(사실혼은 제외한다. 이하 이 조에서 같다) 중인 배우자를 포함한다)으로부터 증여를 받은 경우: 5천만 원. 다만, 미성년자가 직계존속으로부터 증여를 받은 경우에는 2천만 원으로 한다.
3. 직계비속(수증자와 혼인 중인 배우자의 직계비속을 포함한다)으로부터 증여를 받은 경우: 5천만 원
4. 제2호 및 제3호의 경우 외에 6촌 이내의 혈족, 4촌 이내의 인척으로부터 증여를 받은 경우: 1천만 원

증여시기	증여재산공제 가능한 증여금액
출산 후(1세)	2천만 원
11세	2천만 원
21세	5천만 원

위와 같이 자녀가 21세 되는 해까지 총 9천만 원을 증여재산공제를 활용하여 세금 없이 증여받을 수 있다. 또한, 최근 부모들이 미성년자 자녀 명의로 주식을 구매하여 재산을 증가시키는 경우가 많은데 이런 부분은 아래 법령에 따라 증여세가 부과될 수 있으니 참조하기를 바란다.

상증세법 제42조의3(재산 취득 후 재산가치 증가에 따른 이익의 증여)
① 직업, 연령, 소득 및 재산상태로 보아 자력(自力)으로 해당 행위를 할 수 없다고 인정되는 자가 다음 각 호의 사유로 재산을 취득하고 그 재산을 취득한 날부터 5년 이내에 개발사업의 시행, 형질변경, 공유물(共有物) 분할, 사업의 인가·허가 등 대통령령으로 정하는 사유(이하 이 조에서 '재산가치증가사유'라 한다)로 인하여 이익을 얻은 경우에는 그 이익에 상당하는 금액을 그 이익을 얻은 자의 증여재산가액으로 한다. 다만, 그 이익에 상당하는 금액이 대통령령으로 정하는 기준금액 미만인 경우는 제외한다.
1. 특수관계인으로부터 재산을 증여받은 경우
2. 특수관계인으로부터 기업의 경영 등에 관하여 공표되지 아니한 내부 정보를 제공받아 그 정보와 관련된 재산을 유상으로 취득한 경우
3. 특수관계인으로부터 차입한 자금 또는 특수관계인의 재산을 담보로 차입한 자금으로 재산을 취득한 경우
② 제1항에 따른 이익은 재산가치증가사유 발생일 현재의 해당 재산가액, 취득가액(증여받은 재산의 경우에는 증여세 과세가액을 말한다), 통상적인 가치상승분, 재산취득자의 가치상승 기여분 등을 고려하여 대통령령으로 정하는 바에 따라 계산한 금액으로 한다. 이 경우 그 재산가치증가사유 발생일 전에 그 재산을 양도한 경우에는 그 양도한 날을 재산가치증가사유 발생일로 본다.
③ 거짓이나 그 밖의 부정한 방법으로 증여세를 감소시킨 것으로 인정되는 경우에는 특수관계인이 아닌 자 간의 증여에 대해서도 제1항을 적용한다. 이 경우 제1항 중 기간에 관한 규정은 없는 것으로 본다.

☆ 추가로 증여세를 내야 하는 증여재산가액

= 재산가액(❶) − 재산의 취득가액(❷) − 통산적인 가치 상승분(❸) − 가치상승 기여분(❹)

주식 증여를 신고한 후, 시간이 흘러 증여한 주식의 가치가 자연스레 불어나면 문제될 것이 없다. 다만, 증여 신고 이후 부모가 적극적으로 개입해 주식 거래를 했다면 이는 문제가 될 수 있다. 부모의 기여분을 따져 과세당국이 추가로 증여세를 부과할 여지가 있기 때문이다. 또한, 부모가 미성년 자녀에게 현금을 증여한 후, 부모의 적극 개입으로 자녀의 주식계좌에서 계속 거래하여 재산가치가 증가했다면, 상승분에 대해서는 증여세가 과세될 수 있다.

미성년자가 아닌 가족이나 특수관계인인 제3자의 경우 해당 수증자의 자력 여부를 따져 판단해야 할 것으로 보인다. 최근 이슈가 된 가상자산에 대해서 2022년부터는 상증세법상 평가방법이 새로 신설되어 해당 규정에 따라 평가된 가액으로 신고하여야 한다.

가상자산 상증세법상 평가방법 신설(2022.1.1. 시행)

상증세법 제60조(평가의 원칙 등)
① 이 법에 따라 상속세나 증여세가 부과되는 재산의 가액은 상속개시일 또는 증여일(이하 "평가기준일"이라 한다) 현재의 시가(時價)에 따른다. 이 경우 다음 각 호의 경우에 대해서는 각각 다음 각 호의 구분에 따른 금액을 시가로 본다.

2. 「특정 금융거래정보의 보고 및 이용 등에 관한 법률」 제2조제3호에 따른 가상자산의 경우: 제65조제2항에 규정된 평가방법으로 평가한 가액(시행일: 2022.1.1.)

상증세법 제65조(그 밖의 조건부 권리 등의 평가)
② 「특정 금융거래정보의 보고 및 이용 등에 관한 법률」 제2조제3호에 따른 가상자산은 해당 자산의 거래규모 및 거래방식 등을 고려하여 대통령령으로 정하는 방법으로 평가한다.

상증세법 시행령 제60조(조건부 권리 등의 평가)
② 법 제65조제2항에 따른 가상자산(「특정 금융거래정보의 보고 및 이용 등에 관한 법률」 제2조제3호의 가상자산을 말한다. 이하 이 항에서 같다)의 가액은 다음 각 호의 구분에 따라 평가한 가액으로 한다.(신설 2021.2.17.)
1. 「특정 금융거래정보의 보고 및 이용 등에 관한 법률」 제7조에 따라 신고가 수리된 가상자산사업자(이하 이 항에서 '가상자산사업자'라 한다) 중 국세청장이 고시하는 가상자산사업자의 사업장에서 거래되는 가상자산: 평가기준일 전·이후 각 1개월 동안에 해당 가상자산사업자가 공시하는 일평균가액의 평균액
2. 그 밖의 가상자산: 제1호에 해당하는 가상자산사업자 외의 가상자산사업자 및 이에 준하는 사업자의 사업장에서 공시하는 거래일의 일평균가액 또는 종료시각에 공시된 시세가액 등 합리적으로 인정되는 가액

좋은 일도 하고 절세도 하는 기부금, 얼마나 도움이 될까?

기부금은 타인에게 무상으로 지출하는 금액인데 이때 사업과 직접적인 관계없이 지출해야 기부금으로 인정받을 수 있다. 개인사업자의 기부금에 대해서는 기본적으로 필요경비로 산입, 즉 사업자 장부상 경비로 넣어서 소득 금액을 줄이고 기부금의 유형에 따라 한도액을 계산한다. 기부금의 유형 및 산입 한도에 대해서 정리해보았다.

기부금 종류와 한도

정치자금기부금

사업자인 거주자가 정치자금법에 따라 정당, 후원회, 선거관리위원회에 기부한 정치자금 중 10만 원을 초과하는 금액(10만 원 이내의 기부금액의 경우 100/110을 세액으로 공제한다).

법정기부금

국가 또는 지방자치단체에 기부한 금품, 국방헌금과 위문금품, 천재지변 또는 특별재난구역 이재민 구호금품 가액, 자원봉사 용역 가액, 사립학교 등에 기부한 금품.

필요경비 산입한도 = 기준소득 금액 - 이월결손금
※ 기준소득금액 = 해당 과세기간의 소득금액(기부금 필요경비 산입 전)

우리사주조합 기부금

우리사주조합에 지출하는 기부금(우리사주조합원이 지출하는 기부금은 제외)

필요경비 산입한도 = (기준소득금액 - 이월결손금 - 법정기부금 - 정치자금기부금) × 30%

지정기부금

법인세법 시행령 제36조제1항 각 호의 기부금

가. 종교단체 기부금이 있는 경우의 필요경비 산입한도 = ① + ②
① (기준소득금액 - 이월결손금 - 법정기부금 - 정치자금기부금 - 우리사주조합기부금) × 10%
② Min(ⓐ,ⓑ)
ⓐ (기준소득금액 - 이월결손금 - 법정기부금 - 정치자금기부금 - 우리사주조합기부금) × 20%
ⓑ 종교단체 외에 지출하는 지정기부금

나. 종교단체 기부금이 없는 경우의 필요경비 산입한도
(기준소득금액 - 이월결손금 - 법정기부금 - 정치자금기부금 - 우리사주조합기부금) × 30%

위와 같이 기부를 했다고 해서 무조건 기부금에 대한 세금 혜택을 보는 것이 아니라 세법상 나열된 것에 한 해 세금 혜택을 보는 것으로 이해하면 되겠다.

세금 아닌 세금 같은 세금 아닌 너, 4대보험과 세금 사이의 관계!

병원을 운영하다 보면 세금도 세금이지만 사업장에 부과되는 4대보험료(국민연금, 건강보험, 고용보험, 산재보험) 때문에 부담이 되는 경우가 많다. 우리나라 사업장 4대보험률은 다음과 같다(2022년 기준).

구분		기준	합계	사업주 부담	근로자 부담
국민연금		기준소득월액	9%	4.5%	4.5%
건강보험	건강보험료	보수월액	6.99%	3.545%	3.545%
	장기요양보험료	건강보험료	12.81%	6.135%	6.135%
고용보험	실업급여	총급여 - 비과세	1.8%	0.9% + a	0.9%
	고용안정·직업능력개발사업				
산재보험			업종마다 요율 상이, 사업주 전액 부담		

대략 직원 급여 지급금액의 9% 정도가 사업주 부담 금액인데 직원에게 월 200만 원 급여를 지급하는 경우 약 18만 원의 사업주 부담 4대보험료가 발생하는 것이다. 엄밀히 말하면 4대보험료는 세금이 아니지만 '준조세' 성격을 갖고 있다. 다만 사업주 부담 4대보험료의 경우 사업상 비용 처리가 가능하다. 위 사례처럼 사업주 부담 4대보험료의 6~45% 소득세율만큼 세금이 절약되는 것이다. 최근에는 사업주의 보험료 부담을

덜기 위해 4대보험료를 지원하는 '두루누리 지원제도'가 있다(2022년 기준).

구분	내용
지원대상	2022년 신규가입자
요건	1) 근로자수가 10명 미만인 사업장 2) 월 평균보수액이 230만 원 미만인 근로자와 사업주
지원금액	국민연금, 고용보험료의 80% 지원
제외	1) 근로자 중 전년도 재산 합계 6억 원 이상인 자 2) 근로자 중 전년도 종합소득 연 3,800만 원 이상인 자

부동산 구입할 때, 세무사와 상의하세요!

열심히 번 돈으로 분산 투자를 할 때 첫 번째로 고민하는 것이 부동산이다. 내가 살 집이나 세를 받을 상가에 관심을 두다 보면 자연스럽게 세금을 걱정하게 된다. 건물이나 주택을 취득할 때 내는 취득세, 보유하면서 부담하는 보유세(재산세, 종합부동산세 등), 팔거나 증여할 때 나오는 양도소득세, 증여세 등 모든 의사결정 과정은 세금을 동반한다. 특히 최근에는 다주택자 세금 중과, 주택 구입 시 주택자금조달계획서 작성, 무상이전 시 세금부담 등 부동산 정책이 까다로우므로 무턱대고 계약하시기 전에 꼭 세무전문가와 상담하기를 추천한다.

의사결정	관련 세금	납세의무자
구매 시	취득세	취득자
보유 시	재산세, 종합부동산세	보유자
증여 시	증여세	수증자(받는 자)
매도 시	양도소득세	매도자

개인 간 금전 대차, 세금 생각해야 합니다!

봉직의로 몇 년 근무 후에 개원 시 개원비용이 만만치 않게 들기 때문에 금융권이든 가족, 지인들에게 돈을 빌리는 경우가 많다. 은행에서 빌리는 경우 약정된 이자율과 원금상환스케줄에 맞게 이자비용과 원금상환금액을 장부에 반영하면 되지만 지인이나 가족에게 돈을 빌리는 경우 언제 원금을 상환해야 하는지, 이자는 얼마나 지급을 해야 하는지 궁금할 것이다. 특수관계에 있는 가족에게 돈을 빌리고 차용증(금전소비대차계약서)을 쓰지 않고 원금이나 이자상환도 이루어지지 않고 있다면 국세청에서 증여로 추정하고 증여세를 부과할 수 있다. 따라서 반드시 금전소비대차계약서를 작성하여 원금과 이자 상환을 언제 할지 명확히 표기하고 그에 따른 상환이 이루어져야 문제가 발생하지 않는다. 그렇다면 어느 정도의 이자를 지급해야 적정할까? 아래와 같이 세법상 적정 이자율은 4.6%로 본다.

상속세 및 증여세법 시행령 제31조의4(금전 무상대출 등에 따른 이익의 계산방법 등)

① 법 제41조의4 제1항 각 호 외의 부분 본문에서 "적정 이자율"이란 당좌대출이자율을 고려하여 기획재정부령으로 정하는 이자율을 말한다. 다만, 법인으로부터 대출받은 경우에는 「법인세법 시행령」 제89조제3항에 따른 이자율을 적정 이자율(4.6%)로 본다.

그렇다면 시중금리보다 높은 4.6%를 무조건 적용해야 하는가? 꼭 그렇지는 않다. 아래 법령을 살펴보자.

상속세 및 증여세법 제41조의4(금전 무상대출 등에 따른 이익의 증여)

① 타인으로부터 금전을 무상으로 또는 적정 이자율보다 낮은 이자율로 대출받은 경우에는 그 금전을 대출받은 날에 다음 각 호의 구분에 따른 금액을 그 금전을 대출받은 자의 증여재산가액으로 한다. 다만, 다음 각 호의 구분에 따른 금액이 대통령령으로 정하는 기준금액 미만(1천만 원)인 경우는 제외한다.

1. 무상으로 대출받은 경우: 대출금액에 적정 이자율을 곱하여 계산한 금액
2. 적정 이자율보다 낮은 이자율로 대출받은 경우: 대출금액에 적정 이자율을 곱하여 계산한 금액에서 실제 지급한 이자 상당액을 뺀 금액

② 제1항을 적용할 때 대출기간이 정해지지 아니한 경우에는 그 대출기간을 1년으로 보고, 대출기간이 1년 이상인 경우에는 1년이 되는 날의 다음 날에 매년 새로 대출받은 것으로 보아 해당 증여재산가액을 계산한다.

③ 특수관계인이 아닌 자 간의 거래인 경우에는 거래의 관행상 정당한 사유가 없는 경우에 한정하여 제1항을 적용한다.

④ 제1항에 따른 적정 이자율, 증여일의 판단 및 그 밖에 필요한 사항은 대통령령으로 정한다.

위 법령을 보면 적정 이자율과 실제 지급한 이자 상당액을 뺀 금액이 1천만 원 미만이면 이익의 증여로 보지 않는다. 예를 들어 3억 원을 특수관계인에게 빌린 경우 세법상 이자율(4.6%)에 따른 이자는 연 1,380만 원으로 무상으로 대여할 경우 1천만 원이 넘기 때문에 1,380만 원을 증여재산가액으로 보아 증여세를 부과하지만 연 2%로 약정하고 연 6백만 원을 지급한 경우 1,380만 원 - 6백만 원인 780만 원은 1천만 원 미만으로 보아 증여세가 부과되지 않는다. 또한, 제2항을 보면 대출 기간이 긴 경우 1년이 된 날에 새로 대출받은 것으로 보기 때문에 적정 이자율에 따른 지급금액과 지급한 이자 금액이 매년 1천만 원 미만이면 증여세는 부과되지 않는다.

내가 떠난 후 남은 재산, 상속세는 어떻게 부과되나?

먼저 그럴 일이 발생하면 안 되겠지만 사망 후 남은 재산에 대해 세금을 부과하는 것이 '상속세'다. 상속세는 돌아가신 피상속인의 상속개시(사망한 날) 당시 재산 전체에 대해 부과하는 세금이며 본인이 상속받는 지분에 따라 상속인들이 나누어 납부하는 세금이다. 굳이 이 책에서 상속세를 언급하는 이유는 바로 위에서 언급한 증여세와 연관되기 때문이다. 우리나라 상속세 체계는 다음과 같다.

상속세 계산 흐름

총상속재산가액: 국내외 소재 모든 재산 + 추정상속재산
(-) 공과금, 장례비용, 채무 등
(+) 사전증여재산: 피상속인이 상속개시일 전 10년(5년) 이내에 상속인(상속인이 아닌 자)에게 증여한 재산가액
= 상속세 과세가액
(-) 상속공제: 인적공제, 물적공제 등
= 상속세 과세표준
× 세율: 10~50% 5단계 초과누진세율
= 상속세 산출세액
(+) 세대생략할증세액: 상속인이 직계비속이면 30%(40%) 할증
(-) 세액공제: 증여세액공제, 단기재상속세액공제, 신고세액공제 등
= 자진납부할 상속세액

위 상속세 과세가액 중 증여재산가액은 10년간 상속인에게 증여한 재산 또는 5년 이외에 상속인 외의 자에게 증여한 재산가액을 뜻한다. 즉 사망하기 전 10년 동안 증여세 신고를 하더라도 증여재산가액을 상속재산가액에 포함시키는 것이다(물론 증여 신고 시 납부했던 증여세 납부세액은 공제한다). 언뜻 보면 '증여세를 냈는데 왜 또 상속세를 내?'라고 생각할 수 있다.

우리나라 상속, 증여세법은 아래와 같이 단계마다 초과누진세율에 따른 세금을 부과하고 있는데, 상속이 일어날 것을 미리 알고 재산을 몇 년에 걸쳐 분산해 증여할 경우 누진세의 의미가 없어진다. 그리고 증여신고를 하지 않은 증여재산에 대해서도 세금을 부과하기 위해 사전증여재산을 상속재산가액에 포함하고 있는데, 이 부분은 앞에서 살펴봤던 증여세와 그 의미를 같이한다. 또한, 사망 전 10년 전에 증여한 재산은 상속재산가액에 포함이 되지 않으므로 미리미리 증여하는 것이 나중에 상속세를 줄이는 것으로 이어질 수 있다.

상속, 증여세 과세표준 및 세율

과세표준	세율	누진공제액
1억 원 이하	10%	-
5억 원 이하	20%	1천만 원
10억 원 이하	30%	6천만 원
30억 원 이하	40%	1억6천만 원
30억 원 초과	50%	4억6천만 원

가끔 상속 관련 상담을 하다 보면 본인이 죽기 전에 현금을 출금해놓으면 상속재산가액이 줄어드는지 질문하는 분들이 있다. 세법은 이러한 은닉재산에 대해서도 상속세를 부과할 수 있는 기준을 만들었다. 상속재산가액에서 채무금액을 공제해주기 때문에 죽기 전에 채무를 발생시키는 것도 상속세를 부과할 수 있게 만들었다. 위 '총재산가액'

중 '추정 상속재산가액'이 그것이다.

추정 상속재산가액

구분	내용
재산 처분	피상속인이 재산을 처분하여 받은 금액이나 재산에서 인출한 금액이 다음 중 어느 하나에 해당하는 경우로서 용도가 객관적으로 명백하지 않은 경우 1) 상속개시일 전 1년 이내에 재산종류별로 계산하여 2억 원 이상인 경우 2) 상속개시일 전 2년 이내에 재산종류별로 계산하여 5억 원 이상인 경우
채무 부담	피상속인이 부담한 채무를 합친 금액이 다음 중 어느 하나에 해당하는 경우로서 용도가 객관적으로 명백하지 않은 경우 1) 상속개시일 전 1년 이내에 2억 원 이상인 경우 2) 상속개시일 전 2년 이내에 5억 원 이상인 경우

이 사례에서는 상속세의 전체적인 구조도 알아보았지만 적절한 증여 플랜을 통해 부를 자식 세대로 이전하는 것에 대해 더 자세히 살펴보았다. 본인의 재산 종류가 다양하고 고려할 것이 많다면 꼭 세무 전문가와 미리 상의하고 계획 짜기를 추천한다.

EPILOGUE 아는 만큼 보이는 것이 세금이다

세금의 기초에 대해서는 꼭 알아야 한다. 내 병·의원의 장부가 잘 작성되었다고 가정할 때, 이 장부를 통해 결과적으로 내 세금이 얼마나 산출되는지 기본적인 과세 구조는 원장님이 파악할 필요가 있다. 기본적으로 1년간의 매출에서 비용을 제한 순이익에 대해 소득세를 부과하는데, 이 순이익의 구간에 따라 소득세율이 달라지고 사업장의 사업소득 이외에 임대소득, 근로소득 등의 부외 수입이 있는 경우 이 구간이 증가하여 세금이 증가한다는 점 등 우리나라의 기본적인 과세 체계에 관해서는 관심을 가질 필요가 있다.

또한, 매년 반복되는 세금 스케줄에 대해 관심을 두는 것 또한 중요하다. 예를 들어, 매월 10일에 내는 원천세는 직원에게 월급을 지급할 때 사업장에서 미리 떼는 원천징수세액이며, 연말정산 시기에 왜 직원들에게 급여를 더 지급해야 하는지 등 이러한 세금들은 본래 나의 세금이 아니라는 점을 명확히 인지하고 있는 것이 중요하다.

세금의 기초에 대해 아는 것이 중요한 이유는 병·의원 운영에 따른 현금흐름에 지대한 영향을 미치기 때문이다. 세금을 언제 내는지, 왜 내는지 알면 그에 맞게 병·의원 지출계획을 세우지만 반대의 경우 운영자금의 유동성이 예측 불가능하여 어려움을 겪을 것이다.

사업장의 세금도 중요하지만
개인의 세금에도 관심을 가져야 한다

병·의원은 기본적으로 개인사업자이기 때문에 사업장의 세금은 개인의 세금이라

보아도 무방하다. 다만 제목에서 언급한 개인의 세금은 사업장과 관련되지 않은 세금을 말한다. 열심히 진료해서 축적한 돈으로 집이나 건물을 취득하고 보유하다가 이를 처분할 때 세금은 언제나 중요한 고려 대상이다. 더 나아가 축적된 부를 사랑하는 가족에게 이전하는 경우에도 늘 세금은 중요하다.

부동산을 취득하거나 팔 때 혹은 어떤 사업에 투자하거나 회수할 때 반드시 세금 전문가와 상담하기를 추천한다. 장부관리를 하는 세무사, 회계사뿐만 아니라 주거래 은행의 자산관리 센터에서도 도움을 받을 수 있다. 세금이라는 것이 의사결정 이후에는 컨설팅하기 참 힘든 영역이기 때문에 항상 의사결정 전에 상의하고 꼼꼼히 확인하길 바란다.

PART. 3

노무 경영

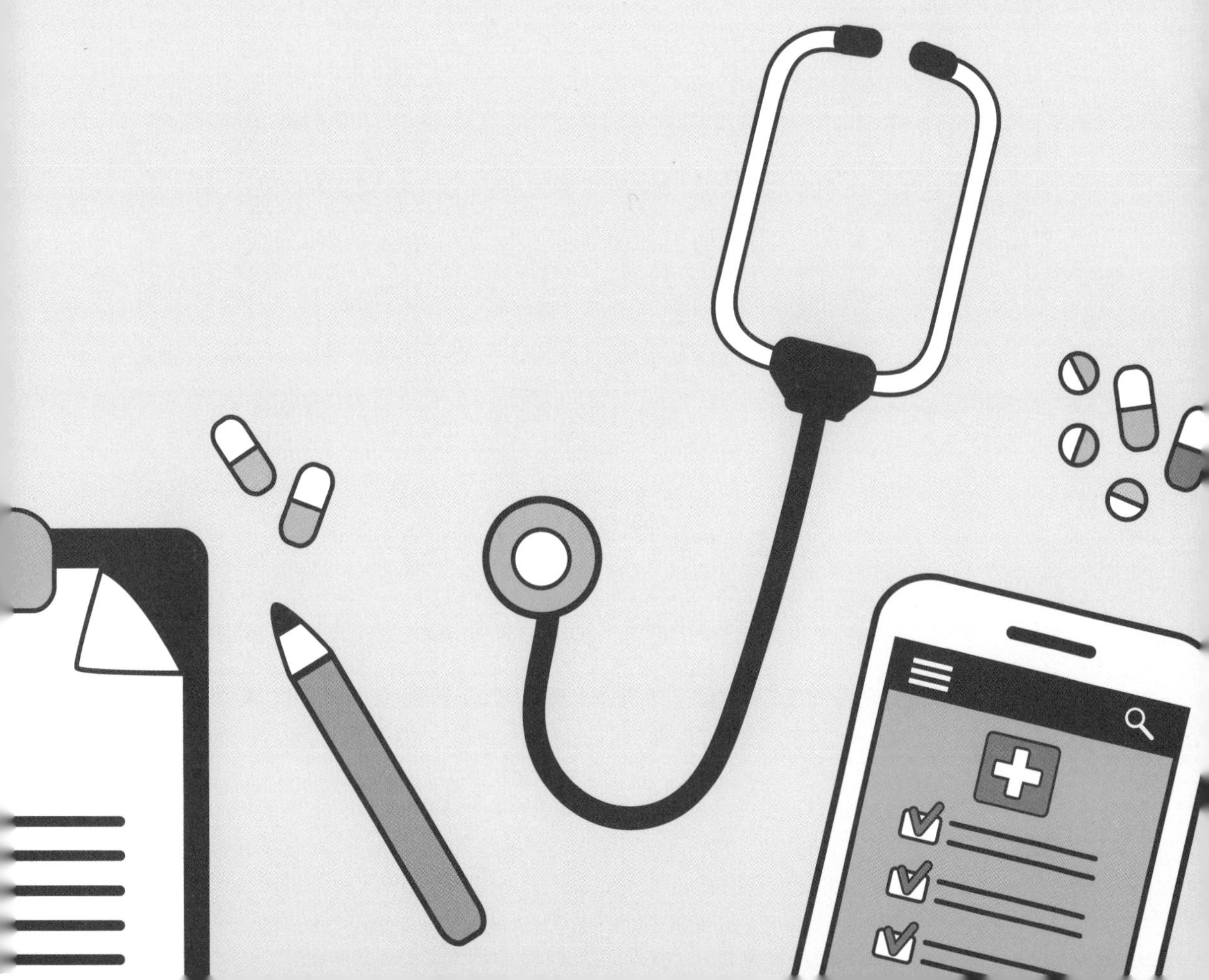

PROLOGUE

흐름에 맞는 노무관리

'인사가 만사'라는 말은 모든 사업분야에서 적용되는 법칙이나 다름없듯 병원도 예외일 수 없다. 흔히 '좋은 직원 채용하기가 하늘의 별 따기다', '직원관리가 돈 벌기보다 어렵다'와 같이 직원 채용과 관리 부분에서 어려움을 토로하는 사업주들의 볼멘소리를 자주 듣게 된다.

직원 채용과 관리는 노동관계 법령을 바탕으로 사업장에서 인력관리를 할 수 있도록 도움을 제공하는 나와 같은 노무사들도 피해갈 수 없는 골칫거리니 일반 사업주들의 고민은 상당할 것이다. 우리 조직의 직무와 필요역량을 충족하는 좋은 직원을 채용하고 좋은 인재를 오래 유지하는 일은 안정적인 사업 전반에서 그러하듯 병원 경영에서도 필수적이다.

의사, 간호사, 치위생사, 방사선사, 물리치료사, 코디네이터 등 다양한 전문가 직종이 모여있는 병원은 계약조건부터 다른 사업과는 다른 양상을 보이기도 한다. 모든 사업과 마찬가지로 병원을 경영하는 데 있어 단순히 인건비 절감도 중요하겠지만, 초기부터 좋은 인재를 발굴하여 핵심인재로 성장시키고 수익을 창출하는 데 이바지하는 핵심 인재가 될 수 있도록 장기적인 목적하에 관리하는 것이 경쟁우위를 선점하는 중요한 요소가 된다.

병원도 사업이다.

그러므로 정확한 계획과 흐름에 맞는 노무관리가 필요하다. 갈수록 복잡해지는 법과 제도로 인해, 전문적인 지식 없이 병원 노무관리를 하는 것은 언젠가 터질 시한폭탄을 방치하고 운영하는 것과 다름없다. 이렇듯 노동 관련 법률은 직원을 보호하는 것이지 사업주나 인사담당자를 보호하지 않는다. 병원을 운영하면서 지켜야 할 근로기준법은 병원 원장님을 위한 법이 아니다. 조금 더 과하게 이야기를 한다면 병원 원장님을 지켜주는 법은 존재하지 않는다.

이 책의 노무 파트에서는 갈수록 어려워지는 노무의 전반적인 문제를 짚어보고 해결하기 위한 가이드를 제시하고자 한다. 직원과 만남에서부터 헤어짐까지 전 과정에서 계획하고 관리되어야 하는 내용을 담고 있으며, 병원을 운영하면서 경험하게 될 많은 노무 관련 업무에서 원장님들의 한숨을 줄여줄 수 있길 바라는 마음으로 서술했다.

'위기의 병원장님'이 '위대한 병원장님'으로 거듭나길 바란다.

CHAPTER. 1

좋은 직원을 만나기 위한 준비

떡잎부터 다르다

채용공고도 좋은 인재를 모집할 수 있는 전략

병원에서 직원을 채용하는 일은 단순히 우연이 아닌 철저한 계획을 통해 필요한 인력을 모집하고 훌륭한 인재를 선발하는 일련의 과정이다. 좋은 인재를 채용하기 위해서는 병원 인사노무관리의 특성부터 알아야 한다. 병원의 인사노무관리는 대량생산이 불가능하며 전문적 판단과 인간적 행위가 요구되는 사업이고 남성보다는 여성 인력이 많은 비중을 차지하고 있다. 개원초기의 병원은 아래와 같은 특징이 나타난다.

병원의 근로환경

- 연장근무(교대제 등) 잦음
- 토요일 및 공휴일 근무자들이 있음
- 입·퇴사 많아 잦은 4대보험 신고 및 복잡한 정산업무
- 관행처럼 굳어진 세후(NET, 네트) 급여체계
- 여성 인력 다수로 모성보호 관련 이슈(출산휴가 및 육아휴직 등) 발생

위와 같은 이슈를 고려하고 직원을 채용할 것인지, 전혀 고려하지 않을 것인지는 병

원 인사노무관리의 첫 번째 갈림길이다. 그렇다면 어떻게 능력 있는 직원을 우리 병원에 오게 할 수 있을까? 가장 먼저 우리 병원의 인사노무관리 특성을 분석하고 그에 해당하는 조건을 기준으로 채용조건을 제시하고 인력을 모집하는 것이 중요하다.

올바른 채용공고

병원에서 근무하기를 원하는 직원들은 원장이나 병원 경영관리자보다 채용조건에 대해 많은 부분을 비교하고 분석한다. 병원의 채용조건이 추상적일 경우 좋은 인재들이 지원할 확률은 줄어들 수밖에 없다. 모집인원이 많으면 많을수록 선발 과정에서 비교할 수 있는 지원자가 많으므로 좋은 인재를 선발할 수 있다. 병원에서 채용공고를 올리는 경우 법을 준수하는 내용으로 올려야 하며 관련법에 저촉되는 공고나 과대포장 및 허위내용이 포함된 공고는 지양하는 것이 좋다.

채용절차법을 준수한 채용공고

채용절차법은 30명 이상의 직원을 채용하고 운영하는 병원에서 준수해야 할 규정이며 준수하지 않는 경우 과태료가 부과될 수 있다. 30인 미만을 사용하는 병원도 아래 규정을 위반한 경우 고용노동부나 인권위원회의 민원의 대상이 될 수 있으며 해당 부분에 대한 현장실사나 비대면 확인절차가 있을 수 있으니 준수하여 채용공고 및 채용절차를 진행하는 것이 바람직한 운영방법이다.

「채용절차의 공정화에 관한 법률」

제3조(적용범위)
이 법은 상시 30명 이상의 근로자를 사용하는 사업 또는 사업장의 채용절차에 적용한다. 다만, 국가 및 지방자치단체가 공무원을 채용하는 경우에는 적용하지 아니한다.

제4조(거짓 채용광고 등의 금지)
① 구인자는 채용을 가장하여 아이디어를 수집하거나 사업장을 홍보하기 위한 목적 등으로 거짓의 채용광고를 내서는 아니 된다.
② 구인자는 정당한 사유 없이 채용광고의 내용을 구직자에게 불리하게 변경하여서는 아니 된다.
③ 구인자는 구직자를 채용한 후에 정당한 사유 없이 채용광고에서 제시한 근로조건을 구직자에게 불리하게 변경하여서는 아니 된다.
④ 구인자는 구직자에게 채용서류 및 이와 관련한 저작권 등의 지식재산권을 자신에게 귀속하도록 강요하여서는 아니 된다.

제4조의2(채용강요 등의 금지) 누구든지 채용의 공정성을 침해하는 다음 각 호의 어느 하나에 해당하는 행위를 할 수 없다.
1. 법령을 위반하여 채용에 관한 부당한 청탁, 압력, 강요 등을 하는 행위
2. 채용과 관련하여 금전, 물품, 향응 또는 재산상의 이익을 제공하거나 수수하는 행위

제4조의3(출신지역 등 개인정보 요구 금지) 구인자는 구직자에 대하여 그 직무의 수행에 필요하지 아니한 다음 각 호의 정보를 기초심사자료에 기재하도록 요구하거나 입증자료로 수집하여서는 아니 된다.
1. 구직자 본인의 용모·키·체중 등의 신체적 조건
2. 구직자 본인의 출신지역·혼인여부·재산
3. 구직자 본인의 직계 존비속 및 형제자매의 학력·직업·재산

출처: 고용노동부 홈페이지

채용절차법을 준수한 채용조건을 만드는 과정에서는 법에 저촉되지 않는 범위에서 상세하고 구체적인 근무조건을 명시하는 것이 중요하다. 특히 병원의 경우 연차유급휴가, 포괄약정 연장, 포괄약정 휴일, 포괄약정 야간시간 등에 대한 부분을 다른 병원보다 솔직하게 명시하는 것이 좋다. 우리 병원만이 가지는 다른 병원과의 차별점과 경쟁력

을 갖춘 요소를 꼭 강조하는 것도 중요하다.

직원들의 복지혜택 범위

개원초기에 고려하는 복지제도는 연차유급휴가를 제외하지 않는 별도 유급휴가 부여, 공휴일 근무 제외, 매출에 따른 별도 성과급, 출근이 힘든 직원들의 기숙사 제공, 주거비 지원, 교통비 지원 등이 있다.

예시) 좋지 않은 채용공고 vs 좋은 채용공고

좋지 않은 채용공고	좋은 채용공고
○○병원 고용 형태: 정규직 경력: 대졸 이상, 관련업무 종사 월급: 병원 내규 및 사정에 따름 근무조건: 병원 내규 및 사정에 따름 기타사항: 면접 시 결정	○○병원 고용 형태: 정규직 경력: 대졸 이상(학점 ○○이상), 관련업무(치위생사 업무, 코디 업무 1년 이상 경력) 월급: 세전 2,500,000원 근무조건: 9시 출근 18시 퇴근, 점심시간 12시~13시까지, 주 5일(평일) 근무 기타사항: 여름 휴가 3일, 월차 1일 유급휴가 보장 등

좋은 채용공고가 좋은 인재를 모집하기 마련이다. 구체적인 조건을 작성해서 모집하려는 직군의 잠재적 인재들에게 진지한 지원을 할 수 있도록 유도하는 것이 중요하다. 예를 들면 대학 졸업 학점 기준을 제시하고, 경력 사항은 추상적인 경력이 아닌 필요한 업종의 경력을 자세히 작성하고, 급여 및 근무시간도 명확히 사전에 공지하는 것이 좋다.

지원자들의 적정한 레퍼런스 체크는 필수이다. 채용 블랙리스트를 금지하는 법률은 존재하나 해당 법률은 채용을 방해하는 행위인 전직 금지 또는 이전 회사에서 징계가 있는 경우 그 사유를 공개하는 등의 행위의 정도이므로 단순히 지원자의 이전 병원에서의 근무 형태나 업무 수행능력을 확인하는 정도의 레퍼런스 체크는 가능하다.

좋은 인재를 찾기 위한 병원의 노력

채용모집 공고부터 솔직한 것이 좋다. 주 5일 근무로 채용공고를 올리고 면접 시 우리 병원은 3개월 동안은 주 6일 근무를 해야 한다는 등, 유급휴가를 보장한다는 공고에서 면접 시 개원초기에는 휴가를 줄 수 없다는 등의 내용으로 근무조건을 합의하는 경우에는 좋은 인재가 병원의 제안을 거절할 가능성이 높아진다.

좋은 인재를 찾는 것은 병원도 노력해야 한다. 인터넷 광고나 SNS 광고 등 홍보를 통해 우리 병원이 좋은 병원이고 다른 병원과 차별점도 많다는 점을 잠재적 채용예정자들에게 알려줘야 지원자수가 늘어나고 많은 지원자 사이에서 좋은 인재가 뽑힐 확률이 있다. 최근 병원들이 좋은 인재를 채용하기 위해 아래의 사항들을 반영하여 채용공고에 활용하는 사례가 늘어나고 있다.

아래 사항들을 채용공고에 명시한다면 지원자가 많이 늘어날 것이나 실제 병원을 운영하면서 해당 사항들을 전부 지켜주기는 쉽지 않으므로 신중한 의사결정이 필요하다. 채용공고와 다른 근로계약서를 작성하는 행위도 고용노동부의 시정조치 대상이며 근로계약서상 상기 사항을 명시했음에도 지키지 않는 경우라면 근로기준법 제17조 위반 소지가 있으므로 주의할 필요가 있다.

- 휴가에 대한 언급은 필수다(요즘 친구들은 돈보다는 쉬는 것을 좋아한다).
- 야간진료 및 휴일진료가 있는 경우 사전에 명시하는 것이 중요하다.
- 개원초 추가근로가 많은 경우에는 별도 보상적 수당이나 휴가를 준다는 점을 안내한다.
- 식사제공 여부를 명확히 하는 것이 좋다(식사를 병원에서 사주는 것인지, 본인의 자비로 부담하는 것인지에 대한 궁금증이 많다).
- 복지혜택이 있는 경우거나 주거비 지원 또는 교통비 지원 등이 있는 경우도 명시한다.
- 세전(Gross)인지 세후(Net)인지 급여체계를 명확히 한다.
- 과도한 복지혜택이나 불필요한 인센티브 금액을 명시할 필요는 없다.
- 청년내일채움공제와 같은 청년들에게 혜택을 주는 제도를 운영할 경우 혜택을 명시한다.
- 병원이 별도 자기소개서 양식이나 이력서 양식을 첨부하는 것도 좋다.
- 병원이 원하는 분야, 수행할 업무를 구체적으로 명시하는 것이 좋다.

이력서만으로 좋은 인재 구별

이력서는 좋은 인재를 판별할 수 있는 가장 첫 번째 단계다. 우리 병원에서 원하는 인재상에 부합하고 본인의 능력을 어필할 수 있는 이력서야말로 좋은 인재를 선별하고 채용할 수 있는 가장 좋은 기초자료다. 그렇기에 병원 인재 채용 시에도 이력서를 꼼꼼히 볼 필요가 있다. 이력서는 우리 병원에서 일하고자 하는 열정이나 능력을 평가할 수 있는 첫 번째 단계라는 점에서 꼼꼼하게 보고 분석하여야 하는 것이 중요하다.

좋은 이력서(자기소개서, 상세한 경력 기재, 우리 병원의 특성을 반영한 이력서 등)를 제출한 직원의 경우에는 우리 병원에 실제 입사를 하고자 하는 마음이 많은 지원자이므로 좋은 이력서의 요건을 가진 이력서는 꼼꼼하게 살펴보는 것이 좋다. 필자의 경험상 직원을 채용하는 경우에 성의가 없는 이력서나 자기소개서는 다음과 같다.

- 병원 명을 잘못 기재한 경우(예: 병원 이름을 잘못 기재, 병원 이름을 오타 등)
- 증명사진이 아닌 즉석 사진이나 본인의 얼굴을 캡처한 사진 등을 제출한 경우
- 오타가 많거나 중복 표현이 많아 다른 이력서나 자기소개서를 모방한 느낌이 있는 경우
- 이력서에 정확한 근무 기간이 명시되지 않은 이력서
- 이직사유가 명확하지 않은 이력서

이러한 이력서나 자기소개서의 경우에는 우리 병원에 관심보다는 취업이 목적인 경우가 많으므로 면접을 고사하는 것이 효율적이다.

좋은 이력 구별방법

선택하지 말아야 할 이력서	꼼꼼히 보면 좋은 이력서
• 구체적인 업무 및 기간이 적혀있지 않은 이력서 예) ○○병원 근무, ○○의원 근무라고만 기재한 경우 • 퇴사사유가 적혀있지 않은 이력서 • 병원의 채용공고와 상관없이 지원한 이력서	• 구체적인 업무 및 상세한 기간이 적혀있는 이력서 예) - ○○병원 원무과(보험료 창구 업무 및 수납업무, 경력 각각 1년 2개월) - ○○의원 간호파트(간호 업무 및 의원 규모가 작아 데스크 접수 및 수납 업무도 수행, 경력 2년 1개월) • 퇴사사유가 적혀있는 이력서 예) 개인 사정 / 업무부적응 / 건강상 이유 등 • 병원의 채용공고를 반영한 이력서

좋은 인재를 뽑는 데는 좋은 질문이 필요하다

채용의 마지막 단계는 면접이다. 면접 시 '이 정도면 되겠지'라는 생각은 절대 금물이다. 최대한 많은 지원자를 면접하는 것이 중요하며 지원자들을 꼼꼼히 비교하는 것도 중요하다. 그렇기에 개인면접을 시행하기 전에 집단면접을 활용해보는 방법을 추천하고 싶다.

개인 면접의 경우 1:1 면접 방식을 취하므로 면접 순번이나 면접자의 순서에 따라 상이한 결과가 나올 가능성이 있다. 집단 면접의 경우, 그룹별로 면접을 시행하는 것이기에 지원자 간 상대평가가 쉬우며, 그중 가장 뛰어난 능력을 가진 직원을 채용할 가능성이 높다. 필자도 실제 직원을 채용하면서 집단면접을 시행하는 경우에 면접자들의 의욕이 고취되고 상대적으로 뛰어나게 보이기 위해 노력하므로 면접자들을 평가하기가 상대적으로 수월하다.

또한, 면접 시 상세한 평가표를 작성하는 것도 중요하다. 평가표 없는 평가는 기억이 남지 않는다. 사전 질문지를 작성하고 해당 질문 외의 질문 개수를 최소화하는 방법도 중요하다. 좋지 않은 질문과 좋은 질문을 구분하는 기준에는 대표적으로 '업무관련성'이 있다. 면접자의 외모나 개인 신상을 자세히 살피는 것은 병원에서 일하는 직원과 유대감이나 친밀감을 높이는 차원에서 중요한 요소일 수 있으나, '업무'로 맺어지고 소

통하는 사이인 만큼 '일을 잘하는 사람'을 채용하는 것이 바람직하다. 제한된 시간 동안 업무능력, 태도, 자기계발 능력 등과 관련한 질문을 하는 것이 좋다.

면접 시 좋은 질문을 구별하는 방법

좋지 않은 질문의 유형	좋은 질문의 유형
• 대학의 네임벨류 • 신체적인 특징이나 외모 • 이전 직장의 연봉 • 결혼 유무 및 이성교제 여부 • 부모 및 형제의 직업 • 재산 및 재력	• 이전 직장의 업무와 지원 업무와 관련성 • 관련 업무의 경력 및 관련 지식 • 병원에서 하고 싶은 업무 • 희망 연봉 및 미래지향적 태도 질문 • 이직사유 및 우리 병원에 오고 싶은 이유 • 원하는 근무조건에 대한 질문

CHAPTER. 2

좋은 직원을 오래 볼 수 있는 방법

소 잃고 외양간 고치지 말자

근로계약서 작성 시 주의사항

이력서와 면접을 통해 입사 일자가 정해진 직원의 첫 만남은 항상 설레고 기대가 된다. 하지만 우리의 만남을 아름답고 건강하게 유지하기 위해서 해야 할 일들이 있다. 바로 '우리 앞으로 이렇게 일해요'라는 내용의 계약을 하는 것, 즉 근로계약서를 작성하는 것이다.

'서로 믿는 사이니까', '이전 병원부터 함께 해왔던 사람이니까', '에이 설마…'라는 생각으로 근로계약서를 작성하지 않는 경우가 있다. 근로계약서를 출근한 날 작성하는 것이 원칙이지만 그 시기를 놓쳤다 하더라도 꼭 작성하는 것이 필요하다. 근로자와 사이가 좋지 않아 노동부 분쟁 시 근로계약서 미작성은 병원에 불리한 입장을 초래하기 때문이다. 상기 사항들은 필수로 들어가야 하는 사항들이며 병원이 안정적인 인사관리를 하기 위해서는 위 내용을 기준으로 근로계약서를 작성하는 것이 좋다.

근로계약서란 회사가 인력을 채용하고 근로자는 근로를 제공하는 것에 대해 회사로부터 그 대가를 받기로 약정하는 근로계약 문서다. 병원의 입장에서 오늘 온 직원이 하루에 몇 시간을 근무하는지, 1주일에 며칠 근무 하는지, 휴일은 언제이며 월급은 얼마인지 등에 대한 근로조건을 서로 합의하는 내용을 문서화 하는 것을 말한다. 근로계약서를 작성하는 과정에서 중요한 팁을 알아보자.

반드시 서면으로 작성·교부

근로계약서는 서면으로 작성하고 서면에 양쪽 당사자의 서명을 받아야만 근로계약서가 완성된다. 최근 온라인이나 전자서명을 대신해서 활용하는 근로계약서 홍보가 많다. 전자서명도 일반서명과 동일한 효력을 가진다. 따라서 전자문서로 근로계약서를 작성하여 서로 서명하는 방식을 취해도 가능하다. 하지만 근로계약서의 작성만으로 근로계약이 체결되는 것이 아니다. 꼭 서면으로 1부를 직원에게 교부해야 한다. 교부를 하지 않은 것만으로도 벌금의 부과 대상이 될 수 있다. 전자서명의 방법을 취하고 있는 병원의 경우, 자칫 서면으로 교부하는 것을 잊을 수 있으니 꼭 유의해야 한다.

근로계약서 필수 기재사항

제17조(근로조건의 명시)

① 사용자는 근로계약을 체결할 때에 근로자에게 다음 각 호의 사항을 명시하여야 한다. 근로계약 체결 후 다음 각 호의 사항을 변경하는 경우에도 또한 같다.

1. 임금
2. 소정근로시간
3. 제55조에 따른 휴일
4. 제60조에 따른 연차유급휴가
5. 그 밖에 대통령령으로 정하는 근로조건

② 사용자는 제1항 제1호와 관련한 임금의 구성항목·계산방법·지급방법 및 제2호부터 제4호까지의 사항이 명시된 서면(「전자문서 및 전자거래 기본법」 제2조제1호에 따른 전자문서를 포함한다)을 근로자에게 교부하여야 한다. 다만, 본문에 따른 사항이 단체협약 또는 취업규칙의 변경 등 대통령령으로 정하는 사유로 인하여 변경되는 경우에는 근로자의 요구가 있으면 그 근로자에게 교부하여야 한다.

출처: 고용노동부 홈페이지

- 임금은 1개월 동안 병원에서 근무한다면 지급하기로 급여를 말한다. N수당, 경력수당, 병원 매출 인센티브 등이 임금에 해당하는지는 이후 챕터에서 자세하게 설명하도록 한다.
- 소정근로시간이란 법정근로시간 범위에서 병원과 직원이 근무하기로 약정한 시간을 말한다. 법정근로시간은 1주 40시간 1일 8시간을 말하며 해당 근무시간을 초과하면 법정근로시간을 초과한 연장근로가 된다. 즉 소정근로시간은 법정근로시간 범위에서 정해지며 법정근로시간을 초과한 소정근로시간 이외의 근로시간이 연장근로가 된다.
- 휴일이란 주휴일을 말한다. 주휴일은 일요일이 아닌 1주일에 1일의 유급휴일을 주는 것을 말한다. 즉 주휴일은 꼭 주말이 될 필요는 없다.
- 연차유급휴가는 병원에서 가장 관심이 많고 문제가 되는 부분이다. 연차유급휴가는 1년의 근로의 대가로 1년에 15일의 휴가를 유급으로 보장해주어야 하는 법정휴가를 말한다.

연차유급휴가의 발생요건 및 이슈는 다음 챕터에서 자세하게 다루기로 한다. 그 밖에 대통령이 정하는 근로조건의 경우 근무장소나 취업규칙에 관한 사항 등이 있으나 상기 사항의 내용이 기재된다면 근로계약서의 필수 기재사항은 기재된 것이다. 계약직 근로자의 경우 계약 기간을 꼭 명시해야 한다. 해당 내용을 작성하지 않은 경우 과태료 부과 대상이 되므로 유의해야 한다.

근무장소에 대한 고지

근무장소를 한정한 경우

근로계약서에 '갑 사업장의 소재지(강남구 역삼동 ○○○ 3층)' 이런 방식으로 사업장소를 한정한 경우에는 사업장을 병원장의 재량으로 변경할 수 없다. 근무장소를 확정하여 한정하는 것도 근로조건인바 근무장소를 변경하는 것은 근로자에게 불리한 근로조건의 변경으로 볼 수 있으므로 근로자의 개별적인 동의를 받아야 한다.

근무장소를 한정하지 않은 경우

근무장소를 한정하지 않은 경우 병원장의 재량적인 판단하에 해당 직원의 근무장소를 변경할 수 있다. 다만 서울에서 근무하는 직원을 부산 지점으로 내려보내는 경우처럼 상식의 범위를 넘어서는 부분은 직원에게 생활상 불이익이 발생하기 때문에 부당한 인사발령으로 판정받을 소지가 있다.

근무장소 작성 요령

병원에서는 근로계약서에 '병원 주소(강남구 역삼동 ○○○ 2층) 및 갑이 지정하는 장소'라고 명시하여 병원의 근무장소를 확정하면서도 병원의 인사상 재량권을 확보하는 수준으로 근로계약서를 작성하여 인사를 관리하는 것이 중요하다.

수습기간 유무의 명시

수습기간이란 채용을 전제로 교육의 목적으로 두는 기간을 말한다. 병원의 경우 간호 업무나 치과의 치위생사 업무를 담당하는 경우라면 바로 고객의 상태를 살피거나 의사에게 업무 협조가 어려우므로 수습기간을 두는 것이 유리하다. 수습기간의 적정한 기간은 3개월이며 추가로 수습기간을 연장할 수 있으나 병원의 업무에서 3개월 이상의 수습기간을 가지는 경우에는 인사관리 차원에서 직원의 불만이 발생할 수 있다. 교육을 위한 기간의 취지상 3개월 동안 교육을 하지 못한다면 추후 해당 사항이 문제가 되어 노동부의 조사가 이루어지는 경우 병원에 유리하진 않을 것이다.

수습기간 동안에는 임금의 삭감이 가능하다. 즉, 정규직으로 지급해야 할 월급보다 적게 지급해도 법적 문제는 없다. 다만, 임금 삭감 기간은 3개월로 한정되며 최저임금액 기준 90% 이상을 지급한 수준에 해당하면 된다. 이는 최저임금법에 명시되어 있다.

「최저임금법」

제5조(최저임금액)
① 최저임금액(최저임금으로 정한 금액을 말한다. 이하 같다)은 시간·일(日)·주(週) 또는 월(月)을 단위로 하여 정한다. 이 경우 일·주 또는 월을 단위로 하여 최저임금액을 정할 때에는 시간급(時間給)으로도 표시하여야 한다.
② 1년 이상의 기간을 정하여 근로계약을 체결하고 수습 중에 있는 근로자로서 수습을 시작한 날부터 3개월 이내인 사람에 대하여는 대통령령으로 정하는 바에 따라 제1항에 따른 최저임금액과 다른 금액으로 최저임금액을 정할 수 있다. 다만, 단순노무업무로 고용노동부 장관이 정하여 고시한 직종에 종사하는 근로자는 제외한다.
③ 임금이 통상적으로 도급제나 그밖에 이와 비슷한 형태로 정하여져 있는 경우로서 제1항에 따라 최저임금액을 정하는 것이 적당하지 아니하다고 인정되면 대통령령으로 정하는 바에 따라 최저임금액을 따로 정할 수 있다.

출처: 고용노동부 홈페이지

만약 수습기간이 있는 병·의원이고 수습평가를 기반으로 정규직 전환을 고려하고 있다면 반드시 이 점을 직원에게 인지시켜 별도 수습평가 안내문을 직원에게 서명받고 보관해야 한다. 수습평가 안내문을 작성한 경우 직원은 해당 수습기간의 목적 및 취지를 정확하게 인지할 수 있으며 병원은 수습기간 동안 업무평가를 통해 정규직 여부를 정할 수 있다. 이때 사용되는 것이 '업무평가서', 즉 '수습평가표'다. 이는 병원장, 병원 경영관리자, 동료 직원의 평가를 반영한 것으로, 평가는 객관적인 요소(업무능력, 근태관리, 직원과 인화 등)와 주관적인 평가(인사를 잘하지 않는다, 고객들의 컴플레인이 많다 등)가 모두 기재되어 있어야 한다.

평가 기준에 있어 객관성과 공정성이 무엇보다 중요하다. 소수의 주관적 평가나 편향된 평가 결과는 직원의 불만족을 발생시켜 해고 이슈와 같은 노동 분쟁으로 이어질 수 있기 때문이다. 만약 병원의 일방적인 결정으로 근로관계가 종료되는 경우 해고 분쟁이 발생할 수 있으므로, 수습기간에 정확한 평가가 이루어진다는 것과 평가 결과로 병원은 수습기간을 종료할 수 있다는 것, 정규직 전환이 거절될 수 있다는 것 등을 안내하여 실제로 수습기간을 잘 활용하고 있다는 것을 확인해줄 필요가 있다.

정규직과 계약직의 차이

제4조(기간제 근로자의 사용)

① 사용자는 2년을 초과하지 아니하는 범위 안에서(기간제 근로계약의 반복갱신 등의 경우에는 그 계속 근로한 총기간이 2년을 초과하지 아니하는 범위 안에서) 기간제 근로자를 사용할 수 있다. 다만, 다음 각 호의 어느 하나에 해당하는 경우에는 2년을 초과하여 기간제 근로자로 사용할 수 있다.

1. 사업의 완료 또는 특정한 업무의 완성에 필요한 기간을 정한 경우
2. 휴직·파견 등으로 결원이 발생하여 해당 근로자가 복귀할 때까지 그 업무를 대신할 필요가 있는 경우
3. 근로자가 학업, 직업훈련 등을 이수함에 따라 그 이수에 필요한 기간을 정한 경우
4. 「고령자고용촉진법」 제2조제1호의 고령자와 근로계약을 체결하는 경우
5. 전문적 지식·기술의 활용이 필요한 경우와 정부의 복지정책·실업대책 등에 따라 일자리를 제공하는 경우로서 대통령령으로 정하는 경우
6. 그밖에 제1호부터 제5호까지에 준하는 합리적인 사유가 있는 경우로서 대통령령으로 정하는 경우

② 사용자가 제1항 단서의 사유가 없거나 소멸되었음에도 불구하고 2년을 초과하여 기간제 근로자로 사용하는 경우에는 그 기간제 근로자는 기간의 정함이 없는 근로계약을 체결한 근로자로 본다.

출처: 고용노동부 홈페이지

우리가 커피를 주문할 때 메뉴를 선택하고 비용을 지불하는 것처럼 병원에서 면접을 통해 만나게 된 직원과 언제 어디서 어떻게 일을 할지에 대한 부분을 서로 정해야 한다.

일반적인 근로계약서를 보면 근로계약 기간이 명시되어 있다. 수습기간 이후에 계속 지속되는 것인지, 아니면 종료 시점이 결정되어 있는지에 따라 정규직과 계약직으로 구분될 수 있다. 근로계약 기간 명시를 통해 정규직과 계약직의 차이를 고용주 및 고용인 모두 정확히 인지하고 있는 것이 중요하다.

- 근로계약서 작성 시 계약직은 계약 기간을 필수로 기재해야 한다. 계약 기간 만료 시점을 정확하게 표현하고 추후 계약 연장에 대한 부분을 명시하지 않는 것이 중요하다.
- 근로계약서 작성 위반 시 과태료 부과 방식에 차이가 있다. 정규직 근로계약서의 경우 필수 기재사항에 대한 1회 시정조치가 내려진다. 반면 계약직 근로계약서는 필수 사항 누락 시 1개 항목당 500만 원의 과태료가 부과되고 있어 계약직 근로계약서 필수 기재사항은 중요하다.
- 계약직은 최대 2년으로 한정한다(5인 미만 사업장은 제외). 2년을 초과한 경우에는 정규직으로 간주되므로 2년의 범위에서 계약직을 활용할 수 있다. 이때, 계약 기간 만료로 근로관계가 종료되는 것은 해고에 해당하지 않는다. 정년퇴직이나 기간의 정함이 있는 근로자가 기간이 종료된 경우에도 근로관계가 종료되는 것이며 이러한 사유를 당연종료 사유라고 한다.

근로계약서 보관 의무

근로기준법 제42조(계약 서류의 보존)
사용자는 근로자 명부와 대통령령으로 정하는 근로계약에 관한 중요한 서류를 3년간 보존하여야 한다.

출처: 고용노동부 홈페이지

병원은 근로자에 관한 사항이 기재된 서류 등을 퇴사일로부터 3년간 보관해야 한다. 근로계약서가 대표적이며, 3년간 보관하지 않으면 과태료 부과 대상이 된다. 실제로 과거에 퇴사한 직원이 본인의 근로계약서 및 급여 대장을 요청하였으나 이미 사업장에서 1년 단위로 자료를 폐기한 점에 대하여 과태료가 부과된 바 있으므로 3년간은 자료를 보관하는 것이 바람직하다.

포괄임금계약은 선택이 아닌 필수

아름다운 동행을 위해서 가장 중요한 요건이라고 해도 과언이 아니다. 근무 기간과 업무 내용이 정해진 경우라면 '나의 연봉이 얼마인지'가 동행을 결정하는 중요한 요소다. 사실 많은 근로자가 면접 시 가장 많이 하고 싶은 질문도 '내 통장에 찍히는 돈이 세금 공제하고 얼마인지 알려주실 수 있나요?'다.

제2조(정의)
① 이 법에서 사용하는 용어의 뜻은 다음과 같다.
5. '임금'이란 사용자가 근로의 대가로 근로자에게 임금, 봉급, 그 밖에 어떠한 명칭으로든지 지급하는 모든 금품을 말한다.

출처: 고용노동부 홈페이지

임금의 개념

월급을 근로기준법상 용어로 바꾸면 임금이라고 한다. 근로의 직접적·밀접한 관련이 있는 경우 근로의 대가로서 임금의 성질을 가진다. 즉 월급에 포함한 금품이라도 근로의 대가인 임금에 해당하지 않을 수 있다.

기본급

기본급은 일반적으로 소정근로시간에 해당하는 임금을 말한다. 일반적인 토요일, 일요일 휴무 평일 9시부터 18시까지 근무 후 점심시간 1시간을 가진 근로자의 경우 1주 40시간의 근로시간을 기준으로 소정근로시간으로 본다. 40시간 기준으로 1개월 근로를 하는 경우 받게 되는 임금의 구성항목을 기본급이라고 한다.

최저임금 위반 여부를 판단할 때 가장 먼저 포함하는 금품이 기본급이며 기본급 자체가 소정근로시간 대비 최저임금에 위반하는 경우 최저임금법에 따라 처벌될 수 있음을 유의해야 한다.

주휴수당의 개념

주휴수당이란 1주 소정근로일을 개근한 경우 1일 이상의 유급휴일을 1주에 1일 이상 부여해야 하는 것이다.

제55조(휴일)
① 사용자는 근로자에게 1주에 평균 1회 이상의 유급휴일을 보장하여야 한다.
② 사용자는 근로자에게 대통령령으로 정하는 휴일을 유급으로 보장하여야 한다. 다만, 근로자 대표와 서면으로 합의한 경우 특정한 근로일로 대체할 수 있다.

출처: 고용노동부 홈페이지

주휴수당은 1주 15시간 이상을 근로한 경우에 발생하며 소정근로일을 개근하지 않은 경우에는 주휴수당을 지급하지 않아도 된다. 1주 40시간을 기준으로 1일 8시간분의 주휴수당을 지급해야 하며 1주 40시간을 초과하는 경우라도 1일 8시간에 한정하여 발생한다. 하지만 1주 40시간 미달일 경우 근무시간에 비례하여 발생한다는 점은 유의해야 한다. 병원의 경우 주 6일에 하루 6시간 근로로 1주 근로시간이 36시간인 스케줄을 많이 볼 수 있는데, 해당 근로자의 주휴수당은 36 × 8 / 40(0.2)로 계산되어 7.2시간분의 주휴수당이 발생한다.

다만 주휴수당은 결근이 있는 경우 해당 주에는 발생하지 않으므로 결근일을 제외한 근로시간이 1주 15시간 이상이라고 하더라도 주휴수당은 0원이다. 지각이나 조퇴의 경우에는 해당 시간을 제외한 근로시간이 1주 15시간이라면 주휴수당이 발생한다.

4대보험 성립신고 및 취득신고와 청년내일채움공제

병원에서 홀로 4대보험 성립신고부터 근로자들의 4대보험 취득신고를 하는 방법은 인사 업무가 처음이라면 정말 막막할 것이다. 가장 쉽게 접근하면서 스스로 할 수 있는 방법을 위주로 서술하도록 하겠다.

신규사업장 국민연금·건강보험 신고방법

① N사 검색창에 '건강보험 웹서식' 검색

② 웹 민원 서식 두 가지 작성

(1-1 직장가입자 자격취득신고서, 6-1 사업장(기관)적용신고서)

③ 화면에서 내용 전부 기입 후 하단의 인쇄버튼 클릭하여 PDF 파일로 저장

④ 저장된 PDF 파일에 인감도장 이미지 추가하여 다시 저장

⑤ 사업장 소재지 관할 국민연금공단 및 건강보험공단에 각각 팩스 전송

신규사업장 고용보험·산재보험 신고방법

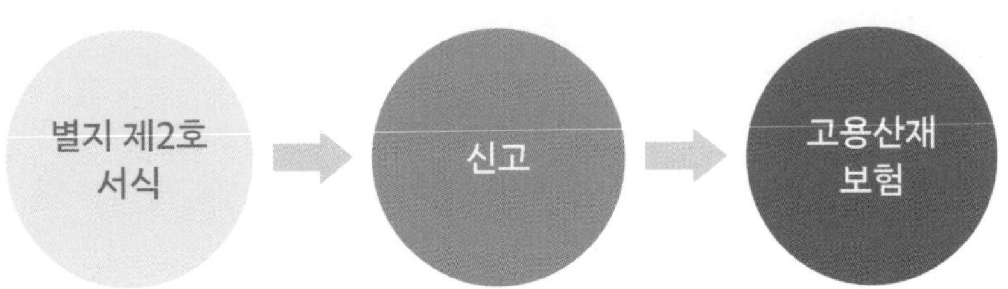

① 고용·산재보험 토탈서비스 접속

② 민원접수/신고 → 보험가입신고 → 보험관계성립신고/보험가입신청(10101) 클릭

③ 화면 내 별지 제2호 서식 작성 → 하단의 자격취득신고 클릭

④ 결과 확인: 마이페이지 → 민원접수현황 조회

4대보험 공제율 및 신고기한

구분	국민연금 (4.5%)	산재보험 (별도)	고용보험 (0.9%)	건강보험 (3.545%)
월 소정근로시간 주 15시간, 월 60시간 이상인 자, 근로일수가 월 8일 이상 *1개월 이상 근무(일용직도 의무가입)				
신고기한	다음 날 15일	최초취득 14일	최초취득 14일	최초취득 14일
비고	60세 이상 제외	사업장별 상이	만 65세 제외	3.545% × 12.81% (장기요양보험)

청년내일채움공제

만 15세 이상 34세 이하의 청년 근로자를 채용하는 경우 2년간 300만 원을 청년이 적립하면 정부(취업지원금 600만 원)와 기업(300만 원, 정부지원)이 공동 적립하여 2년 후 만기공제금 1,200만 원이 되는 제도다. 병원은 좋은 직원을 2년 동안 유지할 수 있는 장점이 있으며 근로자는 2년 후 목돈을 마련할 수 있다는 장점이 있다. 다만 정규직으로 채용해야 하고 채용일로부터 6개월 이내 신청을 해야 하며 신청기한을 지키지 못하는 경우 가입 자체가 어려운 점을 인지해야 한다.

인터넷 참여신청	자격요건 심사, 선발	청약 신청	주기별 지원금 신청	청년·기업 지원금 적립 및 지급	공제부금 관리	만기공제금 신청 및 수령
(선)기업 (후)청년	운영기관	(선)기업 (후)청년	기업▶운영기관▶고용센터	고용센터	중소벤처기업진흥공단(중진공)	중진공▶청년

출처: 내일채움공제 홈페이지

일용직(아르바이트) 고용의 이해

병원에서 근로하는 근로자는 정규직이 대부분이다. 병원에 출근할 때 거의 매일 얼굴을 보는 동료라면 그 근로자들이 정규직이다. 병원이 잘 운영되어 일이 많아지고 많아진 일 만큼 추가인력을 채용하는 것이 가장 좋은 방법이지만 추가채용이 병원의 인건비나 4대보험료 부담으로 이어지므로 근로자를 계속 채용하는 것이 좋은 방법은 아니다.

병원은 인건비와 4대보험료 부담을 줄이기 위해 아르바이트를 활용하고 있으며 우리가 많이 쓰는 용어인 시급제, 일용직 등과 같은 의미다. 정확한 명칭은 일용직이므로 이하에서는 일용직이라는 용어로 통일하겠다.

일용직 근로자는 병원에 1일 정도 급하게 인력이 필요해서 당일 근로자를 채용한 경우 해당 근로자는 1일 단위로 병원과 근로계약을 체결한 것이므로 1일 단위로 근로계약이 종료되는 자를 말한다. 병원에서는 청소나 영양사 등 일용직 근로자를 생각보다 많이 채용하고 있는바 자칫 놓칠 수 있는 부분에 대해 살펴보고자 한다.

일용직 근로자는 정규직 근로자와 달리 쉽게 근로관계를 종료할 수 있다고 생각할 수 있으나 사안마다 다르다. 병원의 일용직 근로자는 1일 단위로 종료되는 것이 원칙이나 주로 매월 몇 회씩 나와서 근로하는 경우가 많다. 특별한 사정이 없이 정기적으로 근로를 제공한다면 정규직 근로자로 인정될 소지가 있으므로 근로시간 및 근로계약 기간을 확인하고 1일 단위 또는 1개월 단위라도 일용직 계약서를 작성하여 관리하는 것이 정규직과 일용직을 구분하여 관리하는 좋은 방법이다.

- 일용직 근로자도 1주 15시간 이상을 출근하고 1년 근로를 한 경우라면 퇴직금이 발생한다.
- 일용직 근로자도 1주 15시간 이상을 출근하고 근로하는 경우라면 연차유급휴가를 부여해야 한다(5인 이상 사업장에 한함).
- 일용직 근로자의 급여를 시간급 또는 주급으로 정산하는 경우라도 1주 15시간 이상을 근무하는 경우라면 주휴수당을 별도로 지급해야 한다(고용노동부 행정해석의 변경으로 다음 주 근로가 예정되어 있지 않아도 무방).
- 일용직 근로자도 1개월 이상을 사용하는 경우 4대보험 신고 대상이 된다.
- 일용직 근로자도 실질적으로 정규직에 해당하는 경우 1일 단위로 근로관계가 종료되는 것이 아니다. 병원이 일방적으로 근로관계를 종료한 경우에는 해고이므로 주의해야 한다.
- 1주 15시간 미만으로 근로하는 일용직의 경우 '초단시간 근로자'라고 하여 퇴직금, 연차유급휴가, 주휴수당을 지급하지 않고 실제 근로한 시간만큼의 수당만 지급해도 무방하다.

CHAPTER. 3

병원의 소중한 자산을 지키는 방법

티끌 모아 태산이다

급여테이블, 똑똑하게 만드는 방법

병원에서 근로자들에게 지급하는 임금의 계산방법은 통상임금 및 평균임금으로 나눌 수 있으며 아래와 같이 정의한다. 통상임금과 평균임금을 임금의 종류로 알고 있는 인사실무자가 대부분이지만 우리 독자들은 계산방법 차이라는 것을 잘 알아두었으면 한다.

통상임금

통상임금의 개념

근로기준법 시행령 제6조(통상임금)
① 법과 이 영에서 '통상임금'이란 근로자에게 정기적이고 일률적으로 소정(所定)근로 또는 총근로에 대하여 지급하기로 정한 시간급 금액, 일급 금액, 주급 금액, 월급 금액 또는 도급 금액을 말한다.

출처: 고용노동부 홈페이지

시간 외 근로수당, 휴일근로수당 등 각종 법정수당을 계산하기 위한 도구로서 통상임금을 사용한다. 통상임금이란 근로자에게 정기적·일률적으로 소정근로시간 또는 총 근로시간에 대하여 지급하기로 정해진 시간급 금액·일급 금액·주급 금액·월급 금액 또는 도급 금액을 말한다.

통상임금의 요건

어떠한 임금이 통상임금에 속하는지는 그 임금이 '소정근로의 대가'로서 '정기적·일률적·고정적'으로 지급되는 것인지를 기준으로 그 객관적 성질에 따라 판단해야 한다. 정기성·일률성·고정성이라는 요건을 모두 갖추었다면 명칭 등 형식적 기준에 상관없이 통상임금에 해당한다.

소정근로의 대가성

소정근로의 대가란 노사합의에 따라 정해진 '소정근로시간'에 근로자가 통상적으로 제공하기로 정한 근로에 관하여 사용자와 근로자가 지급하기로 약정한 금품을 말한다. 예를 들어 소정근로시간을 초과하여 근로를 제공한 것에 대한 임금이나, 근로계약상의 근로 외의 근로 제공으로 인한 임금, 소정근로시간과 관련 없는 근로 제공으로 인한 임금은 소정근로의 대가가 아니므로 통상임금에 해당하지 않는다.

정기성

정기성이란, 어떤 임금이 '일정한 간격'을 두고 계속 지급되는 것을 의미한다. 간격이란 반드시 1개월이어야 하는 것은 아니며, 사전에 노사 합의를 통해 정해진 기간에 따라 임금을 지급하는 경우 그 기간이 1개월을 초과하더라도 간격이 정기적이라면 통상임금에 해당한다. 예를 들어 분기별로 지급되거나 1년에 한 번 지급되는 임금이더라도 통상임금에 포함될 수 있다.

일률성

일률성이란, 어떤 임금이 '모든 근로자'에게 일률적으로 지급되거나 '일정한 조건 또는 기준에 달한 모든 근로자'에게 지급되는 것을 의미한다. 여기서 '일정한 조건'이란 소정근로의 가치를 평가한 것으로서 개인의 특수성에 따라 금액이 달라지지 않는 조건이다. 예를 들어 자격증 소지 여부에 따라 해당하는 모든 근로자에게 자격수당을 지급하는 경우, 일률성을 갖춘 통상임금에 해당한다.

고정성

고정성이란, 어떤 임금이 근로자가 제공한 근로에 대하여 업적, 성과 기타의 '추가적인 조건'과 관계없이 당연히 지급될 것이 확정된 성질이다. 즉 근로자가 임의의 날에 사전에 약정한 소정근로를 제공하면 추가적인 조건의 충족 여부를 묻지 않고 사전에 확정된 지급 여부나 지급액에 따라 임금을 지급하는 것이다. 예를 들어 실적에 따라 변동되는 임금이나, 특정일에 재직 중일 것을 요건으로 하는 임금의 경우 고정성이 부정되어 통상임금에 해당하지 않는다.

통상임금이 근로기준법에 활용되는 예시

통상임금이 임금의 계산방법 중 하나이므로 통상임금으로 구할 수 있는 근로기준법상 수당을 법정수당이라고 하며 아래 표로 정리한 법정수당들이 근로기준법상 정해진 수당들이며 통상임금을 기준으로 계산한다.

통상임금을 기준으로 하는 수당

산정 사유	지급 기준	근거 법령
해고예고수당	1일 통상임금 × 30일	근로기준법 제26조
연장·야간·휴일 근로수당	연장·야간·휴일근로시간 × 시간당 통상임금 × 50%	근로기준법 제56조
연차유급휴가수당	1일 통상임금 × 미사용 연차휴가일수	근로기준법 제60조

출산전후휴가급여	기간 동안 고용보험법에서 지급하는 급여	고용보험법 제76조
출산휴가수당	기간 동안 사업주가 지급하는 급여	근로기준법 제74조
육아휴직급여	기간 동안 사업주가 지급하는 급여	고용보험법시행령 제95조
휴업수당	평균임금의 70%가 통상임금을 초과하는 경우 통상임금으로 지급	근로기준법 제46조
실업급여 (구직급여일액)	수급자격자의 기초일액(이직 당시 평균임금으로 함, 이 평균임금이 통상임금보다 낮을 경우 통상임금)의 60%	고용보험법 제45조 고용보험법 제46조

평균임금

평균임금의 개념

근로기준법 제2조제1항제6호(평균임금)
'평균임금'이란 이를 산정하여야 할 사유가 발생한 날 이전 3개월 동안에 그 근로자에게 지급된 임금의 총액을 그 기간의 총일수로 나눈 금액을 말한다. 근로자가 취업한 후 3개월 미만인 경우도 이에 준한다.

출처: 고용노동부 홈페이지

평균임금 또한 통상임금과 같이 급여금 산출의 기초가 되는 임금의 단위이다. 평균임금이란 이를 산정하여야 할 사유가 발생한 날 이전 3개월 동안에 그 근로자에게 지급된 임금의 총액을 그 기간의 총일수로 나눈 금액을 말한다.

평균임금이 근로기준법에서 활용되는 예시

평균임금으로 산정하는 근로기준법에서 정하는 법정수당은 아래 표와 같다.

평균임금으로 산정하는 근로기준법상 수당

산정 사유	지급 기준	근거 법령
퇴직금	계속근로기간 1년에 대한 30일분 이상의 평균임금	근로자퇴직급여보장법 제8조
휴업수당	평균임금의 70% 이상 (통상임금을 초과하는 경우 통상임금으로 지급)	근로기준법 제46조
연차유급 휴가수당	1일 평균임금 × 미사용 연차휴가일수	근로기준법 제60조
재해보상금	근로기준법상 유형에 따른 재해보상금	근로기준법 제78조~제85조
감급액	감액은 1회 시 평균임금의 1일분의 2분의 1을 초과하지 못함	근로기준법 제95조
실업급여 (구직급여일액)	수급자격자의 기초일액(이직 당시 평균임금)의 60%	고용보험법 제45조, 제46조

평균임금과 통상임금의 차이

평균임금의 취지는 근로자의 통상적인 생활을 종전과 같이 보장하기 위한 것이고, 통상임금의 취지는 법정수당을 계산하기 위한 도구라는 점에서 그 목적이 다르다.

평균임금과 통상임금의 차이

구분	평균임금(근로기준법 제2조제1항제6호)	통상임금(근로기준법시행령 제6조)
정의	산정 사유 발생일 이전 3개월 동안 받은 임금총액을 그 기간 총일수로 나눈 금액	소정근로의 대가로 지급하기로 정한 정기적·일률적·고정적 금액
비교	실제 제공한 근로에 대해 가산임금 등을 합하여 산정한 사후적 임금	소정근로에 대해 사전에 약정한 임금
예시	퇴직금, 휴업수당, 재해보상금 등	해고예고수당, 연장·야간·휴일수당 등
방법	3월간 임금총액/총일수	월 통상임금/소정근로시간, 추가근로시간

통상임금과 평균임금을 기준으로 산정할 수 있는 법정수당 등을 활용하여 병원과 직원들이 모두 만족하는 급여 테이블을 설계해야 한다. 병원은 각종 법정수당을 지급하지 못해 노동분쟁으로 이어지는 일이 없도록 사전에 똑똑하게 급여테이블을 만드는 것이 중요하다.

세전(Gross, 그로스) 급여와 세후(Net, 네트) 급여의 경비처리방식

많은 병원이 관행적으로 이어져 온 세후 급여(Net, 네트)가 지닌 문제점들을 인식하게 되면서 점차 세전(Gross, 그로스) 급여체계로 전환하고 있는 추세다. 앞서 설명한 바와 같이, 세후(Net)급여는 근로자부담분인 4대보험료와 세금을 전부 사업주가 부담하는 급여체계를 말한다. 세후 급여는 연말정산 시 추징액이 발생하게 되면 근로자부담분을 이중으로 납부해야 하는 결과가 초래되는 등 많은 문제점을 지니고 있다. 이와 더불어 세후 급여체계와 경비처리방식의 관계를 통해 어떠한 급여체계가 보다 합리적인지 살펴보도록 하겠다.

예컨대 250만 원의 세후 급여 지급을 조건으로 근로계약을 체결하였다고 하자. 월 250만 원 근로자 기준 대략적인 4대보험료는 230,000원, 소득세 및 지방소득세는 70,000원 정도가 발생한다. 따라서 사업주가 약 300,000원을 추가로 부담할 때 근로자의 통장에 250만 원이 입금되는 것이다. 이때 250만 원과 추가부담분 30만 원의 경비처리가 문젯거리가 되는데, 이 또한 세후와 세전 방식으로 나뉠 수 있다.

세후(Net, 네트) 방식의 급여 경비처리

세후 방식으로 급여를 처리하는 경우, 월 급여로 납입한 250만 원만이 경비처리되며 그 외 30만 원의 추가 부담분은 단순 인출금으로 보아 경비에 반영하지 않는다. 이 경우 사업주는 총 280만 원을 월 급여 지급에 사용했으나, 사실상 4대보험료와 소득세 및 지방소득세는 250만 원을 기준으로 산출되므로 세전 방식에 비해 낮은 보험료가 산정될 수 있다. 다만 추가 부담분 30만 원에 대응하는 4대보험료와 소득세를 추징당할 수 있으며, 병·의원 경비가 모자라게 되는 주원인이 되어 가사경비, 업무무관경비, 가공경비 등이 병·의원 장부에 들어오게 된다.

세전(Gross, 그로스) 방식의 급여 처리

세전 방식으로 급여를 처리하는 경우, 사업주가 부담한 총 280만 원을 전액 경비 처리하게 된다. 이 경우 280만 원을 기준으로 소득세와 4대보험료가 책정되어 세후 방식의 급여 처리에 비해 보험료가 증가할 수 있지만 현행 법령과 판례 입장에 부합하는 처리 방식에 해당한다.

급여명세서 작성 및 발급 시 주의사항

급여명세서는 근로자가 근로의 대가로 받는 임금의 구성항목 및 시급 및 기타항목·공제수당에 대한 부분을 작성하여 근로자들이 한눈에 볼 수 있도록 서면 또는 전자문서(e-mail)로 교부하는 것을 말한다.

제48조(임금대장 및 임금명세서)

① 사용자는 각 사업장별로 임금대장을 작성하고 임금과 가족수당 계산의 기초가 되는 사항, 임금액, 그 밖에 대통령령으로 정하는 사항을 임금을 지급할 때마다 적어야 한다. (개정 2021.5.18.)

② 사용자는 임금을 지급하는 때에는 근로자에게 임금의 구성항목·계산방법, 제43조제1항 단서에 따라 임금의 일부를 공제한 경우의 내역 등 대통령령으로 정하는 사항을 적은 임금명세서를 서면(「전자문서 및 전자거래 기본법」 제2조제1호에 따른 전자문서를 포함한다)으로 교부하여야 한다. (신설 2021.5.18.)

출처: 국세청 홈페이지

급여명세서를 교부하지 않을 경우 최대 500만 원의 과태료가 부과될 수 있으므로 유의해서 관리해야 한다. 급여명세서의 구성은 인적사항, 급여 내역, 공제 내역, 차인 지급액으로 나뉘며 아래의 표를 기준으로 작성하는 것이 좋다.

구분	내용
인적사항	근로자 성명, 사원번호, 직위 등
급여내역	기본급, 상여금, 성과급, 각종 수당
공제내역	4대보험, 소득세, 주민세 등
차인지급액	급여 내역에서 공제 내역을 차감한 실제 지급액

급여명세서를 발급하지 않는 것은 법 위반이므로 주의할 필요가 있으나 구체적으로 급여 항목에 대해서 전부 명시할 필요는 없다. 즉 대략적인 계산방법만 명시하여도 급여명세서 발급의 의무를 한 것이기 때문에 근로자의 개별적인 요구가 없다면 계산방법을 활용하는 것이 병원의 업무에 필요한 시간을 줄일 수 있을 것이다.

고용지원금의 종류 및 신청방법

청년일자리 도약장려금 및 두루누리 지원금

청년일자리 도약장려금

취업 애로 청년의 취업을 촉진함으로써 청년고용 활성화를 목적의 일한으로 기업에 해당 청년의 인건비 일부를 지원해준다.

- 채용하는 청년의 나이가 만 15세 이상 만 34세 이하인 자
- 채용일 현재 기준 취업 중이 아닌 자
- 연속하여 6개월 이상 실업 상태인 청년(고용보험 가입 이력을 기준)
- 정규직으로 채용 후 6개월 고용유지 必
- 최대 12개월간 지원

두루누리 지원금

소규모 사업을 운영하는 사업주와 소속 근로자의 사회보험료(고용보험·국민연금)의 일부를 국가에서 지원함으로써 사회보험 가입에 따른 부담을 덜어주고, 사회보험

사각지대를 해소하기 위한 사업이다.

· 근로자 10인 미만 사업장 근로자 중 월 평균보수 260만 원 미만인 신규 근로자, 사업주 대상(단, 근로자가 신청일 직전 6개월 동안 고용,국민연금 취득이력이 없어야 가능하다.)

· 신규가입 근로자 및 사업주가 부담하는 고용보험, 국민연금 보험료의 80% 지원

청년채용특별장려금

청년을 정규직으로 추가 고용한 중소, 중견기업에 인건비를 지원한다.

- 청년(만15세 이상~34세 이하)을 정규직으로 신규 채용한 5인 이상 중소, 중견 기업(*성장유망업종, 벤처기업은 5인 미만도 가능)
- 2020.12.1. ~ 21.12.31. 동안 청년을 정규직으로 신규 채용 후 6개월 이상 고용유지
- 청년을 추가 채용한 후 전년 연평균 피보험자수보다 기업의 전체 근로자수가 증가해야 함

정규직 전환지원금

기간제 근로자 등을 정규직으로 전환한 사업주에게 임금증가 보전금, 간접노무비 등을 지원하여 비정규직 근로자의 처우개선 및 고용안정을 도모한다.

- 우선지원대상기업, 중견기업 대상(5인 미만 사업장 제외)
- 6개월 이상 고용되고 계속 근로한 총기간이 2년 이내인 기간제·파견·사내하도급 근로자 또는 6개월 이상 주로 해당 사업장에서 상시로 노무를 제공한 특수형태업무종사자를 정규직으로 전환하거나 직접 고용하여 1개월 이상 고용을 유지
- 임금증가액 20만 원 이상: 월 50만 원(임금증가 보전금 20+간접노무비 30)
- 임금증가액 20만 원 미만: 월 30만 원(임금증가 보전금 0+ 간접노무비 30)
- 정규직 전환 이후 임금은 최저임금액 이상이어야 하며 4대보험 가입 필수

워라밸 일자리 장려금

전일제 근로자가 필요한 때(가족돌봄, 본인건강, 은퇴준비, 학업 등)에 소정근로시간을 단축할 수 있도록 장려금을 지원한다.

- 우선지원대상기업, 중견기업 사업주 대상
- 근로시간 단축 개시일 이전 주 소정근로시간이 35시간을 초과하는 6개월 이상 고용한 근로자의 주 소정근로시간을 15시간~30시간으로 단축
- 근로자가 가족돌봄, 본인건강, 은퇴준비, 학업 등 본인의 필요로 근로시간 단축을 신청하고 사업주가 이를 허용
- 최소 1개월 이상 근로시간 단축
- 4대보험에 가입하고, 전환 후 주 소정근로시간은 15시간 이상 30시간 이하여야 함
- 지문인식, 전자카드 등 전자·기계적 방식으로 출퇴근관리
- 초과근무 제한, 소정근로시간 준수
- 임금보전금: 단축근로자수 1인당 월 20만 원(정액), 간접노무비: 1인당 월 30만 원(정액)

중소기업퇴직연금기금제도

중소기업 근로자의 개별 적립금을 모아 근로복지공단에 공동의 기금을 조성하는 제도로, 근로자에게 퇴직급여를 지급하는 공적 연금서비스 제도다.

- 저임금근로자(월 평균보수 242만 원 미만)에 대한 사용자부담금의 10%를 지원하는 제도로서 퇴직연금 가입을 유도하기 위한 제도
- 2022년 9월부터 현재 시행 중이며 근로복지 공단에서 신청을 받고 있다.

연차휴가 및 공휴일, 대체공휴일 근무를 가장 효율적으로 시키는 방법

우리 병원이 상시 5인 근로자를 채용하고 있는 사업장인지 판단을 한 후 휴일이나 대체공휴일, 연장 및 야간 근로의 추가 가산수당을 적용받는 사업장인지 확인한다. 또한, 근로기준법에서 정하는 상시근로자수를 산정하는 방법을 알아보도록 한다.

근로기준법을 포함한 기타 노동관계법령 등은 상시 5인 이상 근로자를 사용하고 있는지에 따라 법의 적용 여부를 판단한다.

제11조(적용 범위)

① 이 법은 상시 5명 이상의 근로자를 사용하는 모든 사업 또는 사업장에 적용한다. 다만, 동거하는 친족만을 사용하는 사업 또는 사업장과 가사(家事) 사용인에 대하여는 적용하지 아니한다.

② 상시 4명 이하의 근로자를 사용하는 사업 또는 사업장에 대하여는 대통령령으로 정하는 바에 따라 이 법의 일부 규정을 적용할 수 있다.

③ 이 법을 적용하는 경우에 상시 사용하는 근로자수를 산정하는 방법은 대통령령으로 정한다.

출처: 고용노동부 홈페이지

상시근로자수 산정방법

'상시근로자'라 함은 사업 또는 사업장에서 평균적으로 사용되는 근로자를 말한다. 상시근로자수 산정에 포함되는 근로자는 직접고용 근로자로서 정규직, 기간제, 아르바이트, 일용직 등 명칭과 관계없이 모두 포함하나, 파견근로자 및 하도급 근로자와 같은 간접고용 근로자는 원칙적으로 제외된다. 상시근로자수 산정 방식은 근로기준법 제11조제3항 및 동법 시행령 제7조의2제1항에 따라 법 적용 사유 발생일 이전 1개월간 사용된 근로자의 총인원수인 연인원을 같은 기간 중의 가동 일수로 나누어 산정한다.

5인 미만 사업장과 5인 이상 사업장에서 적용되는 규정

평균적으로 5인 미만의 근로자를 사용하는 영세사업장의 경제적 부담을 덜어주자 「근로기준법」 및 「기간제 및 단시간근로자 보호 등에 관한 법률」에서 정한 일부 규정을 제외하고 있다. 따라서 '돈'과 관련되는 규정은 5인 이상 사업장만 적용된다고 생각하고 병원을 운영해도 큰 문제는 없다. 5인 미만 사업장에 적용되지 않는 규정은 다음과 같다.

> ① 근로시간, ② 연장·야간·휴일근로에 대한 가산임금, ③ 연차유급휴가, ④ 정당한 이유 없는 해고 금지, ⑤ 부당해고 구제신청, ⑥ 계속하여 2년을 초과 근무한 기간제 근로자의 정규직 간주, ⑦ 휴업수당 지급

병원에(원장을 제외하고) 출근하는 전체 근로자수가 5인을 초과한다면 연장, 야간, 휴일근로에 대한 가산수당(0.5배)을 지급해야 하며 연차유급휴가도 보장해줘야 한다.

만약 내가 운영하거나 관리하는 병원이 근로자가 5인을 기준으로 심하게 요동치고 있다면 5인 미만으로 기준을 잡아 운영하여 경제적 부담을 덜어내는 것도 하나의 인사관리 방편이다. 다만 우리 병원에서 아르바이트 근로자를 자주 사용하고 있다면 해당 근로자도 상시근로자수에 산정된다는 점을 절대 잊으면 안 된다.

앞서 살펴본 바와 같이 정규직, 계약직, 일용직 등을 포함한 근로자수를 산정하여 상시근로자수가 5인 이상인 경우, 연차유급휴가가 발생하고 공휴일 및 대체공휴일에 근무하는 경우 가산수당을 지급해야 한다. 금액적인 부분이 부담되는 경우 효율적인 방법을 통해서 병원의 금전 부담을 줄일 수 있다.

연차수당을 포함한 포괄임금 계약서

1년을 근속하는 경우 연차유급휴가 15개가 발생하며 휴가를 사용하지 않는다면 해당 연차유급휴가를 수당으로 전환하여 지급해야 한다. 만약 연차수당을 근로계약서에 포함한다면 연차유급휴가수당을 별도 정산하지 않을 수 있다.

공휴일 및 대체공휴일 근무는 휴일 대체로 방어하기

병원의 근로자가 근무하는 날이 공휴일이나 대체공휴일인 경우 근무를 하면 휴일수당(1.5배 가산된 금액)이 지급되어야 하므로 병원에서는 금전 부담이 클 수밖에 없다. 휴일 대체 제도를 활용하면 이러한 휴일수당의 가산임금을 줄일 수 있다. 휴일 대체는 근로자 대표를 선출하고 그 근로자 대표와 서면 합의가 필수적 요건이므로 근로자들과 개별적으로 동의하는 것은 효력이 없다는 점을 주의해야 한다.

추후 휴가(보상휴가)

병원의 일정이 바빠서 당장 근로자의 근무일과 휴일을 대체하기 힘든 상황이라면 추후 휴가(보상휴가)를 부여하여야 한다. 보상휴가제의 경우에도 근로자대표와 서면 합의가 필수적이므로 개별 근로자들의 동의가 필수적 요건은 아니다.

휴게시간의 이해

소정근로시간

근로기준법 제2조제1항제8호(소정근로시간)

'소정(所定)근로시간'이란 제50조, 제69조 본문 또는 「산업안전보건법」 제139조제1항에 따른 근로시간의 범위에서 근로자와 사용자 사이에 정한 근로시간을 말한다.

근로기준법 제50조(근로시간)

③ 작업을 위하여 근로자가 사용자의 지휘·감독 아래에 있는 대기시간 등은 근로시간으로 본다.

출처: 고용노동부 홈페이지

'근로시간'이란 근로자가 사용자의 지휘·감독을 받으면서 근로계약에 따른 근로를 제공하는 시간을 말한다. '소정근로시간'이란 근로기준법상 범위 내에서 근로자와 사용자 사이에 정한 근로시간을 말한다. 소정근로시간은 통상임금 산정의 기초가 되며, 산정된 일급 통상임금으로 주휴수당을 계산하여야 한다.

법정연장근로시간

근로기준법 제50조(근로시간)
① 1주간의 근로시간은 휴게시간을 제외하고 40시간을 초과할 수 없다.
② 1일의 근로시간은 휴게시간을 제외하고 8시간을 초과할 수 없다.

출처: 고용노동부 홈페이지

1주 52시간 제한

근로기준법 제53조(연장 근로의 제한)
① 당사자 간에 합의하면 1주간에 12시간을 한도로 제50조의 근로시간을 연장할 수 있다.
② 당사자 간에 합의하면 1주간에 12시간을 한도로 제51조 및 제51조의2의 근로시간을 연장할 수 있고, 제52조제1항제2호의 정산기간을 평균하여 1주간에 12시간을 초과하지 아니하는 범위에서 제52조제1항의 근로시간을 연장할 수 있다.
③ 상시 30명 미만의 근로자를 사용하는 사용자는 다음 각 호에 대하여 근로자 대표와 서면으로 합의한 경우 제1항 또는 제2항에 따라 연장된 근로시간에 더하여 1주간에 8시간을 초과하지 아니하는 범위에서 근로시간을 연장할 수 있다.
1. 제1항 또는 제2항에 따라 연장된 근로시간을 초과할 필요가 있는 사유 및 그 기간
2. 대상 근로자의 범위
④ 사용자는 특별한 사정이 있으면 고용노동부 장관의 인가와 근로자의 동의를 받아 제1항과 제2항의 근로시간을 연장할 수 있다. 다만, 사태가 급박하여 고용노동부 장관의 인가를 받을 시간이 없는 경우에는 사후에 지체 없이 승인을 받아야 한다.
⑤ 고용노동부 장관은 제4항에 따른 근로시간의 연장이 부적당하다고 인정하면 그 후 연장시간에 상당하는 휴게시간이나 휴일을 줄 것을 명할 수 있다.
⑥ 제3항은 15세 이상 18세 미만의 근로자에 대하여는 적용하지 아니한다.
⑦ 사용자는 제4항에 따라 연장 근로를 하는 근로자의 건강 보호를 위하여 건강검진 실시 또는 휴식시간 부여 등 고용노동부 장관이 정하는 바에 따라 적절한 조치를 하여야 한다.

출처: 고용노동부 홈페이지

휴게시간

근로기준법 제54조(휴게)
① 사용자는 근로시간이 4시간인 경우에는 30분 이상, 8시간인 경우에는 1시간 이상의 휴게시간을 근로시간 도중에 주어야 한다.
② 휴게시간은 근로자가 자유롭게 이용할 수 있다.

출처: 고용노동부 홈페이지

휴게시간은 근로시간 도중에 사용자의 지휘·감독으로부터 해방되어 근로자가 자유로이 이용할 수 있는 시간이다. 사용자는 근로시간이 4시간인 경우 30분 이상, 8시간인 경우 1시간 이상 휴게시간을 근로시간 도중에 주어야 한다.

휴게시간과 대기시간

근로자가 실제로 작업에 종사하지 않는 휴게시간이나 대기시간이라 하더라도, 근로자의 자유로운 이용이 보장되지 않고 실질적으로 사용자의 지휘·감독을 받는 시간은 근로시간에 포함된다고 보아야 한다. 이러한 휴게시간이나 대기시간은 일률적으로 판단되는 것은 아니며, 근로자의 실질적 휴식이 방해되었다거나 사용자의 지휘·감독이 실제로 있었는지에 따라 개별적으로 검토해야 한다. 근무를 시작하기 전과 근무가 끝난 후 개인적인 물품을 정리하는 시간 등을 휴게시간으로 본다면 임금을 지급하지 않아도 되지만 대기시간으로 보는 경우라면 임금의 지급 대상이 되므로 명확하게 구별해야 할 필요가 있다.

근로기준법 제50조에서 이미 대기시간을 근로시간의 범위로 포함을 시켰으므로 대기시간은 근로시간으로 보아야 한다. 과거에는 근무시간과 대기시간을 구별하여 대기시간을 근무시간으로 보기 위한 분쟁이 많았으나 법원과 고용노동부가 대기시간이 근로시간으로 포함되는 기준을 명확히 하였으며 최근에는 대기시간으로 인정받기 위한 분쟁이 많아지고 있다.

사건번호: 대법 2013다28926, 선고일자: 2018-06-28

근로시간이란 근로자가 사용자의 지휘·감독을 받으면서 근로계약에 따른 근로를 제공하는 시간을 말하고, 휴게시간이란 근로시간 도중에 사용자의 지휘·감독으로부터 해방되어 근로자가 자유로이 이용할 수 있는 시간을 말한다. 따라서 근로자가 작업시간 도중에 실제로 작업에 종사하지 않는 휴식시간이나 대기시간이라 하더라도 근로자의 자유로운 이용이 보장되지 않고 실질적으로 사용자의 지휘·감독을 받는 시간은 근로시간에 포함된다고 보아야 한다.

근로계약에서 정한 휴식시간이나 대기시간이 근로시간에 속하는지 휴게시간에 속하는지는 특정 업종이나 업무의 종류에 따라 일률적으로 판단할 것이 아니다. 이는 근로계약의 내용이나 해당 사업장에 적용되는 취업 규칙과 단체협약의 규정, 근로자가 제공하는 업무 내용과 해당 사업장의 구체적 업무 방식, 휴게 중인 근로자에 대한 사용자의 간섭이나 감독 여부, 자유롭게 이용할 수 있는 휴게 장소의 구비 여부, 그 밖에 근로자의 실질적 휴식이 방해되었다거나 사용자의 지휘·감독을 인정할 만한 사정이 있는지와 그 정도 등 여러 사정을 종합하여 개별 사안에 따라 구체적으로 판단하여야 한다.

출처: 고용노동부 홈페이지

병원은 점심시간을 활용하는 것이 휴게시간 미부여의 문제를 해결할 수 있다. 점심시간 1시간이 휴게시간이며, 하루 8시간 근무라는 것은 이 휴게시간을 제외한 시간을 말한다. 다만 점심시간에도 고객의 상담이나 방문 진료를 예약하는 등의 행위가 포함된 경우 근로시간으로 볼 수 있고 가사 실제 방문 예약하는 고객이 없더라도 해당 예약을 도와야 하는 병원의 지시로 업무상 근로자가 자유롭게 자리를 비울 수 없다면 대기시간으로 보아 휴게시간 미부여 문제가 될 수 있으므로 유의할 필요가 있다.

다만, 자발적으로 출근시간 이전에 출근한 경우에는 대기시간에 해당하지 않는다. 별도 병원에서 회의나 오픈 준비를 위한 강제적 출근이 아닌 경우의 단순히 집이 멀어서 일찍 오는 경우나 교통이 좋지 않아 일찍 출근하는 경우에는 대기시간에 해당하지 않아 근로시간이 아니라는 점을 인지하고 있어야 한다.

연차유급휴가를 효율적으로 관리하는 방법

근로기준법상 연차유급휴가

제60조(연차 유급휴가)
① 사용자는 1년간 80퍼센트 이상 출근한 근로자에게 15일의 유급휴가를 주어야 한다. (2012.2.1. 개정)
② 사용자는 계속하여 근로한 기간이 1년 미만인 근로자 또는 1년간 80퍼센트 미만 출근한 근로자에게 1개월 개근 시 1일의 유급휴가를 주어야 한다. (2012.2.1. 개정)
④ 사용자는 3년 이상 계속해서 근로한 근로자에게는 제1항에 따른 휴가에 최초 1년을 초과하는 계속 근로 연수 매 2년에 대하여 1일을 가산한 유급휴가를 주어야 한다. 이 경우 가산휴가를 포함한 총휴가일수는 25일을 한도로 한다.
⑤ 사용자는 제1항부터 제4항까지의 규정에 따른 휴가를 근로자가 청구한 시기에 주어야 하고, 그 기간에 대하여는 취업규칙 등에서 정하는 통상임금 또는 평균임금을 지급하여야 한다. 다만, 근로자가 청구한 시기에 휴가를 주는 것이 사업 운영에 막대한 지장이 있는 경우에는 그 시기를 변경할 수 있다.

출처: 고용노동부 홈페이지

연차유급휴가란 근로자에게 정신적·육체적 휴양을 부여하여 노동의 재생산을 유지하고 문화생활 기회를 보장하기 위해 마련된 보상적 휴가제도다. 전년도 노동에 대한 대가로서 1년간 80% 이상 출근한 근로자에게는 15일의 유급휴가를 주어야 하며, 계속

근로기간이 1년 미만인 근로자 또는 1년간 80% 미만 출근한 근로자에게는 1개월 개근 시 1일의 유급휴가를 주어야 한다. 근로자별로 상이한 입사일을 기준으로 산정하는 것이 원칙이나, 노무관리 편의상 회계연도 기준으로 모든 근로자에게 일괄 부여도 가능한 것으로 해석하고 있다.

입사일 기준

연도 중 입사자의 경우 다음 연도에 대하여 발생하는 휴가일수는 전년도 근속기간에 비례하여 산정한다. 퇴직 시 입사일을 기준으로 한 연차유급휴가일수보다 근무 기간 중 회계연도를 기준으로 한 연차유급휴가일수가 적으면 부족한 일수만큼 수당으로 보상해야 한다.

회계연도 기준(1.1.~12.31.)

계속근로연수 1년 미만인 사원은 연초에 전년도 근속기간에 비례하여 휴가를 부여하고, 이후부터 회계연도를 기준으로 연차휴가를 부여할 수 있다.

연차수당 정산

연차유급휴가로 발생하는 수당으로는 연차유급휴가수당 청구권과 연차유급휴가 미사용수당 청구권이 있다. 연차휴가는 유급휴가이므로 근로자에게 임금 지급 요청 권리가 발생하고, 연차휴가 사용으로 인해 근로자의 근로 제공이 없더라도 임금이 지급되어야 한다. 연차유급휴가수당은 취업규칙이나 그 밖에 정하는 바에 따라 통상임금 또는 평균임금으로 지급할 수 있다.

발생한 연차유급휴가를 1년간 사용하지 않는 경우 연차유급휴가청구권은 소멸하지만, 임금청구권은 소멸하지 않으므로 연차유급휴가 미사용수당이 발생한다. 연차유급휴가 미사용수당은 연차휴가청구권이 소멸한 다음 날 발생하며, 미사용 연차일수에 해당하는 수당을 사용자에 대하여 청구할 수 있다.

연차사용 촉진제도

제61조(연차 유급휴가의 사용 촉진)
① 사용자가 제60조제1항·제2항 및 제4항에 따른 유급휴가(계속하여 근로한 기간이 1년 미만인 근로자의 제60조제2항에 따른 유급휴가는 제외한다)의 사용을 촉진하기 위하여 다음 각 호의 조치를 하였음에도 불구하고 근로자가 휴가를 사용하지 아니하여 제60조제7항 본문에 따라 소멸된 경우에는 사용자는 그 사용하지 아니한 휴가에 대하여 보상할 의무가 없고, 제60조제7항 단서에 따른 사용자의 귀책사유에 해당하지 아니하는 것으로 본다. <개정 2012.2.1., 2017.11.28., 2020.3.31.>

1. 제60조제7항 본문에 따른 기간이 끝나기 6개월 전을 기준으로 10일 이내에 사용자가 근로자별로 사용하지 아니한 휴가 일수를 알려주고, 근로자가 그 사용 시기를 정하여 사용자에게 통보하도록 서면으로 촉구할 것

2. 제1호에 따른 촉구에도 불구하고 근로자가 촉구를 받은 때부터 10일 이내에 사용하지 아니한 휴가의 전부 또는 일부의 사용 시기를 정하여 사용자에게 통보하지 아니하면 제60조제7항 본문에 따른 기간이 끝나기 2개월 전까지 사용자가 사용하지 아니한 휴가의 사용 시기를 정하여 근로자에게 서면으로 통보할 것

② 사용자가 계속하여 근로한 기간이 1년 미만인 근로자의 제60조제2항에 따른 유급휴가의 사용을 촉진하기 위하여 다음 각 호의 조치를 하였음에도 불구하고 근로자가 휴가를 사용하지 아니하여 제60조제7항 본문에 따라 소멸된 경우에는 사용자는 그 사용하지 아니한 휴가에 대하여 보상할 의무가 없고, 같은 항 단서에 따른 사용자의 귀책사유에 해당하지 아니하는 것으로 본다. <신설 2020.3.31.>

1. 최초 1년의 근로기간이 끝나기 3개월 전을 기준으로 10일 이내에 사용자가 근로자별로 사용하지 아니한 휴가 일수를 알려주고, 근로자가 그 사용 시기를 정하여 사용자에게 통보하도록 서면으로 촉구할 것. 다만, 사용자가 서면 촉구한 후 발생한 휴가에 대해서는 최초 1년의 근로기간이 끝나기 1개월 전을 기준으로 5일 이내에 촉구하여야 한다.

2. 제1호에 따른 촉구에도 불구하고 근로자가 촉구를 받은 때부터 10일 이내에 사용하지 아니한 휴가의 전부 또는 일부의 사용 시기를 정하여 사용자에게 통보하지 아니하면 최초 1년의 근로기간이 끝나기 1개월 전까지 사용자가 사용하지 아니한 휴가의 사용 시기를 정하여 근로자에게 서면으로 통보할 것. 다만, 제1호 단서에 따라 촉구한 휴가에 대해서는 최초 1년의 근로기간이 끝나기 10일 전까지 서면으로 통보하여야 한다.

출처: 고용노동부 홈페이지

사용자는 근로자의 연차유급휴가를 촉진하기 위하여 근로기준법상 조치를 할 수 있다. 위의 조치를 하였음에도 근로자가 휴가를 사용하지 아니하는 경우 사용자는 근로자가 사용하지 아니한 연차유급휴가에 대해서 보상할 의무가 없다.

병원 여름휴가, 경조사휴가

근로자가 연차유급휴가를 청구하는 경우 병원에서 휴가를 부여하지 않으면 고용노동부 신고대상이 된다. 여름휴가나 경조사휴가의 경우 병원에서 연차유급휴가를 대체 사용하는 경우가 아니라면 해당 휴가들은 연차유급휴가와 별개로 부여해야 할 가능성이 있다.

휴일을 효율적으로 관리하는 방법

휴일의 개념

'휴일'이란 근로제공의무가 없는 날로서 사전에 근로를 약정하지 않은 날을 말한다. '휴가'는 본래 근로제공의무가 있는 날이나, 근로자의 휴가 청구로 인해 근로의무가 면제된 날이라는 점에서 차이가 있다. 휴일은 주휴일, 근로자의 날, 공휴일 등 법에 근거해 의무적으로 부여되는 '법정휴일'과, 단체협약이나 취업규칙 등에 근거한 '약정휴일'로 나눌 수 있다. 또한, 임금 지급 여부에 따라 '유급휴일'과 '무급휴일'로 나눌 수 있다.

공휴일, 대체공휴일

근로기준법 시행령 제30조(휴일)

① 법 제55조제1항에 따른 유급휴일은 1주 동안의 소정근로일을 개근한 자에게 주어야 한다.

② 법 제55조제2항 본문에서 '대통령령으로 정하는 휴일'이란 「관공서의 공휴일에 관한 규정」 제2조 각 호(제1호는 제외한다)에 따른 공휴일 및 같은 영 제3조에 따른 대체공휴일을 말한다.

출처: 고용노동부 홈페이지

공휴일은 「관공서의 공휴일에 관한 규정」 제2조에 의한 날이다. 규정 제2조제1호의 일요일은 근로기준법상 매주 1일 이상을 휴일로 부여하도록 규정하고 있으므로 공휴일에 포함되지 않는다. 사용자는 근로자에게 공휴일을 유급으로 보장해야 하며, 이는 상시 5명 미만인 사업장과 소정근로시간이 주 15시간 미만인 근로자에 대해서는 적용되지 않는다. 또한, 근로자 대표와 서면으로 합의한 경우 공휴일을 특정한 근로일로 대체할 수 있다.

대체공휴일은 「관공서의 공휴일에 관한 규정」 제3조에 의한 날이다. 공휴일과 마찬가지로 사용자는 대체공휴일을 유급으로 보장해야 하며, 상시 5명 미만인 사업장과 소정근로시간이 주 15시간 미만인 근로자에 대해서는 적용되지 않는다. 근로자대표와 서면으로 합의한 경우 대체공휴일을 특정 근로일로 대체할 수 있다.

보상휴가제도

근로기준법 제57조(보상휴가제)
사용자는 근로자 대표와의 서면 합의에 따라 제51조의3, 제52조제2항제2호 및 제56조에 따른 연장근로·야간근로 및 휴일근로 등에 대하여 임금을 지급하는 것을 갈음하여 휴가를 줄 수 있다.

출처: 고용노동부 홈페이지

사용자는 연장근로·야간근로 및 휴일근로 등에 대하여 임금을 지급하는 것을 갈음하여 휴가를 줄 수 있다. 이는 근로자 대표와의 서면 합의를 통해야 한다.

휴일대체

근로기준법 제55조(휴일)
① 사용자는 근로자에게 1주에 평균 1회 이상의 유급휴일을 보장하여야 한다.
② 사용자는 근로자에게 대통령령으로 정하는 휴일을 유급으로 보장하여야 한다. 다만, 근로자 대표와 서면으로 합의한 경우 특정한 근로일로 대체할 수 있다.

출처: 고용노동부 홈페이지

휴일을 다른 날로 대체하기 위한 사전 조정 방안으로, 근로자를 휴일에 근로하도록 하되 다른 소정근로일에 휴일을 부여할 수 있다. 휴일대체를 위해서는 미리 취업규칙·단체협약 등에 그러한 규정을 두거나 근로자의 동의를 얻어서, 대체할 휴일을 특정하여 고지해야 한다. 이러한 경우의 근로는 휴일근로가 아닌 통상근로가 되므로, 사용자는 근로자에게 휴일근로수당을 지급할 의무를 지지 않는다. 대체된 휴일에 근로하는 경우, 휴일근로이므로 사용자는 가산임금을 지급하여야 한다.

무급휴일

무급휴일은 근로제공의무가 있으나 취업규칙·단체협약 등에 따라 임금의 지급 없이 근로를 제공하지 않는 날을 의미한다. 이러한 무급휴일에 출근하는 경우 휴일근로가 되므로, 사용자는 휴일근로수당을 지급해야 하는 의무가 발생한다.

근로자의 날

근로자의 날 제정에 관한 법률
5월 1일을 근로자의 날로 하고, 이날을 근로기준법에 따른 유급휴일로 한다.

출처: 고용노동부 홈페이지

5월 1일은 근로자의 날로, 근로기준법에 따른 유급휴일이다. 근로자의 날은 「관공서의 공휴일에 관한 규정」에 따른 공휴일이 아니므로 공무원 등은 근무를 해야 한다. 근로자의 날에 출근하여 일하는 경우, 사용자는 휴일근로에 대한 가산임금을 지급하거나 임금 지급 대신 보상휴가제를 실시할 수 있다. 다만, 근로자의 날은 법률로서 특정한 날을 유급휴일로 정하고 있으므로 다른 날로 대체할 수 없다.

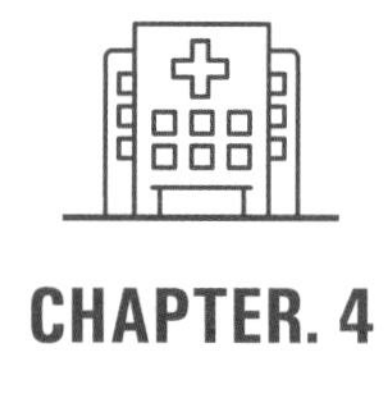

CHAPTER. 4

이별도 아름답게 하기 위한 방법

믿는 도끼에 발등 찍힌다

근로관계 종료의 종류: '사직? 권고사직? 해고?'의 차이

수습근로자의 계약종료

'수습'이란 정식채용이 된 상태에서 업무를 배우는 기간으로, 정식채용 전 본 채용 여부 결정을 위한 적정성 평가가 예정된 '시용'과 구별된다. 실무에선 두 가지 용어를 혼용해 사용하는 경우가 많다. 다만 수습근로자는 이미 정식채용된 상태이므로 수습근로자와의 계약종료는 해고에 해당할 수 있다. 이 경우 해고의 정당한 이유가 필요하다.

당연종료로 근로관계 종료

기간만료

기간의 정함이 있는 근로계약을 체결한 근로자는 기간만료되면 근로계약이 당연히 종료한다. 다만 근로계약 기간이 2년을 초과하는 근로자는 기간의 정함이 없는 근로자, 즉 정규직으로 본다.

정년도래

정년제란 근로자가 취업규칙이나 단체협약에서 정한 일정 연령에 달하면 근로자의 의사나 능력과 관계없이 근로계약이 종료되는 것이다. 다만 정년이 지난 후에도 사용자와의 근로관계를 계속 유지하여 온 경우, 사용자는 단순히 해당 근로자가 정년이 지났다거나 고령이라는 이유만으로 근로관계를 해지할 수는 없다. 정년은 만 60세 이상으로 정해야 한다. 정년을 만 60세 미만으로 규정했더라도 결국 만 60세의 정년을 규정한 것으로 본다. 이는 만 60세에 도달하는 날을 의미하는 것으로, 60세가 종료되는 날을 의미하는 것은 아니다.

사망

근로계약은 당사자에게 전속성이 있으므로, 근로계약 당사자인 근로자가 사망하는 경우 계약당사자의 소멸로써 근로관계가 종료된다.

근로자 의사표시로 근로관계 종료

사직

사직은 근로계약 종료를 위한 근로자의 일방적인 의사표시다. 사직의 의사표시가 해약고지로 인정되어 사용자에게 도달하면 근로자는 사용자 동의 없이 이를 철회할 수 없다.

당사자 합의로 근로관계 종료

합의해지

근로자가 사직의 의사표시를 하기 위해 사직서를 제출하면 사용자가 이를 수락함으로써 근로관계가 종료되는데, 이를 합의해지라고 한다. 합의해지에 따라 근로관계가 종료되는 경우 사용자의 일방적 종료가 아니므로 해고라고 할 수 없다. 합의해지 승낙의 의사표시는 요식 행위가 아니므로, 서면이나 구두로도 충분하다.

회사의 권유 및 근로자 승낙으로 근로관계 종료

권고사직

권고사직은 사용자가 근로자에게 사직을 권고하고, 근로자가 이를 수용함으로써 근로관계가 종료되는 것을 말한다. 권고사직의 이유로는 회사의 경영상 이유, 근로자의 귀책사유 등이 있다. 이는 사직과 달리 근로자의 자발적인 의사가 아닌 근로관계의 종료라는 점에서, 정당한 이유가 아닐 경우 부당해고에 해당할 여지가 있다.

회사의 일방적 의사표시로 근로관계 종료

해고

근로기준법 제23조(해고 등의 제한)
① 사용자는 근로자에게 정당한 이유 없이 해고, 휴직, 정직, 전직, 감봉, 그 밖의 징벌(懲罰)(이하 '부당해고등'이라 한다)을 하지 못한다.
② 사용자는 근로자가 업무상 부상 또는 질병의 요양을 위하여 휴업한 기간과 그 후 30일 동안 또는 산전(産前)·산후(産後)의 여성이 이 법에 따라 휴업한 기간과 그 후 30일 동안은 해고하지 못한다. 다만, 사용자가 제84조에 따라 일시보상을 하였을 경우 또는 사업을 계속할 수 없게 된 경우에는 그러하지 아니하다.

출처: 고용노동부 홈페이지

근로자의 의사에 반하여 사용자가 일방적으로 근로계약 관계를 종료시키는 경우 해고라고 한다. 해고의 종류에는 정리해고(경영상 해고), 징계해고, 그 외 일반적 사유로 인한 통상해고가 있다. 사용자는 근로자에게 정당한 이유 없이 해고할 수 없으므로, 객관적 증거나 사유 등이 뒷받침되는 경우에만 해고의 정당성이 인정된다.

근로기준법 제26조(해고의 예고)
사용자는 근로자를 해고(경영상 이유에 의한 해고를 포함한다)하려면 적어도 30일 전에 예고를 해야 하고, 30일 전에 예고를 하지 아니하였을 때에는 30일분 이상의 통상임금을 지급하여야 한다. 다만, 다음 각 호의 어느 하나에 해당하는 경우에는 그러하지 아니하다.
1. 근로자가 계속 근로한 기간이 3개월 미만인 경우
2. 천재·사변, 그 밖의 부득이한 사유로 사업을 계속하는 것이 불가능한 경우
3. 근로자가 고의로 사업에 막대한 지장을 초래하거나 재산상 손해를 끼친 경우로서 고용노동부령으로 정하는 사유에 해당하는 경우

출처: 고용노동부 홈페이지

해고의 정당성을 위한 근거로, 단체협약·취업규칙 등에서 해고사유를 규정할 수 있

다. 해고사유로 규정하지 않은 행위의 경우, 사회 통념상 고용관계를 지속할 수 없을 정도로 근로자에게 귀책이 있는 경우에 한하여 정당한 것으로 인정된다.

근로기준법 제27조(해고사유 등의 서면통지)
① 사용자는 근로자를 해고하려면 해고사유와 해고시기를 서면으로 통지해야 한다.
② 근로자에 대한 해고는 제1항에 따라 서면으로 통지해야 효력이 있다.
③ 사용자가 제26조에 따른 해고의 예고를 해고사유와 해고시기를 명시하여 서면으로 한 경우에는 제1항에 따른 통지를 한 것으로 본다.

출처: 고용노동부 홈페이지

근로자를 해고하려면 적어도 30일 전에 예고해야 하고, 30일 전에 예고하지 아니하였을 때는 30일분 이상의 통상임금을 지급하여야 한다. 다만 근로자의 계속 근로기간이 3개월 미만인 경우, 사업을 계속하는 것이 불가능한 경우, 근로자가 고의로 사업에 막대한 지장을 초래한 경우 등 법에서 규정한 사유에 해당한다면 이를 지급하지 않을 수 있다.

또한, 근로자를 해고하려면 해고사유와 해고시기를 서면으로 통지하여야 한다. 해고의 서면통지는 정당한 해고의 유효 요건으로, 서면통지로 하지 않은 해고는 위법이라 무효다.

퇴직금 계산방법

발생요건

근로자퇴직급여보장법 제4조(퇴직급여제도의 설정)
① 사용자는 퇴직하는 근로자에게 급여를 지급하기 위하여 퇴직급여제도 중 하나 이상의 제도를 설정하여야 한다. 다만, 계속근로기간이 1년 미만인 근로자, 4주간을 평균하여 1주간의 소정근로시간이 15시간 미만인 근로자에 대하여는 그러하지 아니하다.
② 제1항에 따라 퇴직급여제도를 설정하는 경우에 하나의 사업에서 급여 및 부담금 산정방법의 적용 등에 관하여 차등을 두어서는 아니 된다.

출처: 고용노동부 홈페이지

사용자는 퇴직하는 근로자에게 급여를 지급하기 위하여 퇴직급여제도 중 하나 이상의 제도를 설정하여야 한다. 여기서 근로자란 근로기준법상 근로자를 말하며, 4주를 평균하여 1주의 소정근로시간이 15시간 이상인 근로자의 계속근로기간이 1년 이상이 되었을 때 발생한다. 이에 계속근로기간 1년에 대하여 30일분 이상의 평균임금을 지급하여야 한다. 근로자의 계속근로기간이 1년을 초과하는 경우, 1년 미만 단수인 일 단위에 대해서도 비례 산정하여 퇴직금을 지급한다. 지급은 퇴직일시금, 퇴직연금의 형태로 할 수 있다.

지급사유

근로자퇴직급여보장법 제9조(퇴직금의 지급 등)

① 사용자는 근로자가 퇴직한 경우에는 그 지급사유가 발생한 날부터 14일 이내에 퇴직금을 지급하여야 한다. 다만, 특별한 사정이 있는 경우에는 당사자 간의 합의에 따라 지급기일을 연장할 수 있다. (2021.4.13. 개정, 2022.4.14 시행)

② 제1항에 따른 퇴직금은 근로자가 지정한 개인형 퇴직연금제도의 계정 또는 제23조의8에 따른 계정(이하 '개인형퇴직연금제도의 계정등'이라 한다)으로 이전하는 방법으로 지급하여야 한다. 다만, 근로자가 55세 이후에 퇴직하여 급여를 받는 경우 등 대통령령으로 정하는 사유가 있는 경우에는 그러하지 아니하다. (2021.4.13. 개정, 2022.4.14. 시행)

출처: 고용노동부 홈페이지

퇴직금의 지급은 근로자의 퇴직으로 지급사유가 발생하며, 지급사유가 발생한 날로부터 14일 이내에 지급해야 한다. 특별한 사정이 있는 경우 당사자 간 합의로 지급기일 연장이 가능하다. 다만 퇴직금을 받을 권리는 3년간 행사하지 아니하면 시효로 인해 소멸한다.

중간정산 사유

근로자퇴직급여 보장법 제8조(퇴직금제도의 설정 등)

① 퇴직금제도를 설정하려는 사용자는 계속근로기간 1년에 대하여 30일분 이상의 평균임금을 퇴직금으로 퇴직 근로자에게 지급할 수 있는 제도를 설정하여야 한다.

② 제1항에도 불구하고 사용자는 주택구입 등 대통령령으로 정하는 사유로 근로자가 요구하는 경우에는 근로자가 퇴직하기 전에 해당 근로자의 계속근로기간에 대한 퇴직금을 미리 정산하여 지급할 수 있다. 이 경우 미리 정산하여 지급한 후의 퇴직금 산정을 위한 계속근로기간은 정산시점부터 새로 계산한다.

출처: 고용노동부 홈페이지

퇴직금은 본래 후불임금의 성격을 가지고 있으나, 사용자는 주택구입 등 대통령령으로 정하는 사유로 근로자가 요구하는 경우 근로자가 퇴직하기 전에 해당 근로자의 계속근로기간에 대한 퇴직금을 미리 정산하여 지급할 수 있다. 이 경우 미리 정산하여 지급한 후의 퇴직금 산정을 위한 계속근로기간은 정산시점부터 새로 계산한다. 중간정산의 사유는 「근로자퇴직급여 보장법」 시행령 제3조제1항에서 정한 경우에 따라 근로자가 요구하는 경우 지급할 수 있는 것으로, 반드시 지급해야 할 의무가 있는 것은 아니며 처벌규정 또한 존재하지 않으므로 법 위반의 책임을 물을 수 없다.

근로자퇴직급여보장법 제2조

6. '퇴직급여제도'란 확정급여형퇴직연금제도, 확정기여형퇴직연금제도 및 제8조에 따른 퇴직금제도를 말한다.

8. '확정급여형퇴직연금제도'란 근로자가 받을 급여의 수준이 사전에 결정되어 있는 퇴직연금제도를 말한다.

9. '확정기여형퇴직연금제도'란 급여의 지급을 위하여 사용자가 부담하여야 할 부담금의 수준이 사전에 결정되어 있는 퇴직연금제도를 말한다.

10. '개인형퇴직연금제도'란 가입자의 선택에 따라 가입자가 납입한 일시금이나 사용자 또는 가입자가 납입한 부담금을 적립·운용하기 위하여 설정한 퇴직연금제도로서 급여의 수준이나 부담금의 수준이 확정되지 아니한 퇴직연금제도를 말한다.

출처: 고용노동부 홈페이지

원룸 보증금과 퇴직금 정산

근로자퇴직급여 보장법 시행령 제3조

① 법 제8조제2항 전단에서 '주택구입 등 대통령령으로 정하는 사유'란 다음 각 호의 어느 하나에 해당하는 경우를 말한다.

2. 무주택자인 근로자가 주거를 목적으로 「민법」 제303조에 따른 전세금 또는 「주택임대차보호법」 제3조의2에 따른 보증금을 부담하는 경우. 이 경우 근로자가 하나의 사업에 근로하는 동안 1회로 한정한다.

출처: 고용노동부 홈페이지

무주택자인 근로자가 주거를 목적으로 전세금 또는 보증금을 부담하는 경우 퇴직금 중간정산 사유에 해당한다. 고용노동부 해석상 월세 보증금도 포함되므로 주택임대차계약 체결일부터 잔금지급일 이후 1개월 이내에 신청 시 가능하다.

매월 일정 금액으로 퇴직금을 정산하는 경우

원칙적으로 무효다. 퇴직금의 발생요건은 근로관계의 종료를 요하므로 근로관계가 존속 중인 경우에는 퇴직금 자체가 발생하지 않는다. 퇴직금을 포함한 임금계약이나 퇴직금을 미리 주고 있다는 내용을 포함한 근로계약 자체가 무효라는 점을 유념해야 한다.

퇴직금 지급 및 연금별 비용처리 방법

퇴직급여는 퇴직일시금과 퇴직연금으로 나눌 수 있으며, 사용자는 근로자에게 퇴직일시금 또는 퇴직연금을 지급할 수 있다. 퇴직일시금의 경우 근로자의 수급권이 보장되지 않는 등 근로자의 노후소득을 보장하기 위한 퇴직금제도의 취지에 어긋나는 경우가 있으므로 이를 퇴직연금제도로 보완하고 있다. 퇴직연금은 근로자의 노후생활을 보장하기 위해 회사가 근로자에게 지급해야 할 퇴직금을 금융회사에 적립하고 기업 또는 근로자의 지시에 따라 운용하여 근로자 퇴직 시 연금 또는 일시금으로 지급하는 제도다. 연금제도 활용 시 사업주의 입장에서는 일시에 많은 금액을 지급해야 하는 부담에서 벗어날 수 있으며, 근로자의 입장에서는 기업이 도산하는 경우 등 수급이 불안정한 상황에 대비할 수 있다.

퇴직연금에는 확정급여형 퇴직연금(DB, Defined Benefit Retirement Pension)과 확

정기여형 퇴직연금(DC, Defined Contribution Retirement Pension)이 가장 많이 대중적이고, 개인형 퇴직연금(IRP, Individual Retirement Pension)도 퇴직연금의 한 종류다.

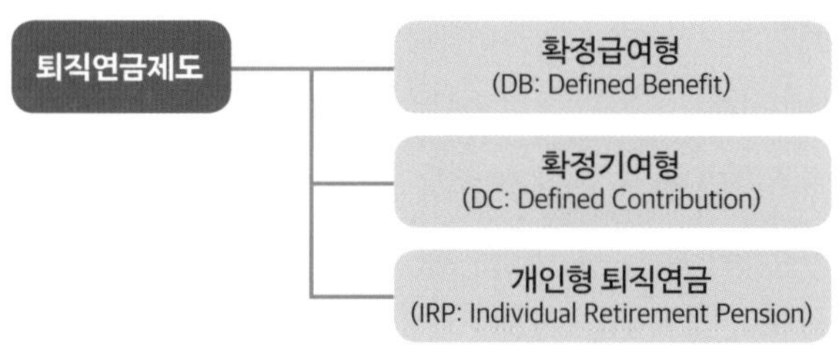

확정급여형 퇴직연금(DB, Defined Benefit Retirement Pension)

근로자가 퇴직할 때 받을 퇴직급여가 사전에 확정된 퇴직연금제도를 말한다(「근로자퇴직급여 보장법」 제2조제8호). 고용주는 매년 부담금을 금융회사에 적립하여 책임지고 근로자의 퇴직금을 운용하며, 운용 결과와 관계없이 근로자는 사전에 정해진 수준의 퇴직급여를 수령할 수 있다.

확정기여형 퇴직연금(DC, Defined Contribution Retirement Pension)

고용주가 낼 부담금이 사전에 확정된 퇴직연금제도를 말한다(「근로자퇴직급여 보장법」 제2조제9호). 고용주가 근로자 개별 계좌에 부담금(매년 연간 임금총액의 1/12 이상)을 정기적으로 내면 근로자가 직접 적립금을 운용하며, 근로자 본인의 추가 부담금을 내는 것도 가능하다.

개인형 퇴직연금(IRP, Individual Retirement Pension)

근로자가 직장을 옮기거나 퇴직하면서 받은 퇴직급여를 근로자 본인 명의의 계좌에 적립하여 노후재원으로 활용하도록 하는 퇴직연금 적립 전용 개인제도를 말한다. 개인형 퇴직연금제도를 설정한 사람은 자기의 부담으로 개인형 퇴직연금제도의 부담금을 납입한다(규제 「근로자퇴직급여 보장법」 제24조제3항 본문). 다만, 연간 1,800만원(개인형 퇴직연금제도의 계정이 여러 개인 경우에는 부담금의 합계액을 말함)을 초과하여 부담금을 낼 수는 없다. 이 경우, 이전 사업에서 받은 퇴직급여제도의 일시금 등을 제외해야 한다.

<table>
<tr><th colspan="2">퇴직금 지급 유형</th><th>내용</th></tr>
<tr><td colspan="2">퇴직 시 일시금 지급</td><td>√ 퇴직금 지급 시 100% 비용 처리 가능</td></tr>
<tr><td rowspan="3">퇴직연금</td><td>확정급여형(DB)</td><td>√ 외부적립 후 확정된 퇴직금 지급, 불입 시 비용처리</td></tr>
<tr><td>확정기여형(DC)</td><td>√ 외부적립 후 근로자가 운용, 불입 시 비용처리</td></tr>
<tr><td>개인형 퇴직연금제도(IRP)</td><td>√ 재직 중이거나 퇴직 시 퇴직금을 계속해서 운용, 세액공제 가능</td></tr>
</table>

인센티브의 퇴직금 산입 여부

병원은 마케팅 및 직원의 능력에 따라 개별 성과급이 많이 발생한다. 하지만 성과급을 어떤 방식으로 주느냐에 따라 퇴직금을 산정하는 금액이 달라질 수 있으므로 병원에 유리한 방법을 선택하는 것이 중요하다. 특히 1년을 넘는 기간을 근무한 경우 퇴직금이 발생하는데, 성과급을 어떤 기준 및 방식으로 주고 있는지에 따라 퇴직금의 차이는 크다.

퇴직금은 1년 이상 근로한 근로자들이 「근로자 퇴직급여 보장법」에 따라 30일 이상의 평균임금을 지급하는 제도를 말한다. 퇴직금의 기본 산정 방식은 '산정사유 발생일 이전(퇴직금 산정) 3개월 동안 받은 임금의 총액(상여, 인센티브 등 포함)을 그 기간의 일수(기준이 되는 3개월의 일수)로 나눈 금액(1일의 평균임금)×30일분의 금액'으로 산정된다. 따라서 임금의 총액인 분모가 커짐에 따라 퇴직금 액수가 커지므로 분모에 포함되는 범위가 중요하다. 병원의 경우 직원들의 장기근속을 이유로 지급하는 인센티브 및 성과급이 퇴직금에 산입되는 경우 지급방법에 따라 퇴직금 지급이 달라지므로 예시를 들어 차이를 설명하도록 한다.

예시1) 정액 성과급을 지급하는 경우

1년 근무한 직원의 경우, 기본급 3,000,000원에 정기적으로 3개월에 3,000,000원씩 성과 상여금을 받는다면 퇴직금 산정금액은 최종 3개월분의 임금 9,000,000원과 매월 1,000,000원의 정기 상여금을 합하여 계산한다. 상여금이 12개월 동안 지급되었으므로 정기상여금 12,000,000원의 3/12을 포함하여 평균임금을 산정한다.

예시2) 매출 인센티브를 지급하는 경우

기본급 3,000,000원에 개별 성과급으로 매출의 1%씩 지급하기로 한 경우 매월 매출에 따라 월 급여가 달라진다. 개원 초기 월 매출이 1천만 원이라면 월 100,000원을 성과급으로 지급하게 되므로 예시1)보다는 유리하게 운영을 할 수 있다. 그러나 최종 3개월 동안 월 매출이 2억 원인 경우라면 매월 2,000,000원을 성과급으로 지급하여야 하므로 평균임금은 9,000,000원에 개별성과급 6,000,000원을 더한 금액으로 산정한다.

기본급 300만 원 + 정기상여 300만 원(3개월)	기본급 300만 원 + 성과급 매출 1%
퇴직금 계산방법 기본급 300만 원 × 3개월 / 3개월 평균일수 추가로 상여금 1년 치 × 3 / 12 = 300만 원이 분모에 산입되는 방식.	**퇴직금 계산방법** 기본급 300만 원 × 3개월 / 3개월 평균일수 추가로 2억 원의 1% × 3개월 치 = 600만 원이 분모에 산입되는 방식.

성과급 제도를 운용하면 좋은 직원을 유지할 수 있으나 기준과 방식에 따라 직원들의 퇴직금 정산액수에 차이가 있다. 고정적인 성과급을 지급하는 경우 '예시1)' 같이 1년의 전체 상여의 3/12를 포함하여 퇴직금을 산정하여 3개월 평균임금이 1,200만 원이 된다. 하지만 변동적인 성과급을 활용하여 퇴사 직전 3개월 동안 성과급이 많은 것으로 산정하는 경우, 1년 동안 총 받은 성과급은 '예시1)' 보다 적지만 '예시2)'처럼 1,500만 원으로 3개월 평균임금이 산정될 수 있는 점에서 차이가 있다.

만약 자신의 병원이 입·퇴사가 자주 있으며 장기근속자가 없다면 '예시 2)'의 방식이 훨씬 유리할 것이며 초기 직원들의 동기부여에도 좋다. 하지만 우리 병원은 장기근속자가 많으며 입·퇴사가 거의 없다면 예시 1)의 방법을 활용하는 것이 좋다. 장기근속자들에게 고정적인 성과급 지급은 생활의 안정성을 유지할 뿐 아니라 다른 병원과 비교해서 상대적으로 높은 임금을 받고 있는 것처럼 보이는 직원들의 장기근속 유도가 가능하다.

연차휴가수당의 퇴직금 정산방법

연차유급휴가를 사용하지 않은 경우 수당으로 전환하여 해당 금액을 지급해야 한다. 퇴직금 산정 시 잔여 연차유급휴가수당이 어디까지 포함되어야 하는지 문제가 된다. 정답은 이미 수당으로 전환되어 근로자가 연차유급휴가수당 청구권을 가지고 있는 경우만 퇴직금에 포함된다는 것이다.

연차유급휴가는 입사 후 1년이 지난 시점에 15개가 발생하고 발생 후 1년간 휴가를 사용하지 않을 경우 연차유급휴가수당으로 전환된다. 즉 퇴직금 정산연도에 발생한 연차유급휴가는 퇴직금 계산에 포함되지 않지만, 정산 시점에 이미 수당으로 전환된 연차유급휴가수당은 퇴직금 계산에 포함된다. 이때 미사용 연차유급휴가수당의 3/12을 곱한 금액이 퇴직금 산정에 포함된다. 고용노동부는 행정해석을 통해 연차수당의 퇴직금 산입범위에 대해 명확한 입장을 아래와 같이 제시하고 있다.

1. 연차유급휴가청구권 발생 후 휴가를 미사용하고 퇴직 시 연차휴가수당을 지급해야 한다.
2. 연차유급휴가수당을 퇴직금 산정 시 평균임금에 산입하기 위해서는 평균임금사유발생일 이전 1년 이내에 지급된 동 수당의 3/12을 산입한다.
(회시번호: 근기 68207-2056, 회시일자: 1993-09-23).

회시

1. 근로자가 연차유급휴가청구권 발생 후 휴가를 사용하지 아니하고 퇴직하였다면 사용자는 연차휴가일수에 상응하는 수당을 지급하여야 하나 근로자가 발생한 연차휴가일수에 미달된 근로를 제공하고 퇴직한 경우에는 미달된 일수에 해당하는 휴가청구권은 소멸하며 아울러 그 기간에 대해 연차휴가를 사용하지 아니한 대가로 지급하는 수당청구권도 발생하지 아니함.

2. 연차유급휴가일에 제공한 근로의 대가로 지급하는 수당을 퇴직금 산정 시 평균임금에 산입하기 위해서는 평균임금 산정사유 발생일 이전 1년 이내에 지급된 동 수당의 3/12을 평균임금 산정기준 임금에 산입하여야 할 것임.

프리랜서, 3.3% 공제자의 퇴직금 지급 여부

근로기준법상 근로자 여부는 형식적인 계약보다 실질 근로관계를 중심으로 판단하므로 형식상 프리랜서로 3.3%를 공제한다는 사실은 중요하지 않다. 세금 문제로 4대보험에 가입하지 않는 사업장들이 많이 있지만, 실제 출퇴근하는 시간이 명확히 정해져 있으며 고정급을 받는 직원이라면 근로기준법상 근로자일 확률이 높다. 근로기준법상 근로자에 해당하면 1년 이상 근로하는 경우 근속기간에 대해 퇴직금이 발생하며 근로관계 종료 후 14일 이내 지급하지 않으면 근로기준법으로 처벌받을 수 있다는 점을 주의해야 한다. 다만 실제 프리랜서처럼 자유롭게 근무를 하는 코디네이터나 영업직 등은 근로 형태 및 근로조건을 개별적·구체적으로 살펴봐야 한다.

프리랜서가 근로기준법상 근로자로 판단되는 경우 발생하는 위험은 퇴직금 지급, 연차휴가 미사용 수당의 정산, 주휴수당, 연장·휴일근로의 가산수당 등을 정산해줘야 하므로 병원은 비용이 발생할 수 있다. 근로기준법상 근로자의 판단을 하는 기준은 대법원에서 명확한 기준을 제시하였으며 현재도 해당 기준으로 근로기준법상 근로자를 판단하고 있다. 아래의 기준을 중심으로 우리 병원의 3.3% 공제자가 프리랜서인지 근로기준법상 근로자인지를 구별할 수 있도록 준비하는 것이 중요하다.

형식적 징표

기본급이나 고정급이 정해졌는지 및 근로소득세의 원천징수 여부 등 보수에 관한 사항, 근로 제공 관계의 계속성과 사용자에 대한 전속성의 유무와 그 정도, 사회보장제도에 관한 법령에서 근로자로서 지위를 인정받는지 등의 경제적·사회적 여러 조건을 종합해서 판단해야 한다. 다만, 기본급이나 고정급이 정해졌는지, 근로소득세를 원천징수했는지, 사회보장제도에 관하여 근로자로 인정받는지 등의 사정은 사용자가 경제적으로 우월한 지위를 이용하여 임의로 정할 여지가 크기 때문에, 그러한 점들이 인정되지 않는다는 것만으로 근로자성을 쉽게 부정해서는 안 된다.

실질적 징표

근로기준법상의 근로자에 해당하는지는 계약의 형식이 고용계약인지 도급계약인지보다 그 실질에 있어 근로자가 사업 또는 사업장에 임금을 목적으로 종속적인 관계에서 사용자에게 근로를 제공하였는지에 따라 판단해야 하고, 여기에 종속적 관계 여부를 알 수 있는 근거인 업무 내용은 사용자가 정해야 한다.

- 취업규칙 또는 복무(인사)규정 등의 적용을 받으며 업무 수행 과정에서 사용자가 상당한 지휘·감독을 하는지
- 사용자가 근무시간과 근무장소를 지정하고 근로자가 이에 구속을 받는지
- 노무제공자가 스스로 비품·원자재나 작업 도구 등을 소유하거나 제3자를 고용하여 업무를 대행케 하는지
- 독립하여 자신의 계산으로 사업을 영위할 수 있는지
- 노무 제공을 통한 이윤의 창출과 손실의 초래 등 위험을 스스로 안고 있는지
- 보수의 성격이 근로 자체의 대상적 성격인지를 종합적으로 판단해야 한다는 입장이다.

위 같은 조건들을 종합적으로 파악하여 판단해야 한다. 필자는 우리 병원의 프리랜

서가 근로계약서를 작성하고 근로소득세 원천징수를 하며 기본급이 정해져 있다면 실질적인 징표를 검토할 필요가 없다고 보는 입장이다. 실질적 징표는 프리랜서 계약서를 작성하고 3.3%를 공제하며, 기본급이 정해져 있지 않은 경우에 검토하는 것이 근로기준법상 근로자와 프리랜서를 효율적으로 구분하는 방법이라고 본다.

무단결근한 직원의 4대보험 상실신고

병원의 직원이 아무런 연락 없이 출근하지 않을 경우 무단결근이라고 한다. 무단결근의 경우 징계 조치로서 무단결근 사유의 징계해고로 처리할 수도 있으나, 근로계약서 및 취업규칙에 '무단결근 3일인 경우 사직 의사가 있는 것으로 간주하여 자발적 사직으로 처리한다'는 별도의 규정을 두고 무단결근 근로자를 자발적 사직처리 한다면 해고를 방지할 수 있어 훨씬 유리하다.

근로계약서에 무단결근을 사직처리 하겠다는 등의 내용이 없다면 무단결근만을 가지고 바로 근로자가 병원과 근로관계를 유지할 생각이 없다고 판단하기에는 다소 무리가 있다. 노동관계 법령상 무단결근 며칠 이상이 근로관계 종료의 의사표시라고 정하지 않았기 때문에 결국 해석론을 기준으로 판단할 수밖에 없다. 법원은 무단결근이 상습적이거나 그 기간이 길고 사용자가 출근할 것인지를 확인 또는 출근을 독려하는 과정이 있었음에도 무단결근을 지속한 경우라면 사용자의 일방적 의사표시로 해고한 행위에 위법이 없다는 입장을 취하고 있다.

무단결근 일수가 60여 일에 달하고 무단결근 과정에서 여러 차례 출근을 독려하였음에도 그 지시를 거부하여 해고한 것은 정당하다(사건번호: 서울행법 2010구합45477, 선고일자: 2011-09-01).

(요지)

1. 해고처분은 사회 통념상 고용관계를 계속할 수 없을 정도로 근로자에게 책임 있는 사유가 있는 경우에 행하여져야 그 정당성이 인정되는 것이고, 사회 통념상 당해 근로자와의 고용관계를 계속할 수 없을 정도인지는 당해 사용자의 사업목적과 성격, 사업장의 여건, 당해 근로자의 지위 및 담당 직무의 내용, 비위행위의 동기와 경위, 이로 인하여 기업의 위계질서가 문란하게 될 위험성 등 기업질서에 미칠 영향, 과거의 근무태도 등 여러 가지 사정을 종합적으로 검토하여야 하여야 한다.

2. 원고가 2010.3.23. 이후 같은 해 6.8.까지 연차휴가 3일을 제외하고 계속하여 무단결근을 함으로써 무단결근 일수가 60여 일에 달하여 이는 단체협약 제19조제3항(월 3일 이상의 무단결근을 해고사유로 규정) 및 취업규칙 제81조제4항(월 5일 이상의 무단결근을 해고사유로 규정) 상 해고사유에 해당하는 데다가, 무단결근 과정에서 참가인이 여러 차례 출근을 독려하였음에도 원고가 그 지시를 거부하여 이 사건 해고에 이르게 된 점 등 원고의 무단결근 기간, 이 사건 해고의 경위 등의 제반 사정을 모두 고려해볼 때, 원고의 비위행위의 정도가 심하여 사회 통념상 참가인과 사이의 근로관계를 계속함이 심히 부당한 정도에 이르렀다고 봄이 상당하므로 이 사건 해고가 징계재량권을 남용하여 부당해고에 해당한다고 보기 어렵다.

출처: 고용노동부 홈페이지

모성보호 및 기타 노동관계 법령 살펴보기

육아휴직

남녀고용평등과 일·가정 양립 지원에 관한 법률 제19조(육아휴직)
① 사업주는 임신 중인 여성 근로자가 모성을 보호하거나 근로자가 만 8세 이하 또는 초등학교 2학년 이하의 자녀(입양한 자녀를 포함한다. 이하 같다)를 양육하기 위하여 휴직(이하 '육아휴직'이라 한다)을 신청하는 경우에 이를 허용하여야 한다. 다만, 대통령령으로 정하는 경우에는 그러하지 아니하다.
② 육아휴직의 기간은 1년 이내로 한다.
③ 사업주는 육아휴직을 이유로 해고나 그 밖의 불리한 처우를 하여서는 아니 되며, 육아휴직 기간에는 그 근로자를 해고하지 못한다. 다만, 사업을 계속할 수 없는 경우에는 그러하지 아니하다.
④ 사업주는 육아휴직을 마친 후에는 휴직 전과 같은 업무 또는 같은 수준의 임금을 지급하는 직무에 복귀시켜야 한다. 또한, 제2항의 육아휴직 기간은 근속기간에 포함한다.

출처: 고용노동부 홈페이지

사업주는 임신 중인 여성 근로자가 모성을 보호하거나, 근로자가 만 8세 이하 또는 초등학교 2학년 이하의 자녀(입양한 자녀를 포함한다)를 양육하기 위하여 휴직을 신청하는 경우에 이를 허용해야 한다. 사업주는 이를 이유로 해고 등 불리한 처우를 할 수 없으며, 육아휴직 기간에는 그 근로자를 해고하지 못한다. 육아휴직을 마친 후에는 휴직 전과 같은 업무 또는 같은 수준의 임금을 지급하는 직무에 복귀시켜야 한다.

임신기 육아기 근로시간 단축

① 사업주는 근로자가 만 8세 이하 또는 초등학교 2학년 이하의 자녀를 양육하기 위하여 근로시간의 단축(이하 '육아기 근로시간 단축'이라 한다)을 신청하는 경우에 이를 허용하여야 한다. 다만, 대체인력 채용이 불가능한 경우, 정상적인 사업 운영에 중대한 지장을 초래하는 경우 등 대통령령으로 정하는 경우에는 그러하지 아니하다.
② 제1항 단서에 따라 사업주가 육아기 근로시간 단축을 허용하지 아니하는 경우에는 해당 근로자에게 그 사유를 서면으로 통보하고 육아휴직을 사용하게 하거나 출근 및 퇴근 시간 조정 등 다른 조치를 통하여 지원할 수 있는지를 해당 근로자와 협의하여야 한다.
③ 사업주가 제1항에 따라 해당 근로자에게 육아기 근로시간 단축을 허용하는 경우 단축 후 근로시간은 주당 15시간 이상이어야 하고 35시간을 넘어서는 아니 된다.
④ 육아기 근로시간 단축의 기간은 1년 이내로 한다. 다만, 제19조제1항에 따라 육아휴직을 신청할 수 있는 근로자가 제19조제2항에 따른 육아휴직 기간 중 사용하지 아니한 기간이 있으면 그 기간을 가산한 기간 이내로 한다.
⑤ 사업주는 육아기 근로시간 단축을 이유로 해당 근로자에게 해고나 그 밖의 불리한 처우를 하여서는 아니 된다.
⑥ 사업주는 근로자의 육아기 근로시간 단축기간이 끝난 후에 그 근로자를 육아기 근로시간 단축 전과 같은 업무 또는 같은 수준의 임금을 지급하는 직무에 복귀시켜야 한다.

출처: 고용노동부 홈페이지

사업주는 근로자가 만 8세 이하 또는 초등학교 2학년 이하의 자녀를 양육하기 위하여 근로시간의 단축을 신청하는 경우에 이를 허용하여야 한다. 사업주가 육아기 근로시간 단축을 허용하지 아니하는 경우, 해당 근로자에게 그 사유를 서면으로 통보하고 육아휴직을 사용하게 하거나 출퇴근 시간을 조정하는 등 다른 지원방안에 관하여 해당 근로자와 협의하여야 한다. 육아휴직과 마찬가지로, 사업주는 육아기 근로시간 단축을 이유로 해당 근로자에게 해고나 그 밖의 불리한 처우를 해서는 아니 된다. 또한, 근로자의 육아기 근로시간 단축기간이 끝난 후에 그 근로자를 육아기 근로시간 단축 전과 같은 업무 또는 같은 수준의 임금을 지급하는 직무에 복귀시켜야 한다.

배우자 출산휴가

남녀고용평등과 일·가정 양립 지원에 관한 법률 제18조의2(배우자 출산휴가)
① 사업주는 근로자가 배우자의 출산을 이유로 휴가(이하 '배우자 출산휴가'라 한다)를 청구하는 경우에 10일의 휴가를 주어야 한다. 이 경우 사용한 휴가기간은 유급으로 한다.
② 제1항 후단에도 불구하고 출산전후휴가급여 등이 지급된 경우에는 그 금액의 한도에서 지급의 책임을 면한다.
③ 배우자 출산휴가는 근로자의 배우자가 출산한 날부터 90일이 지나면 청구할 수 없다.
④ 배우자 출산휴가는 1회에 한정하여 나누어 사용할 수 있다.
⑤ 사업주는 배우자 출산휴가를 이유로 근로자를 해고하거나 그 밖의 불리한 처우를 하여서는 아니 된다.

출처: 고용노동부 홈페이지

사업주는 근로자가 배우자의 출산을 이유로 휴가를 청구하는 경우에(배우자 출산휴가) 10일의 휴가를 주어야 한다. 이때 근로자가 사용한 휴가기간은 유급으로 하며, 이에 불구하고 출산전후휴가급여 등이 지급된 경우에는 그 금액의 한도에서 지급 책임을 면한다.

금지되는 근로계약

우리의 아름다운 동행을 위해 지켜야 할 부분 중 근로계약서 내지는 근로의 내용에서 「근로기준법」 위반 소지가 있을 수 있다는 점을 간과해서는 안 된다. 특히 「직장내괴롭힘금지법」은 1인 이상의 근로자를 사용하는 모든 사업장에서 적용된다는 점에서 각별한 주의를 기울여야 한다.

강제 근로의 금지

제7조(강제 근로의 금지)
사용자는 폭행, 협박, 감금, 그밖에 정신상 또는 신체상의 자유를 부당하게 구속하는 수단으로 근로자의 자유의사에 어긋나는 근로를 강요하지 못한다.

출처: 고용노동부 홈페이지

병원의 입장에서 좋은 사람과 오랫동안 일을 하고 싶은 마음이 드는 것은 당연하지만, 서로가 원하는 조건이나 나아가야 할 방향이 맞지 않다면 아름다운 이별을 준비해야 한다. 근로기준법에서 규정하고 있는 강제근로 금지 문제는 주로 인수인계를 실시하는 과정에서 일어난다. 병원의 입장에서 '후임자를 구하고 퇴사를 해라, 인수인계를 모두 하고 그만둬라.'라는 입장을 고수하며 퇴사를 결정한 근로자를 압박하는 경우 강제근로 금지에 관한 근로기준법 위반의 소지가 있음을 유의해야 한다.

위약 예정의 금지

제20조(위약 예정의 금지)
사용자는 근로계약 불이행에 대한 위약금 또는 손해배상액을 예정하는 계약을 체결하지 못한다.

출처: 고용노동부 홈페이지

사업장에서 유능한 인재를 육성하고 장기적인 근속을 위해 '일정한 기간을 근로하지 않는 경우 손해배상금액이나 위약금을 배상한다'라는 조건을 내거는 경우가 있다. 해당 규정이 병원과 근로자 사이의 자유로운 의사로 이루어졌다 하더라도 해당 약정은 무효이며 근로를 강요하는 것이 되므로 근로기준법 위반의 소지가 있다.

다만, 위약금 약정과 관련해서 근로를 하지 않는 경우 무조건 손해배상 금액이나 위약금을 배상하기로 하는 계약 위반이지 근로자가 실제 병원에 손해를 발생시켜 손해배상을 해야 하는 경우까지 금지하는 것은 아니라는 점을 유의해야 한다.

전차금 상계의 금지

제21조(전차금 상계의 금지)
사용자는 전차금(前借金)이나 그 밖에 근로할 것을 조건으로 하는 전대(前貸) 채권과 임금을 상계하지 못한다.

출처: 고용노동부 홈페이지

TV 드라마나 영화에서 간혹 주인공이 사업장 대표에게 진 과거의 채무를 갚기 위해 월급을 받지 않고 해당 사업장에서 근로를 제공하는 장면이 등장하곤 한다. 하지만 이는 현실적으로 근로기준법 위반의 소지가 있는 장면이다. 근로기준법상 근로에 대한 임금은 예외적인 경우에 해당하지 않는 한 근로자에게 직접 전액을 지급해야 하므로 근로자의 자발적인 동의가 없는 한 전액을 상계할 수 없다. 이러한 계약조건을 병원과 근로자가 서로 합의하였다 하더라도 유효한 근로계약으로 인정되기 어렵다는 점을 알아야 한다. 다만, 근로자의 자발적인 동의 및 압류채권이나 기타 징수에 관한 법률에 따라 임금의 전액이 지급되지 않는 경우에는 임금의 상계가 인정될 수 있다는 점을 유의해야 한다.

강제저축의 금지

제22조(강제 저금의 금지)
① 사용자는 근로계약에 덧붙여 강제 저축 또는 저축금의 관리를 규정하는 계약을 체결하지 못한다.
② 사용자가 근로자의 위탁으로 저축을 관리하는 경우에는 다음 각 호의 사항을 지켜야 한다.
1. 저축의 종류·기간 및 금융기관을 근로자가 결정하고, 근로자 본인의 이름으로 저축할 것.
2. 근로자가 저축증서 등 관련 자료의 열람 또는 반환을 요구할 때에는 즉시 이에 따를 것.

출처: 고용노동부 홈페이지

임금의 지급방법은 근로계약서의 필수 기재사항으로 규정되어 있는데, 그 이유는 강제 저금의 금지와 관련이 있다. 외국인 근로자를 많이 사용하는 사업장에서 주로 해당 문제가 발생하며, 최근에는 불법체류자 근로자를 사용하는 사업체에서도 많이 발생하는 추세다.

병원의 경우 외국인 고객을 위해 해당 국가의 근로자를 채용하여 업무를 수행시키는 경우가 있지만, 불법체류자를 사용하거나 4대보험을 가입하지 않는 경우는 드물어서 해당 문제가 발생하는 일은 거의 없다. 다만 근로자가 저축상품이나 본인의 자유로운 동의에 따라 저축을 원하는 경우까지 해당 사업장에서 금지되는 것은 아니라는 점을 유의해야 한다.

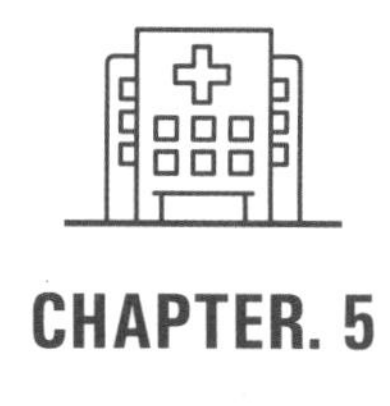

CHAPTER. 5

현명한 해결책, 병원 노무 Q&A

아는 것이 힘이다

병원 노무 Q&A

Q 근로계약서에 기본급만 명시했는데 별도 주휴수당을 주어야 하는가?

A 기본급 안에 주휴수당을 포함하여 산정한 금액이라면 별도 주휴수당을 지급하지 않아도 된다. 기본급만 명시되어 있더라도 기본급 안에 주휴수당을 포함한 것으로 해석한다는 법원의 입장이 있다.

Q 연장수당이나 연차수당을 사전 지급한 포괄임금근로계약서가 유효한가?

A 고용노동부는 포괄임금근로계약서의 유효성을 인정하고 있으며 실제 근로자의 입장에서 충분히 연장근로시간과 그 금액이 예상되는 경우라면 근로자에게 불리하다고 보기 어려우므로 포괄임금근로계약서에 대한 유효성이 인정된다.

Q 도대체 좋은 직원을 뽑으려면 어떻게 해야 하는가?

A 과거 삼성그룹 이병철 회장이 면접 시 관상가를 면접관으로 두고 사람을 채용한 것으로 알려진 일화가 있다. 하지만 이미 서류심사나 1차, 2차 중간 면접에서 평가가 완료된 상황이 전제되어 있다는 점을 잊으면 안 된다. 왜 삼성그룹에 인재들이 넘쳐나는지…. 즉, 관상은 말 그대로 참고였다는 것이다.

Q 그럼 좋은 인재를 모집할 방법이 있는가?

A YES!! 채용공고도 좋은 인재를 모집할 수 있는 전략이다. 명품 병원이 되기 위해서는 채용공고부터 다른 병원과 차별점을 두어야 한다. 연차유급휴가, 포괄약정연장, 포괄약정휴일, 포괄약정야간시간 등에 대한 부분을 다른 병원보다 솔직하게 명시하여 우리 병원만이 가지는 다른 병원과의 차별점과 경쟁력을 갖춘 요소를 꼭 강조하는 것도 중요하다.

Q 서류전형을 하는 경우 이력서만으로 좋은 인재를 구별할 수 있는가?

A 이력서라고 다 같은 이력서는 아니다. 좋은 이력서는 '정성'이다. 형식적이지만 갖춰 입고 찍은 사진이나 자기소개서에 병원 홈페이지나 우리 병원을 한 번이라도 검색해본 흔적이 있는 이력서를 제외하고 그냥 복사, 붙여넣기 또는 병원 이름조차 바꾸지 않은 이력서는 과감하게 버리는 것이 좋다.

Q 좋은 직원을 만나려면 병원도 노력해야 하는가?

A 물론이다. 병원도 노력해야 하며 채용공고부터 어떤 업무를 부여하고 앞으로 관리를 어떻게 할지까지도 사전에 생각해놓아야 한다. 입·퇴사가 잦은 병원은 무엇이 문제일까? 임금? 휴가? 아니다. 체계가 없고 내부에 태움 문화가 있는 병원은 직원들이 퇴사를 고민하고 있다. 체계를 잡지 않은 병원은 절대 입사자가 장기 근속하지 못한다.

Q 면접 시 하면 안 되는 질문은 무엇인가?

A 「채용절차의 공정화에 관한 법률」에 명시된 질문들은 절대 하면 안 된다. 외모에 관한 것은 물론 가족사항, 출신 지역, 재산 등 개인정보에 관한 사항들을 질

문하면 안 된다.

Q 근로계약서를 작성하지 않은 경우 정말 처벌을 받는가?

A 처벌된다. 형사처벌이므로 전과 기록까지 남기 때문에 꼭 작성해야 한다. 과태료가 아니라는 점을 명심해야 한다.

Q 근로계약서를 작성하지 않아서 신고하는 경우가 많은가?

A 많다. 병원과 사이가 좋지 않게 퇴사하는 경우 병원을 괴롭히기 위한 목적으로 사용되며 임금체불을 함께 진행하는 경우 합의금을 상향시키는 방법으로 많이 이용한다. 참고로 노무사들이 직원 편에 서는 경우가 많으므로 노동부에 신고가 들어간 경우라면 전문가의 도움을 받는 것이 좋다.

Q 근로계약서를 작성하고 교부하지 않아도 처벌되는가?

A 처벌된다. 근로계약서 미작성과 비슷한 수준의 처벌이 이루어진다. 다만 미작성 보다는 덜한 처벌을 받게 되는 것은 맞다.

Q 전자서명으로 근로계약서의 서면 교부를 대체할 수 있는가?

A 대체할 수 있다. 전자서명으로 근로계약서 작성이 완료된 경우 서면으로서의 효력이 인정된다. 다만 병원의 인사관리를 담당하는 경영관리자라면 실제 근로계약서를 서면으로 작성하고 관리하는 것이 추후 분쟁 발생하는 경우 입증자료를 찾기에 효율적이다.

Q 근로계약서는 꼭 3년을 보관해야 하는가?

A 보관해야 한다. 최근에 고용노동부 자율점검 점검항목에도 3년 동안 근로자와 관련된 자료를 보관하고 있는지에 대한 부분을 점검하고 있으므로 근로자별 입사일로부터 3년 동안은 자료를 보관하는 것이 바람직하다.

Q 근로계약서에 기재된 근무장소와 실제 근무하는 장소가 다른데, 이러한 임의적인 인사이동이 가능한가?

A 계약서 내용에 따라 다르다. 인사이동은 병원의 재량으로 가능하지만, 근로계약서에 근무장소가 명확하게 한정된 경우라면 병원에서 인사이동을 자유롭게 할 수 없다. 근로계약 당시 인사이동이 될 수 있다는 점을 사전에 동의를 받지 않은 경우 병원의 인사명령이 제한될 수 있으니 유의해야 한다.

Q 실제로 계약직 근로계약서 필수 기재사항을 작성하지 않은 경우에 많은 과태료가 부과되는 사례가 있는가?

A 있다. 물론 해당 점검을 나온 근로감독관에 따라 재량으로 조정할 수 있지만, 점검을 나오는 경우는 사업장 노무관리에 문제가 있다는 점을 인지하고 방문하는 것이므로 쉽게 생각하면 안 된다.

Q 정규직과 계약직 관련하여 근무조건이 달라도 되는가?

A 상관없다. 다만 동일 또는 유사한 업무를 하는 경우 정규직과 계약직의 차별 문제가 발생할 수 있으며 차별 시정 요구가 있을 수 있으니 유의해야 한다.

Q 사직서는 꼭 받아야 하는가?

A 근로자가 스스로 사직하는 과정 중 큰 문제가 없다면 받지 않아도 된다. 하지만 최종근로일 및 근로관계 종료의 분쟁을 예방하기 위해서는 서면으로 받아놓는 것이 좋다.

표준근로계약서(기간의 정함이 없는 경우)

____________(이하 "사업주"라 함)과(와) ___________(이하 "근로자"라 함)은 다음과 같이 근로계약을 체결한다.

1. 근로개시일 : 년 월 일부터
2. 근 무 장 소 :
3. 업무의 내용 :
4. 소정근로시간 : __시__분부터 __시__분까지 (휴게시간 : 시 분~ 시 분)
5. 근무일/휴일 : 매주 __일(또는 매일단위)근무, 주휴일 매주 __요일
6. 임 금
   - 월(일, 시간)급 : ___________________원
   - 상여금 : 있음 ( ) ________________________원, 없음 ( )
   - 기타급여(제수당 등) : 있음 ( ), 없음 ( )
     · _______________________원, __________________________원
     · _______________________원, __________________________원
   - 임금지급일 : 매월(매주 또는 매일) _____일(휴일의 경우는 전일 지급)
   - 지급방법 : 근로자에게 직접지급( ), 근로자 명의 예금통장에 입금( )
7. 연차유급휴가
   - 연차유급휴가는 근로기준법에서 정하는 바에 따라 부여함
8. 사회보험 적용여부(해당란에 체크)
   □ 고용보험 □ 산재보험 □ 국민연금 □ 건강보험
9. 근로계약서 교부
   - 사업주는 근로계약을 체결함과 동시에 본 계약서를 사본하여 근로자의 교부요구와 관계없이 근로자에게 교부함(근로기준법 제17조 이행)
10. 근로계약, 취업규칙 등의 성실한 이행의무
    - 사업주와 근로자는 각자가 근로계약, 취업규칙, 단체협약을 지키고 성실하게 이행하여야 함
11. 기 타
    - 이 계약에 정함이 없는 사항은 근로기준법령에 의함

년 월 일

(사업주) 사업체명 : (전화 :)
주 소 :
대 표 자 : (서명)

(근로자) 주 소 :
연 락 처 :
성 명 : (서명)

출처: 고용노동부 홈페이지

표준근로계약서(기간의 정함이 있는 경우)

____________(이하 "사업주"라 함)과(와) ___________(이하 "근로자"라 함)은 다음과 같이 근로계약을 체결한다.

1. 근로계약기간 : 년 월 일부터 년 월 일까지
2. 근 무 장 소 :
3. 업무의 내용 :
4. 소정근로시간 : __시__분부터 __시__분까지 (휴게시간 : 시 분~ 시 분)
5. 근무일/휴일 : 매주 __일(또는 매일단위)근무, 주휴일 매주 __요일
6. 임 금
   - 월(일, 시간)급 : ________________원
   - 상여금 : 있음 ( ) ______________________원, 없음 ( )
   - 기타급여(제수당 등) : 있음 ( ), 없음 ( )
     · ______________________원, ______________________원
     · ______________________원, ______________________원
   - 임금지급일 : 매월(매주 또는 매일) _____일(휴일의 경우는 전일 지급)
   - 지급방법 : 근로자에게 직접지급( ), 근로자 명의 예금통장에 입금( )
7. 연차유급휴가
   - 연차유급휴가는 근로기준법에서 정하는 바에 따라 부여함
8. 사회보험 적용여부(해당란에 체크)
   □ 고용보험 □ 산재보험 □ 국민연금 □ 건강보험
9. 근로계약서 교부
   - 사업주는 근로계약을 체결함과 동시에 본 계약서를 사본하여 근로자의 교부요구와 관계없이 근로자에게 교부함(근로기준법 제17조 이행)
10. 근로계약, 취업규칙 등의 성실한 이행의무
   - 사업주와 근로자는 각자가 근로계약, 취업규칙, 단체협약을 지키고 성실하게 이행하여야 함
11. 기 타
   - 이 계약에 정함이 없는 사항은 근로기준법령에 의함

년 월 일

(사업주) 사업체명 : (전화 :)
주 소 :
대 표 자 : (서명)

(근로자) 주 소 :
연 락 처 :
성 명 : (서명)

출처: 고용노동부 홈페이지

건설일용근로자 표준근로계약서

___________(이하 "사업주"라 함)과(와) __________(이하 "근로자"라 함)은 다음과 같이 근로계약을 체결한다.

1. 근로계약기간 :　　년　월　일부터　　년　월　일까지
   ※ 근로계약기간을 정하지 않는 경우에는 "근로개시일"만 기재
2. 근 무 장 소 :
3. 업무의 내용(직종) :
4. 소정근로시간 : __시__분부터 __시__분까지 (휴게시간 : 시 분~ 시 분)
5. 근무일/휴일 : 매주 _일(또는 매일단위)근무, 주휴일 매주 _요일(해당자에 한함)
   ※ 주휴일은 1주간 소정근로일을 모두 근로한 경우에 주당 1일을 유급으로 부여
6. 임　금
   - 월(일, 시간)급 : _______________원(해당사항에 ○표)
   - 상여금 : 있음 (　) ____________________원, 없음 (　)
   - 기타 제수당(시간외 · 야간 · 휴일근로수당 등):　　　원(내역별 기재)
     · 시간외 근로수당:_____________원(월　　　시간분)
     · 야　간 근로수당:_____________원(월　　　시간분)
     · 휴　일 근로수당:_____________원(월　　　시간분)
   - 임금지급일 : 매월(매주 또는 매일) ____일(휴일의 경우는 전일 지급)
   - 지급방법 : 근로자에게 직접지급(　), 근로자 명의 예금통장에 입금(　)
7. 연차유급휴가
   - 연차유급휴가는 근로기준법에서 정하는 바에 따라 부여함
8. 사회보험 적용여부(해당란에 체크)
   □ 고용보험 □ 산재보험 □ 국민연금 □ 건강보험
9. 근로계약서 교부
   - "사업주"는 근로계약을 체결함과 동시에 본 계약서를 사본하여 "근로자"의 교부요구와 관계없이 "근로자"에게 교부함(근로기준법 제17조 이행)
10. 근로계약, 취업규칙 등의 성실한 이행의무
   - 사업주와 근로자는 각자가 근로계약, 취업규칙, 단체협약을 지키고 성실하게 이행하여야 함
11. 기　타
   - 이 계약에 정함이 없는 사항은 근로기준법령에 의함

년　　월　　일

(사업주) 사업체명 :　　　　(전화 :　　　　)
주　　소 :
대 표 자 :　　　　(서명)

(근로자) 주　　소 :
연 락 처 :
성　　명 :　　　　(서명)

출처: 고용노동부 홈페이지

■ 국민건강보험법 시행규칙 [별지 제2호서식] <개정 2020. 9. 8.>

국민연금 [ ]당연적용사업장 해당신고서
건강보험 [ ]사업장(기관) 적용신고서
고용보험 ([ ]보험관계성립신고서 [ ]보험가입신청서)
산재보험 ([ ]보험관계성립신고서 [ ]보험가입신청서)

※ 유의사항 및 작성방법은 제1쪽 뒷면을 참고하여 주시기 바라며, 색상이 어두운 난은 신고인(신청인)이 적지 않습니다. (제1쪽 앞면)

접수번호	접수일	처리기간 국민연금·건강보험 3일, 고용·산재보험 5일

공통	사업장	사업장관리번호	명칭	사업장 형태 [ ]법인 [ ]개인
		소재지 우편번호( )		
		우편물 수령지 우편번호( )		전자우편주소
		전화번호	(휴대전화)	팩스번호
		업태	종목 (주생산품)	업종코드
		사업자등록번호	법인등록번호	
		환급(반환) 계좌 사전신고 은행명	계좌번호	[ ]자동이체 계좌와 동일
		환급(반환) 계좌 사전신고 예금주명	※ 보험료 정산 등 환급(반환)금액 발생 시 필요한 경우에는 통장사본 등 추가 서류를 요청할 수 있습니다.	
	사용자 (대표자)	성명	주민(외국인)등록번호	전화번호
		주소		
	보험료 자동이체신청	은행명	계좌번호	
		예금주명	예금주 주민등록번호(사업자 등록번호)	
		합산자동이체 적용여부 [ ]적용 [ ]미적용	이체희망일 [ ]납기일 [ ]납기전월 말일(월별보험료)	
		※ 고용·산재보험의 경우 일시납부하는 개산보험료와 분할납부보험료(1기)는 자동이체 처리되지 않습니다.		
	전자고지 신청	고지방법 [ ]전자우편 [ ]휴대전화 [ ]전자문서교환시스템 [ ]인터넷홈페이지(사회보험통합징수포털)		
		수신처(전자우편주소, 휴대전화번호 또는 아이디)		
		수신자 성명	수신자 주민등록번호	
국민연금/건강보험		건설현장사업장 [ ]해당 [ ]비해당	건설현장 사업기간 ~	
연금(고용)보험료 지원 신청		「국민연금법」 제100조의3 또는 「고용보험 및 산업재해보상보험의 보험료징수 등에 관한 법률」 제21조에 따라 아래와 같이 연금(고용)보험료 지원을 신청합니다[근로자 수가 10명 미만인 사업(장)만 해당합니다]. 국민연금 [ ] 고용보험 [ ]		
국민연금		근로자 수	가입대상자 수	적용 연월일(YYYY.MM.DD)
		분리적용사업장 [ ]해당 [ ]비해당	본점사업장관리번호	
건강보험		적용대상자 수	본점사업장관리번호	적용 연월일
		사업장 특성부호	회계종목(공무원 및 교직원기관만 작성)	1 2 3
고용보험		상시근로자 수	피보험자 수	성립일
		보험사무대행기관 (명칭)		(번호)
		주된 사업장 명칭	사업자등록번호	
		주된 사업장 우선지원 대상기업 [ ]해당 [ ]비해당	관리번호	
산재보험		상시근로자 수	성립일	사업종류코드
		사업의 형태 [ ]계속 [ ]기간이 정해져 있는 사업(사업기간: ~)		
		성립신고일(가입신청일) 현재 산업재해 발생 여부		[ ]있음 [ ]없음
		주된 사업장 여부 [ ]해당 [ ]비해당	주된 사업장 관리번호	
		원사업주 사업장관리번호 또는 사업개시번호 (사내하도급 수급사업주인 경우만 기재합니다)		

행정정보 공동이용 동의서

본인은 이 건 업무처리와 관련하여 담당 직원이 「전자정부법」 제36조제2항에 따른 행정정보의 공동이용을 통하여 담당 직원 확인사항의 행정정보를 확인하는 것에 동의합니다. *동의하지 않는 경우에는 신청인이 직접 관련 서류를 제출해야 합니다.

신고인(신청인) (서명 또는 인)

위와 같이 신고(신청)합니다.

년 월 일

신고인·신청인(사용자·대표자) (서명 또는 인)

[ ]보험사무대행기관(고용·산재보험만 해당) (서명 또는 인)

국민연금공단 이사장/국민건강보험공단 이사장/근로복지공단 지역본부장(지사장) 귀하

210mm×297mm[백상지(80g/㎡) 또는 중질지(80g/㎡)]

출처: 고용산재 토탈 서비스 홈페이지

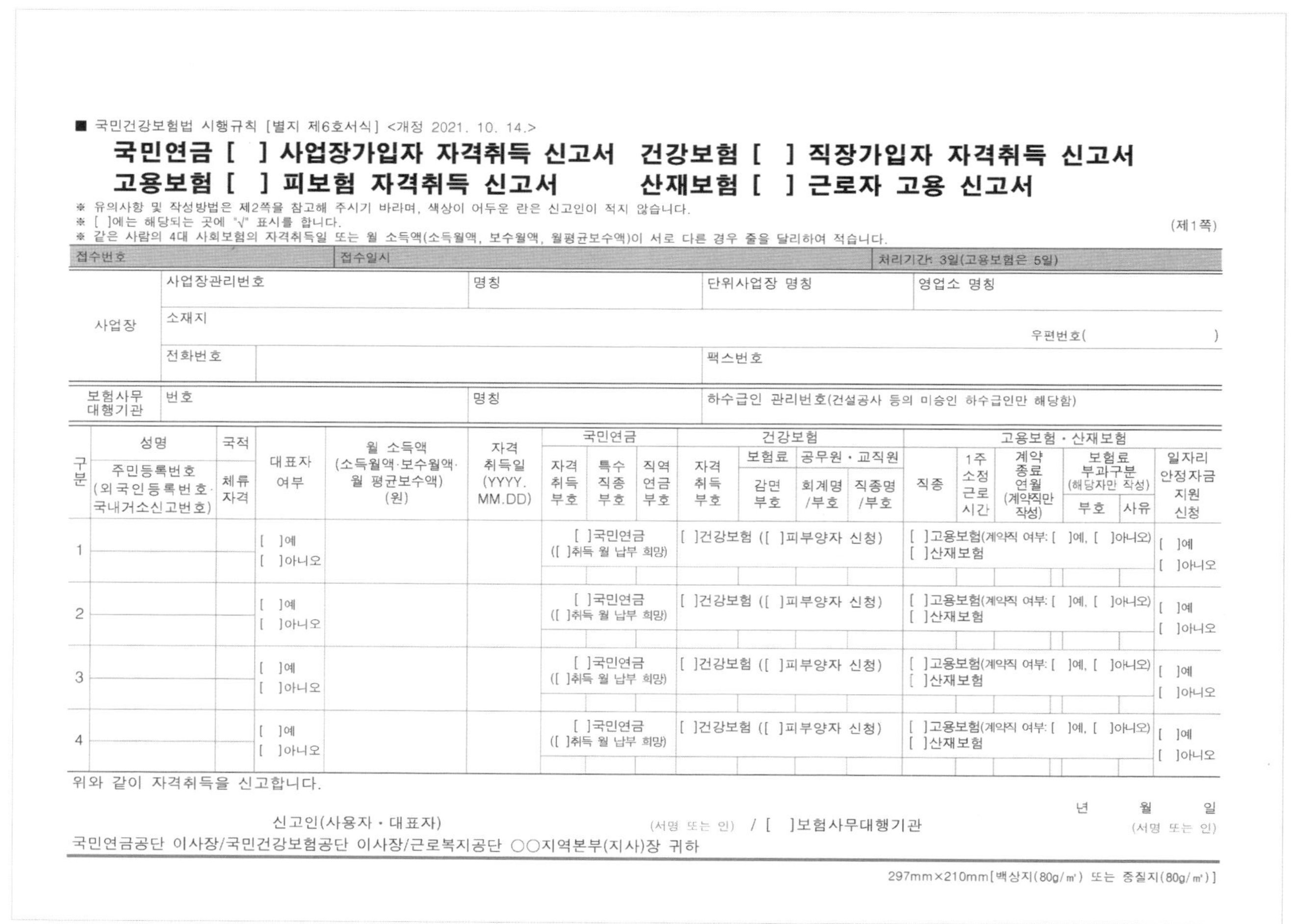

■ 국민건강보험법 시행규칙 [별지 제6호서식] <개정 2021. 10. 14.>

국민연금 [ ] 사업장가입자 자격취득 신고서　건강보험 [ ] 직장가입자 자격취득 신고서
고용보험 [ ] 피보험 자격취득 신고서　산재보험 [ ] 근로자 고용 신고서

※ 유의사항 및 작성방법은 제2쪽을 참고해 주시기 바라며, 색상이 어두운 란은 신고인이 적지 않습니다.
※ [ ]에는 해당되는 곳에 "√" 표시를 합니다.
※ 같은 사람의 4대 사회보험의 자격취득일 또는 월 소득액(소득월액, 보수월액, 월평균보수액)이 서로 다른 경우 줄을 달리하여 적습니다.

(제1쪽)

접수번호	접수일시	처리기간: 3일(고용보험은 5일)

사업장	사업장관리번호	명칭	단위사업장 명칭	영업소 명칭
	소재지			우편번호(　)
	전화번호		팩스번호	
보험사무 대행기관	번호	명칭	하수급인 관리번호(건설공사 등의 미승인 하수급인만 해당함)	

구분	성명 / 주민등록번호(외국인등록번호·국내거소신고번호)	국적 / 체류자격	대표자 여부	월 소득액(소득월액·보수월액·월 평균보수액)(원)	자격 취득일(YYYY.MM.DD)	국민연금: 자격취득부호 / 특수직종부호 / 직역연금부호	건강보험: 자격취득부호 / 보험료 감면부호 / 공무원·교직원 회계명/부호 / 직종명/부호	고용보험·산재보험: 직종 / 1주 소정근로시간 / 계약종료연월(계약직만 작성) / 보험료 부과구분(해당자만 작성) 부호 / 사유	일자리 안정자금 지원 신청
1			[ ]예 [ ]아니오			[ ]국민연금 ([ ]취득 월 납부 희망)	[ ]건강보험 ([ ]피부양자 신청)	[ ]고용보험(계약직 여부: [ ]예, [ ]아니오) [ ]산재보험	[ ]예 [ ]아니오
2			[ ]예 [ ]아니오			[ ]국민연금 ([ ]취득 월 납부 희망)	[ ]건강보험 ([ ]피부양자 신청)	[ ]고용보험(계약직 여부: [ ]예, [ ]아니오) [ ]산재보험	[ ]예 [ ]아니오
3			[ ]예 [ ]아니오			[ ]국민연금 ([ ]취득 월 납부 희망)	[ ]건강보험 ([ ]피부양자 신청)	[ ]고용보험(계약직 여부: [ ]예, [ ]아니오) [ ]산재보험	[ ]예 [ ]아니오
4			[ ]예 [ ]아니오			[ ]국민연금 ([ ]취득 월 납부 희망)	[ ]건강보험 ([ ]피부양자 신청)	[ ]고용보험(계약직 여부: [ ]예, [ ]아니오) [ ]산재보험	[ ]예 [ ]아니오

위와 같이 자격취득을 신고합니다.

년　월　일

신고인(사용자·대표자)　(서명 또는 인) / [ ]보험사무대행기관　(서명 또는 인)

국민연금공단 이사장/국민건강보험공단 이사장/근로복지공단 ○○지역본부(지사)장 귀하

297mm×210mm[백상지(80g/㎡) 또는 중질지(80g/㎡)]

출처: 고용산재 토탈 서비스 홈페이지

■ 국민건강보험법 시행규칙 [별지 제8호서식] <개정 2021. 10. 14.>

국민연금[ ]사업장가입자 자격상실 신고서　건강보험[ ]직장가입자 자격상실 신고서
고용보험[ ]피보험 자격상실 신고서　산재보험[ ]근로자 고용종료 신고서

※ 유의사항 및 작성방법은 뒤쪽을 참고하시기 바라며, 바탕색이 어두운 난은 신고인이 적지 않습니다.
※ 같은 사람의 4대 사회보험의 상실일자가 다른 경우 줄을 달리하여 적습니다.

(앞 쪽)

접수번호		접수일자		처리기간	3일(고용보험은 7일)
사업장	사업장관리번호	명칭	전화번호	FAX번호	
	소재지			우편번호( )	
보험사무대행기관	명칭	번호	하수급인관리번호(건설공사등의 미승인 하수급인에 한함)		

일련번호	성명	주민등록번호 (외국인등록번호 · 국내거소신고번호)	전화번호 (휴대전화번호)	상실 연월일 (YYYY.MM.DD)	국민연금		건강보험					[ ]고용보험 [ ]산재보험			
					상실부호	초일 취득·당월 상실자 납부여부	상실부호	연간 보수 총액				상 실 사 유		해당 연도 보수 총액	전년도 보수 총액
								해당 연도		전년도		구체적 사유	구분코드	고용보험	고용보험
								보수 총액	근무 개월수	보수 총액	근무 개월수			산재보험	산재보험
						희망 [ ]									
						희망 [ ]									
						희망 [ ]									
						희망 [ ]									

위와 같이 자격상실(고용종료) 사항을 신고합니다.

년　월　일

신고인 · 확인인(사용자 · 대표자)　(서명 또는 인) / [ ]보험사무대행기관　(서명 또는 인)

국민연금공단 이사장/국민건강보험공단 이사장/근로복지공단 ○○지역본부(지사)장 귀하

297㎜×210㎜[백상지(80g/㎡) 또는 중질지(80g/㎡)]

출처: 고용산재 토탈 서비스 홈페이지

2022년 04월 급여 지급명세서

노무법인정율_테스트 　　　　　　　　　　　　　　지급일 : 2022-05-10

성명	홍길동	생년월일(사번)	90-10-10　　　15
부서	본사	직위(직급)	본사
입사일	2022-01-01	퇴사일	

세부 내역

지급			공제	
임금 항목		지급 금액	공제 항목	공제 금액
매월지급	기 본 급	1,973,413	국민연금	108,000
	포괄연장수당	327,381	건강보험	83,880
	연차수당	99,206	요양보험	10,290
	식 대	100,000	고용보험	19,200
			소 득 세	33,570
			지방소득세	3,350
지급액 계		2,500,000	공제액 계	258,290
			실수령액(원)	2,241,710

계산 방법

구분	산출식 또는 산출방법	구분	산출식 또는 산출방법
포괄연장수당	9,920.64 x 22. x 1.5		
연차수당	9,920.64 x 10.		

210mm×297mm[일반용지 60g/㎡(재활용품)]

출처: 아이페이 급여아웃소싱 프로그램

사 직 서

성 명		직위/직책	
주 소		연락처	
입사일		최종근로예정일	

사직 사유

상기 본인은 (*개인사정)으로 인하여 사직하고자 하오니
재가하여 주시기 바랍니다.

(*)문구 수정 가능

상기 본인은 위와 같은 사정으로 인하여 사직하며, 퇴직 후 근무 수행 과정에서 취득한 사용자의 비밀정보를 보호하고 경영상·영업상 기밀을 누설 및 유출하지 않으며 사용자의 영업에 손해를 끼칠 수 있는 일체의 행위를 하지 않을 것의 의무가 있음을 확인합니다.

상기 내용은 본인의 자유의사에 기하여 이루어진 것임을 인정하는바, 위의 비밀유지 의무를 이행하지 않을 시 민·형사·행정상 손해배상 책임을 질 수 있음을 확인합니다.

퇴직으로 발생한 임금 및 퇴직급여(1년 이상 근무한 경우에 한함) 등 일체의 금품은 사직서를 제출하여 승인을 득하고 모든 퇴직절차를 마친 후 익월 급여일에 지급될 수 있음을 확인합니다.

위 내용을 명확히 인지하고 확인하였기에 아래 서명합니다.

년 월 일

신청인 (서명 또는 인)

대표 (서명 또는 인)

권 고 사 직 서

성 명		직위/직책	
주 소		연락처	
입사일		최종근로예정일	

사직 사유

위 본인은 (*회사의 경영상 이유)로 인하여 사직을 권고받아
최종근로예정일에 근로관계가 종료됨을 확인합니다.

(*)문구 수정 가능

상기 본인은 위와 같은 사정으로 인하여 사직하며, 퇴직 후 근무 수행 과정에서 취득한 사용자의 비밀정보를 보호하고 경영상·영업상 기밀을 누설 및 유출하지 않으며 사용자의 영업에 손해를 끼칠 수 있는 일체의 행위를 하지 않을 것의 의무가 있음을 확인합니다.

상기 내용은 본인의 자유의사에 기하여 이루어진 것임을 인정하는바, 위의 비밀유지 의무를 이행하지 않을 시 민·형사·행정상 손해배상 책임을 질 수 있음을 확인합니다.

퇴직으로 발생한 임금 및 퇴직급여(1년 이상 근무한 경우에 한함) 등 일체의 금품은 사직서를 제출하여 승인을 득하고 모든 퇴직절차를 마친 후 익월 급여일에 지급될 수 있음을 확인합니다.

위 내용을 명확히 인지하고 확인하였기에 아래 서명합니다.

년 월 일

신청인 (서명 또는 인)

대표 (서명 또는 인)

해고(예고) 통보서

성 명		직위/직책	
주 소		연락처	
입사일		해고일시	

귀하는 아래와 같은 사유로 인해 해고되므로 이에 해고(예고) 통지합니다.
(※ 상시근로자수 5인 미만 사업장임을 확인합니다.)

\- 아 래 -

1. 해고 사유
(1)
(2)
(3)

2. 근거 규정
(1)
(2)

퇴직으로 발생한 임금 및 퇴직급여(1년 이상 근무한 경우에 한함) 등 일체의 금품은 모든 퇴직절차를 마친 후 익월 급여일에 지급될 수 있음을 확인합니다.

년 월 일

주식회사 OOOO

대표 (서명 또는 인)

※ 본인은 해고(예고) 통보서를 위 일시에 수령하였음을 확인합니다.

성명 : ______________(서명 또는 인)

EPILOGUE 원장님을 보호하지 않는 '노동법'

정식 명칭은 아니지만 노동 관련 법률(이하 '노동법'이라 함)은 근로자들을 위한 법이다. 병원을 운영하면서 직원을 채용하고 관리, 운영하는 부분에서 노동법을 접하지 않을 수 없다. 헌법, 형법, 민법은 언론에서 많이 접하는 용어라 익숙할 것이다. 노동법은 이런 일반법의 특별법으로 우선 적용하여 근로자들을 보호한다. 병원 운영자로서 꼭 기억해야 할 사실이 있다면, '노동법은 근로자들을 위한 법'이라는 것이다. 즉, 병원을 운영하는 원장님을 보호하는 법 규정은 없다는 말이다. 그러므로 노동법은 원장님들이 반드시 숙지하고 있어야 할 필수 지식인 셈이다.

인터넷이나 소셜미디어의 발달로 근로자들은 본인의 권리에 대한 정보를 얻기가 편리해졌다. 그렇기에 이들은 이미 근로자로서 주장하고자 하는 내용의 법률적 검토를 마치고 병원 원장님을 찾아오는 상황에서 원장님도 미리 준비하고 대응해야만 안정적인 인사관리가 가능하다.

필자가 만난 한 원장님은 개원 초기 열심히 일해준 직원에게 많은 복지 혜택과 높은 급여를 지급한 적이 있었다. 3년 후, 이 직원은 밀린 연차유급휴가수당과 현금으로 지급 받은 인센티브를 퇴직금에 산입해 달라 요구했고 이에 반하자 노동청에 진정을 당했다. 근무 마지막 날에 웃으며 송별회까지 해줬던 직원이 송별회가 끝난 지 3일 만에 신고를 한 것이다. 원장님은 그 이후로 근로자들에게 특별히 제공하는 금품이나 복지혜택을 줄였다. 직원에 대한 원장님의 배려는 결국 상처로만 남았다. '나는 잘 챙겨주는 원장이니까 직원과의 관계도 돈독해!', '설마 그 직원이 그럴까?', '나랑 그간의 정이 있는데 신고하겠어?' 병원을 운영하는 대다수 원장님이 하는 흔한 착각들이다.

하지만 이런 안일한 생각은 금물이다!

공인노무사란 자격증이 생긴 지 40년 정도지만, 이 직업의 인지도가 높아진 건 불과 5년 이내다. 그만큼 최근 들어 노무 관련 분쟁이 많아지고 있다는 것의 방증이 아닐까 싶다. 본 책의 노무 경영 파트가 병원을 개원하거나 병원의 직원들을 관리하는 부분에서 생길 수 있는 인사 관련 문제점들을 방어하고 대응하여 안정적인 인사관리의 지름길을 마련해줄 수 있길 바란다.

요즘 병원, 요즘 경영

초판 1쇄 발행 2023년 04월 18일

지은이 김도유, 이은지, 박준용, 류호진
펴낸이 류태연

편집 이재영 | **디자인** 김민지

펴낸곳 렛츠북
주소 서울시 마포구 양화로11길 42, 3층(서교동)
등록 2015년 05월 15일 제2018-000065호
전화 070-4786-4823 | **팩스** 070-7610-2823
이메일 letsbook2@naver.com | **홈페이지** http://www.letsbook21.co.kr
블로그 https://blog.naver.com/letsbook2 | **인스타그램** @letsbook2

ISBN 979-11-6054-627-9